Sandra Ingerman

Erwecke das Heilige

Sandra Ingerman

ERWECKE DAS HEILIGE

Schamanische Zeremonien für alle Lebenslagen

Aus dem amerikanischen Englisch übersetzt
von Diane von Weltzien

Ansata

Die Originalausgabe erschien 2018 unter dem Titel
The Book of Ceremony bei Sounds True

Haftungsausschluss
Die in diesem Buch vorgestellten Informationen und Empfehlungen sind nach bestem Wissen und Gewissen geprüft. Dennoch übernehmen der Autor und der Verlag keinerlei Haftung für Schäden irgendwelcher Art, die sich direkt oder indirekt aus dem Gebrauch der hier beschriebenen Anwendungen ergeben. Bitte nehmen Sie im Zweifelsfall bzw. bei ernsthaften Beschwerden immer professionelle Diagnose und Therapie durch ärztliche oder naturheilkundliche Hilfe in Anspruch.

Verlagsgruppe Random House FSC® N001967

Erste Auflage 2019

Redaktion: Diane Zilliges
Umschlaggestaltung: Guter Punkt GmbH & Co. KG., München
unter Verwendung eines Motivs von: © Tanya Syrytsyna / Adobestoc
Satz: Satzwerk Huber, Germering
Druck und Bindung: GGP Media GmbH, Pößneck
ISBN 978-3-7787-7549-3

www.Integral-Lotos-Ansata.de
www.facebook.com/Integral.Lotos.Ansata

Inhalt

In Liebe und zu Ehren all der einzigartigen Naturwesen im Netz des Lebens und unserer wunderschönen Erde.

In tiefer Dankbarkeit für alle, die weiterhin immer tiefer in zeremonielle Arbeit eintauchen, um allem Leben und unserem Planeten Gesundheit zurückzubringen. Mögen unsere Nachkommen und alle im Netz des Lebens von unserer hingebungsvollen zeremoniellen Arbeit profitieren.

Einführung

Ich leite für mein Leben gern Zeremonien. Ich halte sie für mich allein ab, aber ich habe auch eine Leidenschaft dafür, mich mit Gleichgesinnten zusammenzutun und gemeinsam mit ihnen Zeremonien für alles Leben und für die Erde durchzuführen.

Als ich 1980 in San Francisco lebte, lernte ich das schamanische Reisen kennen. Ich liebte diese Praxis, die mich lehrte, außerhalb von Zeit und Raum spirituelle Führung zu finden und mit mitfühlenden Helfergeistern zusammenzutreffen.

Nach schamanischer Auffassung ist jede spirituelle und heilige Handlung eine Zeremonie. Wenn wir den Augenblick als heilig begreifen, dann können Wunder geschehen. Als ich Anfang der 1980er-Jahre die zahlreichen Facetten des Schamanismus erforschte, fühlte ich mich zu schamanischen Zeremonien hingezogen, um mit ihnen meine Vergangenheit zu heilen und die Sehnsüchte meiner Seele zu manifestieren. Ich hatte bereits begriffen, dass Zeremonien ein klassischer Bestandteil der schamanischen Praxis waren. Im Schamanismus schaut der Praktizierende über das hinaus, was wir in unserer konkreten Welt sehen, hören, fühlen, schmecken und riechen können. Schamanen blicken in unsichtbare Welten, die erfüllt sind von überwältigender Schönheit und von spirituellen Heilenergien, die unserem Leben in der alltäglichen Wirklichkeit Kraft geben können.

Indem sich Schamanen der althergebrachten Macht der Zeremonie bedienen, gehen sie über normales Denken hinaus. Außerhalb der konkreten Welt erkennen sie disharmonische Energiemuster, die ins Gleichgewicht zurückgeführt werden müssen, um die Gesundheit der Menschen und des Planeten zu verbessern. Mit der Unterstützung von Helfergeistern stellen Schamanen durch die geheimnisvolle Heilkraft der Zeremonien die Harmonie der Energien wieder her. Jede Seelenreise, die ein Schamane unternimmt, und jede Heilung, die er erwirkt, wird als Zeremonie begriffen.

Schamanismus ist eine Praxis der unmittelbaren Offenbarung. Das heißt, dass Schamanen über die Kommunikation mit mannigfaltigen mitfühlenden Helfergeistern und durch ihre tiefe Verbindung mit allem Natürlichen Zugang zur Führung durch ihre eigene innere Weisheit erhalten.

Heutzutage sind wir so darauf konzentriert, materielle Reichtümer und Besitz anzusammeln, und meinen, uns auf diesem Weg Gefühle der Zugehörigkeit und Freude zu erschließen. Doch wenn man eine spirituelle Praxis und Zeremonien ins eigene Leben überführt, stellt sich auf umfassendere Weise Erfolg ein. Man führt sein Leben mit einem Strahlen in den Augen, weil man in seiner Umwelt mehr Schönheit und Potenzial wahrnimmt, sie intensiver verarbeiten und aufnehmen kann und deshalb besser versteht, wie man sich aktiv daran beteiligen kann, das Heilige ins Leben zu holen.

So viele Menschen empfinden ihr Leben als leer und die äußere Welt als sinnlos. Und wenn wir uns nur auf die konkrete Welt beziehen, dann ist das sicher verständlich. Doch echte Freude, wahrer Reichtum und bedeutende

Heilung erwartet uns, wenn wir lernen, mit der Macht der verborgenen Welten zu interagieren. Wenn wir unser Leben durch zeremonielle Praktiken bereichern und lebendige Energiefäden aus den unsichtbaren Welten hineinweben, können wir eine neue Wirklichkeit schaffen, die von Reichtum und Sinn erfüllt ist. Entsprechende Übungen helfen uns, den Sinn in unserem Leben zu finden und uns unser kreatives Potenzial zu erschließen.

Meine erste schamanische Zeremonie hielt ich 1982 ab – und kurz darauf zog ich nach Santa Fe in New Mexico. Für diese Zeremonie schloss ich als Erstes die Vorhänge im Wohnzimmer, um den Raum abzudunkeln, meine Alltagsgedanken auszusperren und in die geheimnisvolle Rolle der Schamanin zu schlüpfen, die im Dunklen »sieht«. Ich erinnere mich noch an den Geruch des Streichholzes, das ich anriss, um zu Beginn meine rote Kerze anzuzünden.

Ich besaß eine wunderschöne Decke, die aus regenbogenfarbenen Fäden gewebt war. Sie fühlte sich an wie der ideale Ort, um einen Altar einzurichten. (Später bat ich meine Klienten bei der Heilarbeit, sich auf diese Decke zu legen, die ich als meinen »magischen Teppich für die Reise in die unsichtbaren Welten« bezeichnete.) Auf meinen Altar setzte ich eine Abalonemuschelschale, die ich mit den reinigenden Kräutern Salbei und Wacholder füllte. In manchen Traditionen stehen die Muschelschale für das Element Wasser, die Reinigungskräuter für Erde, das Streichholz für Feuer und der Rauch für Luft. Dann legte ich Rosenblütenblätter auf den Altar als mein Geschenk an die Helfergeister, die mir zuhören und mich dabei unterstützen würden, meine Gebete zu manifestieren.

Als ich das Räucherwerk anzündete, war der Rauch erfüllt von einem wunderbaren Duft, der sich auf allen Ebenen reinigend anfühlte. Das Leuchten der roten Kerze erfüllte den Raum. Ihr Licht und die geheiligten Objekte auf meinem Altar veränderten die Energie in meinem Wohnzimmer und verwandelten den alltäglichen Wohnraum in eine heilige spirituelle Stätte.

Ich erinnere mich, dass ich trommelnd neben dem Altar stand, den ich mit meinen Gaben für die mitfühlenden Geister und die Himmelsrichtungen gestaltet hatte – alle diese spirituellen Kräfte wollte ich ehren. Ich rief die Geister abwechselnd mit meiner Trommel und meinen Rasseln zu Zeugen an, während ich meine Intentionen laut benannte. Ich bat die mitfühlenden Helfergeister, einen geistigen Lehrer in mein Leben zu rufen, der mich auf meinem schamanischen Weg anleiten würde.

Ich spürte, wie sich alle meine Härchen aufrichteten und wie sich mein Herz füllte. Während ich mein Lied der Ehrerbietung an all die Helfergeister richtete, spürte ich, dass etwas Großes geschehen würde. Ich ließ zu, dass dieses spirituelle Lied aus mir hervordrang und meinen normalen Geisteszustand in einen Zustand schamanischen Bewusstseins verschob, in dem ich bereit war, eine heilige zeremonielle Arbeit zu tun.

Mit jedem Schritt, den ich im Rahmen meiner Zeremonie vollzog, entfernte ich mich weiter von dem Alltagsgeplapper in meinem Kopf. Ich hörte auf, mir Sorgen zu machen über das Kochen, über gewöhnliche Aufgaben oder über Nachrichten, die mich beunruhigt hatten. Je weiter ich meine menschlichen Belange hinter mir zurückließ, umso mehr konnte ich mich auf die echte Magie der Zeremonie einlassen.

Ich notierte meine Intentionen auf einem Stück Papier, und sobald ich dazu bereit war, legte ich es auf die brennenden Kräuter in der Abalonemuschelschale. Das Papier fing Feuer – ein symbolischer Akt, der mit allen Feuerzeremonien assoziiert wird, bei denen man die eigenen Intentionen dem Feuer übergibt, damit der Rauch sie zur Macht des Universums trägt und sich mit dir in einer spirituellen Partnerschaft verbindet, um dein Vorhaben zu verwirklichen oder um dir Heilenergie zu senden.

Ich meinte einen menschlichen Lehrer herbeizurufen. Ich hatte keine Ahnung, dass ich tatsächlich einen spirituellen Lehrer aus verborgenen Welten in mein Leben rief. Selten ist uns im Vorhinein klar, wie sich unsere Intentionen manifestieren. Mit der Zeit fand ich heraus, dass der Geist von Santa Fe zu meinem großartigsten Lehrer werden und mir zeigen würde, wie ich mein kreatives Potenzial nutzen und meine schamanische Heil- und Lehrarbeit in die Welt tragen konnte.

Im Verlauf der vielen Jahre, die ich mich nun mit mächtigen und wirkungsvollen Zeremonien beschäftige, habe ich erfahren, welche Elemente erforderlich sind, um ein solches heiliges Ereignis durchzuführen. Im Verlauf der 1980er-Jahre leitete ich Zeremonien in Workshops, die entweder unserer Heilung dienten oder der spirituellen Unterstützung unserer persönlichen Zielsetzungen. In den 1990er-Jahren machte ich mit meiner zeremoniellen Arbeit einen Entwicklungssprung, als ich die gewohnten Wochenendtrainings durch Fünf-Tage-Workshops zum Thema schamanisches Heilen ersetzte. Im Verlauf dieser längeren Schulungen leitete ich Zeremonien für größere Gruppen. Sie liefen so glatt, und die vielen Menschen fühlten sich so wohl mit meiner zeremoniellen Arbeit, dass ich leicht erkannte, warum Zeremonien seit Tausenden von Jahren praktiziert werden. Zehntausende haben an von mir geleiteten Zeremonien teilgenommen. Im Laufe der Zeit haben die Teilnehmer mir nicht nur Rückmeldungen über die Macht der Zeremonien gegeben, sie haben mir auch immer wieder versichert, dass die Verbindung mit der Gemeinschaft eine Heilung bewirkt habe, die weit über die rein zeremonielle Arbeit hinausgehe. Der Gemeinschaftsaspekt der Zeremonien ermöglicht es Menschen, Trost, Liebe und Unterstützung zu erfahren, wie sie es sich nie hätten vorstellen können. Nach und nach lernte ich, meine Zeremonien mit noch größerer Kraft zu erfüllen. Wenn ich sie etwa im Freien abhielt und helfende Vorfahren des Landes begrüßte, dann lösten sich oft wie aus dem Nichts störende Wetter- und andere Bedingungen auf, die unsere Arbeit sonst verhindert hätten.

Ich lernte, wie ich anderen helfen konnte, ihren Geist zu sammeln und sich während der heiligen Arbeit nicht ablenken zu lassen, denn in unserer Kultur haben die meisten Menschen nur eine kurze Aufmerksamkeitsspanne. Ich musste kurze Zeremonien entwickeln, denn sonst lief ich Gefahr, die Teilnehmer an äußere Ablenkungen zu verlieren.

Ich entdeckte, dass Zeremonien ein großartiges Potenzial für Heilung und positive Transformierung haben, dass es jedoch auch des richtigen Timings bedarf, damit sich die erwünschten Ergebnisse manifestieren können. Ich musste viel über Vertrauen und Hingabe in Zeremonien lernen, und meinen Schülern musste ich das Gleiche vermitteln.

Durch die Teilnahme an und das Beobachten von Zeremonien kann man viel lernen. Zwar ist es natürlich auch möglich, Bücher zu lesen und Kurse über das Abhalten von Zeremonien zu besuchen, und selbstverständlich gibt es dafür gute Beispiele. Doch die Konzentration auf den Wissenserwerb kann den Lernwilligen zu sehr »im Kopf« halten und daran hindern, mit seinen eigenen Augen zu sehen. Das allein ist also nicht der richtige Weg, um jemandem zu einem spirituellen Bewusstseinszustand zu verhelfen, der sein Leben verwandeln kann. Das Vertrauen auf Autoritätspersonen nimmt uns zudem unsere Macht und verringert unser Vertrauen in die eigene spirituelle Führung.

Im Verlauf des Buches werde ich zeigen, dass echte positive Ergebnisse von deinem tief empfundenen und authentischen Wunsch herrühren, von der Achtung, die du dir selbst und den Helfergeistern entgegenbringst, von deiner Befähigung zur Fokussierung und zur Konzentration ebenso wie zur Schaffung und Aufrechterhaltung eines heiligen Raumes und von deinem Vertrauen in dein eigenes intuitives Wissen. Der Erfolg deiner Zeremonien wird mit der Zeit anwachsen – je mehr du lernst, dein Herz für die Macht des Universums zu öffnen, klare Intentionen zu benennen und die Kontrolle über die Resultate aufzugeben.

Mit zeremonieller Arbeit erschaffen wir geheiligte Räume und brüten bewusste Intentionen aus. Wir lassen Drehungen und Wendungen zu, die Fokussierung und unsere Bereitschaft, Herz und Geist zu öffnen. Und wenn wir dazu bereit sind, dann gestatten wir anderen Menschen den Zugang zu unserem Kreis. Hinterher kann es dauern, bis sich die Auswirkungen zeigen, also brauchen wir den Verzicht auf unmittelbare Ergebnisse, auch dann, wenn sie durchaus denkbar sind.

Praktischer Schamanismus ist kein Spaß und auch kein Hobby. Für Jahrtausende war Schamanismus ein ernst zu nehmendes und würdiges Mittel, um der Gemeinschaft beim Überleben zu helfen. Ja, es stimmt, schamanische Arbeit hat oft einen freudigen und feierlichen Aspekt, aber das bedeutet nicht, dass sie oberflächlich ist. Praktischer Schamanismus ist alles andere als das. Wenn die Zeremonien für Heilung, Segnung oder das Aufspüren von Nahrung erfolglos waren, dann starben Menschen.

Heutzutage werden schamanische Zeremonien eingesetzt, um Gesundheit und Lebensqualität zu verbessern. Doch sie müssen immer auf disziplinierte Weise praktiziert werden. Wir erleben in unserer Welt so viel Zerstörung, und heute werden die schamanischen Zeremonien wieder gebraucht, um unser Überleben zu sichern. Wenn wir diese Arbeit nicht ernst nehmen, dann geht uns die Kraft der Zeremonie verloren, die unsere Vorfahren Jahrtausende am Leben erhalten hat.

Es gibt noch immer Menschen, die zu indigenen Völkern reisen, um von ihnen Zeremonien zu lernen, die seit Langem von einer Generation an die andere weitergereicht wurden. Mein Interesse hingegen galt immer mehr der Schaffung von Zeremonien für unsere gegenwärtigen Bedürfnisse, mit denen wir alle in unserer modernen Welt konfrontiert sind. Ich habe mich dem Brückenschlag zwischen alten schamanischen Praktiken und unserer modernen Kultur verschrieben und dem Bemühen, den Schamanismus für unsere heutigen Probleme nutzbar zu machen.

Seit einigen Jahren wird meine Arbeit von mächtigen virtuellen Zeremonien bestimmt, in deren Verlauf sich

Menschengruppen weltweit in verborgenen Welten versammeln, um Heilung und Segnung für die Gruppe und den Planeten zu erwirken.

Die Arbeit mit diesem Buch

Im vorliegenden Buch teile ich mit dir, was ich ihm Laufe der Jahre gelernt habe, und hoffe, dich mit den zahllosen Möglichkeiten für Heilungs- und Segnungszeremonien inspirieren zu können. Dieses Buch soll dich in deinem persönlichen Heilen und Wachsen unterstützen und will außerdem mit geliebten Menschen, Freunden, Kollegen und zuletzt auch mit deiner Gemeinschaft geteilt werden.

Im Laufe der Jahre, in denen sich meine Arbeit mit Zeremonien entwickelte, wurde ich von unterschiedlichen Gemeinschaften zur Zusammenarbeit eingeladen, die verschiedene Auffassungen von Spiritualität und Religion hatten. Meine Erfahrung hat mich gelehrt, dass die Menschen sich darauf einlassen und ernsthaft mitmachen, wenn man ihnen zuvor die Zeremonie auf zugängliche Weise erklärt. Wir müssen eine Sprache finden, die es den Menschen ermöglicht, sich für die Kraft der Liebe und der Unterstützung zu öffnen, ohne irgendjemanden mit Regeln oder schamanischer Terminologie zu belasten, die sie am Mitmachen hindern könnten.

Mein Buch richtet sich an jene, die sich bereits für Schamanismus interessieren, aber auch an Unerfahrene. Bei zeremonieller Arbeit geht es letztlich immer nur darum, ob jemand bereit ist, sein Herz zu öffnen und für sich und andere zu beten. Die mitfühlenden Helfergeister, die Macht des Universums, Gott, die Göttin oder wie auch immer du die numinosen spirituellen Mächte nennst, warten nur darauf, in unser aller Leben und für die Erde Heilung, Transformation und positive Veränderung zu erwirken. Die hier vorgestellten Zeremonien können außerdem eine soziale Aktivistenarbeit unterstützen, an der du dich möglicherweise beteiligst.

Enthalten sind außerdem Zeremonien für erfahrenere Schamanen. Während du das Buch liest und mit dem angebotenen Material arbeitest, wirst du rasch herausfinden, welche Zeremonien du in Dienst nehmen (oder deinen Bedürfnissen anpassen) möchtest und welche für dich ohne Belang sind.

Auch wenn ich die Zeremonien in diesem Buch nicht als fortgeschritten bezeichnen würde, könnte man natürlich darüber streiten, was denn »fortgeschrittene« Zeremonien sind. Tatsächlich sind wir mit und auf unserem Planeten mit einer Reihe von Herausforderungen konfrontiert. Indem wir einfache Zeremonien abhalten, können wir kollektive negative Energien wie etwa Hass oder Angst auflösen. Dies geschieht, indem wir unsere eigene göttliche Energie einbringen und uns mit dem Göttlichen in den unsichtbaren Welten zusammentun.

Zu einer Zeit, in der die Menschen nach anspruchsvollen Zeremonien suchen, müssen wir zurücktreten und die Zeremonien vollziehen, die uns zeigen, wer wir als Menschen sind, und wir müssen alles Leben mit Respekt und Ehrerbietung behandeln. Verunsichernde Veränderungen treiben uns in einen höheren Bewusstseinszustand, und hier kann die zeremonielle Arbeit auf würdevolle Weise helfen.

Ich habe dieses Buch geschrieben, damit du dir die altehrwürdige Kunst der Heilung und Wunscherfüllung mithilfe von Zeremonien aneignen kannst. Bitte mach dir bewusst, dass die Helfergeister als Partner mit dir zusammenarbeiten werden – sie werden dir deine Arbeit nicht abnehmen. Jeder Mensch muss seine spirituelle Arbeit in seinen Alltag integrieren. Es reicht nicht aus, eine wunderbare Zeremonie aufzuführen, um Weltfrieden zu schaffen. Erst musst du dich zu deiner eigenen inneren Arbeit verpflichten, damit du eine Landschaft des Friedens in dir erschaffen kannst und Frieden in deinem täglichen Handeln und Entscheiden zum Ausdruck kommt.

Beispielsweise spreche ich im gesamten Buch von »ausdrücken«, »aussenden«, »verwandeln« und »transformieren«. (Die Begriffe »verwandeln« und »transformieren« verwende ich austauschbar.) Wir sind auf diese Welt gekommen, um die ganze Bandbreite des Menschseins zu erfahren. Es ist entscheidend für unsere Gesundheit und für unser Wohlergehen, dass wir unsere Emotionen ausdrücken, angefangen bei den freudigen bis hin zu den ängstlichen, wütenden oder hasserfüllten Gefühlen.

Andererseits wollen wir aber keine negativen Energien in die Welt aussenden und die Disharmonie damit weiter fördern. Der praktische Schamanismus lehrt, wie wichtig es ist, die eigenen Gefühle zu ehren und sie auf gesunde Weise gegenüber uns selbst und anderen auszudrücken. Als Nächstes muss dann die Energie hinter unseren Emotionen in Liebe und Licht verwandelt oder transformiert werden, denn so versorgen wir uns und den Planeten mit gesunden, harmonischen, liebevollen und friedlichen Energien. Die Energien, die wir fördern, nehmen zu.

Wenn du deine Gefühle ausdrückst, baust du einen Teil der schwierigen Energien in deinem Körper ab. Bitte dabei dein göttliches Inneres, die emotionale Energie in eine förderliche Vibration der Liebe und des Lichts zu transformieren, die sich im gesamten Netz des Lebens ausbreitet. Ich tue dies, indem ich ein Gebet wie das folgende spreche: »Möge all die Energie hinter meinen negativen Emotionen in Liebe und Licht verwandelt werden.«

In den Kapiteln dieses Buches zeige ich, mit welchen Zeremonien man emotionale Blockierungen oder Verletzungen in die Elemente Erde, Luft, Wasser oder Feuer entlassen kann. Bitte vergiss nicht, dazu ein kurzes Gebet wie das eben genannte zu sprechen, damit alles Negative in liebende und lichte Energien, die das Leben fördern, transformiert wird.

Ich werde dich immer wieder ermuntern, deine alltäglichen und belastenden Gedanken aufzugeben, damit du nicht in der Alltagswelt hängen bleibst, während du deine Zeremonien abhältst. Bitte mach dir bewusst, dass ich dich nicht auffordere, deine Gefühle zu leugnen. In meinem Buch *Lichtvoll leben – Schamanische Impulse für jeden Tag* beschreibe ich eine Vielzahl von Hilfsmitteln, mit denen du Energie umwandeln kannst.

Ich habe ein leidenschaftliches Interesse daran, eine starke spirituelle globale Gemeinschaft zu formen. Deshalb werde ich dich immer wieder in die globale Gemeinschaft hinein einladen, die sich bildet, um dem Leben und der Erde zu dienen.

Als Metapher für unser inneres und äußeres Leben verwende ich gern die Sprache des Gärtnerns. Wir müssen die Samen säen, die wir in unserem Inneren und in unserem äußeren Leben wachsen lassen wollen, unsere Träume urbar machen und die Ergebnisse unserer zeremoniellen Arbeit wie Früchte ernten. Mit den Intentionen unserer Zeremonien pflanzen wir spirituelle Setzlinge in unsere innere Landschaft – in den Garten, den wir in uns tragen. Und: Was wir wässern und düngen, wächst.

Wenn wir Zeremonien abhalten, dann versenken wir uns in die Zyklen der Natur, erforschen Schatten und Licht, Tod und Wiedergeburt. So stimmen wir uns auf unsere Natur ein und darauf, wie wir wachsen, uns entwickeln, verwandeln und heilen.

Heutzutage nutzen viele Menschen Zeremonien, um den Geist des Landes, auf dem sie leben, ebenso zu ehren wie die Bäume, Pflanzen, Tiere und die anderen Lebensformen in ihrem direkten Umfeld. Gruppen finden sich zusammen, um die Jahreszeiten zu begrüßen und die wechselnden Mondphasen zu feiern. Das hilft ihnen, eine neue Verbindung mit der Natur herzustellen und die Beziehung zu dem Land, auf dem sie leben, zu vertiefen. Es ermöglicht eine Rückkehr zu emotionaler und physischer Gesundheit und zu Gleichgewicht.

Zeremonien werden auch abgehalten, um einen Umzug zu unterstützen und ein neues Haus oder eine neue Wohnung zu segnen. Auf diese Weise etablieren wir eine harmonische Beziehung zu unserem Zuhause und fördern Gefühle des Behagens und der Sicherheit. Menschen verbinden sich mit der Kraft des Universums und finden so Unterstützung bei der Suche nach sinnvollerer Arbeit, die nicht nur den Lebensunterhalt finanziert. Zeremonien werden herangezogen, um Veränderungen und Übergänge im Leben zu segnen. In Zeremonien bitten Menschen um positive Ergebnisse, wenn sie maßgebliche Wandlungen durchlaufen, sie ehren die Umwelt und bitten um Hilfe während extremer klimatischer

Veränderungen. Immer mehr Menschen sind bereit, ihre Liebsten, Freunde und Kollegen an Zeremonien heranzuführen, um gemeinsam stärkere und gesündere Beziehungen zu formen.

Indem wir unsere Herzen für all die Möglichkeiten öffnen, die das Leben uns zu bieten hat, und bereitwillig unsere Vorstellung erweitern, entdecken wir einen Reichtum an Zeremonien, mit deren Hilfe wir uns von früheren Verletzungen, Traumata und selbstzerstörerischen Überzeugungen befreien und in Bereiche tieferer Verbundenheit mit dem Leben und unserem Daseinsgrund gelangen können.

Unsere Arbeit wird uns natürlich trotzdem vor Herausforderungen stellen, und diese Erfahrungen helfen uns, uns unserem authentischen Wesen anzunähern. Wir sind nicht hier, um irgendeinen Status quo aufrechtzuerhalten. Wir sind hier, um unsere Leidenschaften zu manifestieren und um zu wachsen. Wir müssen die einschränkenden Überzeugungen, die die Gesellschaft uns auferlegt, überwinden.

Heutzutage beziehen sich viele alternative Heilverfahren auf Neuroplastizität. Wissenschaftliche Ergebnisse zeigen, wie flexibel das Gehirn ist und wie wir durch positives Denken die Entstehung neuer Neuroleitbahnen fördern und uns so von emotionalen und physischen Krankheiten befreien können.

Schamanen waren letztlich die Ersten, die Neuroplastizität lehrten. Doch sie wussten noch nichts über positives Denken. Stattdessen erklärten sie, dass die Worte, Gedanken und Tagträume, auf die wir uns im Laufe des Tages ausrichten, uns und andere entweder segnen oder verfluchen können.

Neuroplastizität kann man sich unter anderem zunutze machen, indem man einen Geisteszustand der Dankbarkeit, der positiven Gedanken und Gefühle sowie der guten Erinnerungen aufrechterhält: Wir richten unsere Aufmerksamkeit auf das, was in unserem Leben funktioniert, statt auf das, was misslingt. Wir fühlen uns ermutigt, unser Vorstellungsvermögen zur Unterstützung unseres Gehirns einzusetzen, damit es einen Zustand physischen und emotionalen Wohlergehens manifestieren kann. Dankbarkeit und eine positive Vision sind Schlüsselelemente eines schamanisch geführten Lebens.

Beim Abhalten von Zeremonien transformieren wir die negativen Gedanken und Bewusstseinszustände, die uns belasten. Mit weiteren Zeremonien können wir dann die Gedanken und Träume erden und manifestieren, die wir in unserem Leben verwirklichen wollen. Zeremonien wirken tief und auf einer unbewussten Ebene im Sinne positiver Veränderungen.

In der Welt des Schamanismus steht alles miteinander in einem Netz des Lebens in Verbindung wie in einem lebendigen Organismus. Du kannst dir dieses Netz wie deinen Körper vorstellen: Du setzt dich aus vielen Organen und zahllosen Zellen zusammen, die alle Einfluss auf deine Gesundheit nehmen und von denen eine jede durch deine Worte, Gedanken und deine Energie beeinflusst wird. Auf die gleiche Weise ist das Netz des Lebens ein Gewebe aus unterschiedlichen Lebewesen, die alle ihren Beitrag leisten und von unseren Intentionen, Gedanken, Worten, Tagträumen und Bewusstseinszuständen beeinflusst und energetisch umgeformt werden. Du kannst für alle im Netz positive Ergebnisse schaffen, indem du das Heilige mithilfe von Zeremonien in deinen Alltag integrierst. Wenn du für dich eine kraftvolle Zeremonie erfolgreich vollziehst, dann sorgt das Prinzip des Einsseins dafür, dass alles Leben heilt und sich auf der Basis deiner Arbeit weiterentwickelt. Denn alles Leben ist miteinander verbunden, und im Schamanismus, nach dessen Auffassung ein Gesamtbewusstsein alles Tun durchdringt, ist der Geist eines jeden mit dem aller anderen verbunden.

Trotz unserer scheinbaren Abgetrenntheit voneinander und aller unserer Konflikte miteinander lautet die tiefere Wahrheit, dass wir alle Teil des einen Netzes des Lebens sind, das uns miteinander verbindet. Es vernetzt uns mit der Matrix des Lebens selbst. Auch wenn ein jeder von uns eine einzigartige energetische Signatur hat, sind wir alle Bestandteil eines einzigen lebendigen, atmenden Organismus.

In diesem Buch wirst du konkrete Schritte für die Komposition einer Zeremonie kennenlernen. Ich gebe dir zahlreiche Beispiele für zeremonielle Anlässe, die ich, meine Schüler oder Kollegen ausgearbeitet, an denen wir teilgenommen, die wir beobachtet oder von denen wir gehört haben. Manche Einzelheiten habe ich verändert, um die Privatsphäre der ursprünglichen Teilnehmer zu schützen. Mögen diese Beispiele deine Vorstellungskraft stimulieren, damit du selbst Zeremonien entwickelst, die deine Bedürfnisse und die Bedürfnisse deiner Gemeinschaft widerspiegeln. Indem du deine eigenen einzigartigen Zeremonien entwickelst, beförderst du deine Zeremoniearbeit mit einer Frische und Lebendigkeit, die sich positiv auf deine Ergebnisse auswirkt.

Im praktischen Schamanismus ist jedes Wort, jeder Gedanke und jeder Tagtraum eine energetische Schwingung, der man eine Form geben kann. Das Universum kennt vor allem Formlosigkeit. Im Schamanismus arbeiten wir mit formlosen Energien wie Liebe, Licht und Frieden. Mittels Zeremonien geben wir diesen mächtigen Energien, die wir in unserem Leben und auf dem Planeten bezeugen wollen, eine Form.

Die zeremonielle Arbeit stellt uns in unserer Kultur vor die Herausforderung, die elektronischen Geräte fortzulegen, unser hektisches Grübeln abzustellen und selbstständig zu denken. Die Helfergeister unterstützen uns und arbeiten mit uns zusammen. Alle Mitglieder des Teams verpflichten sich dazu, den Raum zu bewahren und die einzelnen Schritte der Zeremonie aus dem Herzen heraus zu entwickeln.

Vielleicht habe ich nun gleich zu Beginn ein paar Bedingungen definiert, die zunächst für Verwirrung sorgen. Doch darf man nicht vergessen, dass Schamanen in ihrer Zeremoniearbeit Dinge erfahren, die sich außerhalb der konkreten Welt befinden. Wenn wir im Schamanismus daher Lehren und Bedingungen zu starr definieren, dann entgeht uns vielleicht ihre eigentliche Bedeutung, die erst sichtbar werden kann, wenn sie uns auf der Seelenebene berühren. Der Verstand ist nicht dafür geschaffen, den Geist zu verstehen. Wenn du an einen Begriff oder eine Aussage gerätst, die du nicht verstehst, dann schließe die Augen und stell dir vor, dass du nach innen an den Ort reist, wo deine Intuition und deine innere Weisheit wohnen. Versuche so, den Sinn des Begriffs oder der Aussage auf der Gefühlsebene zu erfassen, statt sie rational durchdringen zu wollen.

Schamanismus ist ein System unmittelbarer Offenbarung. Er baut auf deine Fähigkeit, das tiefe und magische Mysterium des Lebens mit deinem intuitiven Wissen statt auf der Verstandesebene zu erfassen. Wenn du von Lehrern zu viel rationales Wissen aufnimmst, dann bleibst du mit deiner Arbeit an der Oberfläche. Erfolgreiche Zeremoniearbeit verlangt, dass du tiefer eindringst. Aus der schamanischen Perspektive hängen deine und die Gesundheit des Planeten von ernsthafter Zeremonienarbeit ab.

Bei deiner Geburt hast du eine energetische Signatur mitgebracht, die du als einzigartiges Geschenk einbringst, um das Netz des Lebens in seiner Kraft zu erhalten. Wenn wir unsere Macht an andere Autoritäten abtreten, dann können die Geschenke, die beizutragen wir geboren wurden, nicht zum Vorschein kommen. In unserer heutigen Welt haben viele kaum Selbstvertrauen oder Selbstwertgefühl und wollen sich deshalb lieber von anderen sagen lassen, was sie tun sollen. Ohne Zweifel ist es von Zeit zu Zeit notwendig, den Rat erfahrender Praktiker einzuholen. Doch vergiss nie: Dir stehen erstaunliche Erkenntnisse offen, wenn du dir bewusst machst, dass du ein einzigartiges Wesen bist, das bereits mit einem reichen Schatz an innerem Wissen geboren wurde, der in das Netz des Lebens eingebracht werden soll. Wenn du dir nicht zutraust zu strahlen, dann verlieren wir alle etwas. Vertraue dir.

Ich will dir als Leserin oder Leser dieses Buches über Zeremonien keine Regeln aufdrängen, sondern dir Empfehlungen anbieten. Ich leite dich auf der Basis meiner persönlichen Erfahrung mit dem Abhalten von Zeremonien und der Unterweisung anderer an, wie man Zeremonien entwickelt und wie man sie allein oder in der Gruppe durchführt. Allein schon, indem du Zeremonien abhältst, wirst du Zugang zu einer einzigartigen kreativen Kraft erhalten, deren Existenz du dir bisher vielleicht noch gar nicht vorstellen konntest.

Deine fortgesetzte Zeremoniearbeit wird sich auf natürliche Weise entwickeln. Ihre Vertiefung kann dir niemand beibringen, sie geschieht mit wachsender Erfahrung ganz von selbst. Du wirst nach Bedarf deine Intentionen, Anrufungen, Gebete und Lieder immer wieder neu formulieren. Auch die Schamanen von indigenen Kulturen entwickeln ihre Lieder immer weiter, um sie von den ihnen gerade anhaftenden disharmonischen Energien zu befreien. Eine meiner Schülerinnen drückte es besonders treffend aus: »Worte sind so mächtig, und wenn sie meditativ ausgewählt werden, dann treiben sie einen Gedanken machtvoll auf die Spitze.«

Durch Übung wirst du auf natürliche Weise herausfinden, dass deine neu gewählten Worte und Lieder höhere Frequenzen manifestieren und deine Arbeit intensivieren und stärken. Indem du dein inneres spirituelles Feuer entfachst und deine Verbindung zu den göttlichen Kräften förderst, wird deine Arbeit wirkungsvoller. Ich weiß, es hört sich alles andere als intuitiv an, aber der Weg in die Tiefe ist ein passiver Prozess. Wenn du ihn erzwingen willst, dann kann es sein, dass du an der Oberfläche bleibst, weil du, statt dem Geistigen zu vertrauen, zu viel denkst. Übung und Erfahrung sind deine besten Lehrer. Setze deinen Weg nach innen fort, und der Lohn für dich und für den Planeten wird groß sein!

Wenn dich eine von mir beschriebene Zeremonie anspricht und du meinst, sie könnte deine oder anderer Menschen Lebensqualität verbessern, dann nutze sie, wie sie ist. Vielleicht wirst du im Laufe deiner Zeremoniearbeit feststellen, dass deine Zeremonien dann am wirkungsvollsten sind, wenn du dich in dein Herz und in deine Seele fallen lässt und dein Tun mit Leichtigkeit und Anmut fließt.

Manchmal kann es unangemessen sein, den Beschreibungen einer Zeremonie genau so zu folgen, wie ich sie beschreibe. Wenn du etwa gerade eine traumatische Erfahrung in deinem Leben gemacht hast, Zeuge eines Unfalls wurdest oder eine Naturkatastrophe miterleben musstest, dann willst du vielleicht nicht erst irgendwelche Gegenstände zusammensuchen oder dir vor Ort eine angemessene Zeremonie ausdenken. Möglicherweise fällst du einfach auf die Knie und bittest die Helfergeister oder das Göttliche um Unterstützung. Oder du begräbst und ehrst einen Vogel oder ein anderes Tier, das auf der Straße getötet wurde. Auch das ist eine Zeremonie.

Es bereitet mir große Freude, Menschen beizubringen, wie sie Zeremonien entwickeln und durchführen können. Zeremonien allein oder mit einer Gruppe abzuhalten zaubert ein Strahlen in meine Augen, und ich erlebe mich als durchdrungen von Glück, Liebe und Licht. Ich fühle mich erneuert und lebendig, verbunden mit der Natur und den Kräften des Universums, die unser Wachstum und unsere Entwicklung unterstützen.

Für mich fühlt es sich unbeschreiblich an, wenn ich mich allein oder in einem körperlichen oder virtuellen Gruppentreffen auf eine Zeremonie vorbereite. Mein Herz weitet sich schon, noch während ich die benötigten Utensilien zusammensuche. Sobald ich bereit bin, die Helfergeister zu begrüßen, erfasst mich Erregung. Und wenn ich dann meine Intention formuliere und die einzelnen Schritte der Zeremonie absolviere, dann empfinde ich eine tiefe Verbindung mit einer Kraft, die viel größer ist als ich selbst.

Ich hoffe, dass auch du, während du weiterliest und deine Zeremonien abhältst, eigene Erfahrungen machst, die dir das Herz öffnen und Freude und Sinn in dein Leben tragen. Selbst wenn man eine Zeremonie zum Schließen einer Wunde macht, die doch so viel tiefe Trauer und Tränen hervorbringen kann, ist auch dann das starke Empfinden einer spirituellen Kraft mit dabei, von der man sich geliebt und in seinem Tun getragen fühlt.

Sobald du deine eigenen Zeremonien abhältst, wirst du auch andere an diesen stärkenden Erfahrungen teilhaben lassen. Wir sehnen uns danach, uns mit mehr als dem zu verbinden, was wir mit unseren alltäglichen Sinnen in der materiellen Welt erfahren können. Wir haben das Verlangen, uns auf unserem Weg der Heilung und Entwicklung mit anderen zusammenzutun, um Unterstützung und bedingungslose Liebe zu finden.

Nachdem eine meiner Schülerinnen den Mut aufgebracht hatte, eine ihrer Zeremonien mit ihrer Gemeinschaft zu teilen, bemerkte eine Teilnehmerin: »Du hattest kein Recht, uns eine so wichtige Arbeit vorzuenthalten.« Damit wollte sie sagen, dass alle unendlich dankbar dafür waren, dass meine Schülerin sich so weit in ihr Inneres hineingewagt hatte, um dort den Mut zu finden und die Transformation mit ihnen zu teilen, die sich für alle Teilnehmer der Zeremonie ergibt.

Während ich dieses Buch schreibe, denke ich über Zeremonien nach, die ich in der Vergangenheit geleitet habe. Ich denke oft voller Freude daran, wie ich mich fühle, wenn ich in Gesellschaft trommle, die Rasseln schüttele, singe, tanze und mich in einen ekstatischen Bewusstseinszustand begebe – in Gemeinschaft mit Helfergeistern, der Natur und Gleichgesinnten, die alle auf die Intention, einander beim Heilen und bei den Übergängen zu unterstützen, konzentriert sind. Solche Erfahrungen sind mit den wunderbarsten, kostbarsten und glücklichsten Erinnerungen verbunden, die ich in meinem Leben habe. Ähnlich glückliche Erinnerungen habe ich an die ruhigeren, das Herz öffnenden Zeremonien, in denen ich einem Familienmitglied oder einem geliebten Menschen geholfen habe, den Übergang eines Verstorbenen zu ehren, oder trommelnd den Ort bereitet habe, an dem jemand nach der Scheidung seinen Ehering beerdigen konnte.

Stürme treffen uns auf allen Ebenen des Lebens, denn sie sind Bestandteile der natürlichen Zyklen. Das Abhalten von Zeremonien hilft uns, in stürmischer See die Richtung zu halten und die spirituelle Kraft zu erwerben, die wir brauchen, um auf den Wellen der Krisen zu reiten. Und wenn wir uns in schweren Zeiten zusammenfinden, dann sitzen wir in einem »gemeinsamen Boot des Geistes«, das uns hilft, allen Herausforderungen zu trotzen.

Mögen dich deine Zeremonien öffnen für die Freuden der Gemeinschaft mit Gleichgesinnten und mit den Helfergeistern. Möge deine Arbeit für dich ein Gefühl der Ermächtigung mit sich bringen und zugleich die Heilung und Segnung, die du so sehr verdienst.

Wir alle verdienen das Gute, das uns das Leben bietet. Ich hoffe, dass du dir irgendwann später einmal das vorzügliche Wesen der Zeremoniearbeit und all deiner Erfahrungen damit vor Augen führen wirst. Jeder Augenblick im Leben und jedes Lebewesen ist heilig. Indem wir das erkennen, bewirken wir Magie und Freude in unserem Leben.

DIE MACHT DER ZEREMONIEN

Was ist eine Zeremonie?

Eine Zeremonie holt das Heilige in den Alltag. Seit Jahrtausenden werden Zeremonien von Gemeinschaften universell genutzt, um Veränderungen zu dirigieren und neue Zyklen zu begrüßen. Das Feiern von Zeremonien errichtet eine Brücke zwischen der materiellen Welt, in der wir leben, und der unsichtbaren Welt, dem Göttlichen, der Macht des Universums. In moderner Sprache ausgedrückt: Eine Zeremonie stellt eine Telefonverbindung her zwischen dir und dem Universum, Gott, der Göttin, dem Schöpfer. Durch diesen Kommunikationskanal kann es zum direkten Austausch zwischen dir und den spirituellen Kräften und zu einer Partnerschaft zur Manifestierung der von dir gewünschten Ergebnisse kommen.

In schamanischen Kulturen erklärt eine Reihe von Schöpfungsgeschichten, wie das Leben und die Erde entstanden sind. Diese Geschichten berichten von einer Vielzahl von Göttern und Göttinnen ebenso wie von dem Universum und seinen kreativen Mächten, das Lebensformen und den Planeten Erde aus seiner bedingungslosen Liebe heraus manifestiert. Manche Schöpfungsmythen erzählen, wie Großmutter Spinne die Welt ins Sein hineingewebt hat, andere bringen die Metapher eines Bildhauers zum Ausdruck, der das Leben und die Erde aus Ton formt. Es gibt zahllose Geschichten darüber, wie die vibrierende Energie der

Worte die Welt der Form hervorgebracht hat. Schöpfungsgeschichten wurden häufig in Zeremonien nachgespielt und gewürdigt.

Viele alte Kulturen begreifen unsere Welt als Traum und als Illusion. Wir erhalten eine Rolle, die wir im Leben spielen sollen, und zu dieser Rolle gehört auch, dass wir lernen, wie man Geist in Form gießt – genauso, wie es der Schöpfer oder eine kreative Macht von Jahrmilliarden mit dem Universum gemacht hat.

Nach dieser schamanischen Weltsicht nimmt die Welt, die wir sehen, hören, fühlen, riechen und schmecken, als Schwingung ihren Anfang in unsichtbaren und transzendenten Welten. Durch Worte und Gedankenformen wechseln sie hinüber und manifestieren sich auf der Erde und in der Welt der physischen Form. Schamanen betrachten die Welt als Traum und die Menschen mit ihren Worten und Gedanken als die aktiv Mitwirkenden bei der Erschaffung des Traums. Und dieser Traum ist es schließlich, der für uns und für alles Leben auf der Erde die Wirklichkeit, in der wir leben, erschafft.

Stell dir vor, wie sich die Schwingungen unserer Gedanken und Worte zu einem Netz verweben, so wie die Spinne ihre Fäden verwebt, und auf diese Weise den Stoff unserer Wirklichkeit hervorbringen. Die Vibrationen unserer Gedanken und Worte erzeugen starke Wellen, die durch das ganze Universum nachschwingen und Einfluss auf den Kurs unseres Lebens und das Leben des Planeten nehmen. Die Meinung, die du von dir, von anderen und von der Welt hast, besteht aus Gedanken, die sich zum Stoff deines Lebens verweben. Alles im Universum wird als Energie betrachtet, die sich im Laufe der Zeit und durch unsere Intention in Form manifestieren kann.

In schamanischen Kulturen bringen sich der Schamane und die Mitglieder der Gemeinschaft aktiv ein, um ein für die Gemeinschaft gutes Leben zu erschaffen. Ein Großteil ihrer Arbeit, mit der sie für harmonische Verbindungen zwischen Leben, Natur und anderem sorgen, geschieht durch die Kraft der Zeremonie.

In der Zusammenarbeit mit den mitfühlenden Geistern und dem Göttlichen postulieren der Schamane und die Gemeinschaft ihre Intention und spinnen so Fäden durch das unsichtbare kollektive Energiefeld, um Segen und Heilung für alle herbeizurufen. Indem sie sich der Macht der Liebe öffnen, ihre Intention stark vertreten und im Verlauf der Zeremonie voll fokussiert und »in Anspruch genommen« bleiben, erzeugen sie ein mächtiges kollektives Energiefeld, in dem sich die Fäden der Schöpfung in fester Form manifestieren können.

Praktischer Schamanismus und Zeremoniearbeit

Praktischer Schamanismus ist eine jahrtausendealte universelle Tradition. Die mitfühlenden Helfergeister haben unseren Vorfahren den Schamanismus gegeben, damit sie ihr Überleben sichern konnten. Sie beschenkten die menschliche Rasse mit dieser Praxis, um ihr das intuitive Erkennen von Zusammenhängen, das Heilen emotionaler und physischer Krankheiten und die Verbindung mit ihrer Umwelt zu ermöglichen. Diese Arbeit wurde immer geehrt, und erfahrene schamanische Lehrer überall auf dem Planeten tragen dazu bei, dieses kostbare Geschenk in die Welt zu bringen, damit alle Menschen von ihrem Segen profitieren.

In der ethnografischen Literatur wird ein Schamane als Mann oder Frau definiert, der oder die in die unsichtbaren Welten oder die nicht alltägliche Wirklichkeit reist. Es gibt noch weitere Namen für diese andere Dimension der Wirklichkeit, zum Beispiel verborgene Welten, Traumzeit oder Anderswelt. In diesen ungesehenen Welten wohnt eine Vielzahl mitfühlender Helfergeister, die den Schamanen und dem Rest der Menschheit anbietet, sie über praktische Einzelheiten zu informieren, etwa darüber, wie man ein gesundes und kraftvolles Leben führt oder wann und wie man Zeremonien zur Heilung, Segnung oder Initiation abhält. Jedem von uns steht es frei, sich von diesen mitfühlenden Helfergeistern führen zu lassen.

Schamanen wurden und werden noch immer als die »Wissenden« gesehen. Sie schlagen eine Brücke zwischen der physischen Welt und den Welten der Geister, sorgen für Gleichgewicht in der Gemeinschaft und heilen die Kranken. Schamanen sind Heiler, Mystiker, Propheten und Seher. Sie haben schon immer Reisen in die unsichtbaren Welten unternommen, um das Geschenk der Heilung von dort mit zurückzubringen.

Wir leben in einer Zeit, in der viele Menschen erkennen, dass alles, was es gibt, lebendig ist. Die Wirklichkeit ist mehr als das, was wir allein mit unseren Sinnen fassen können, mehr als das, was wir in der alltäglichen Welt sehen, hören, fühlen, schmecken und riechen. Sobald wir erwachen und begreifen, dass es noch weitere erstaunliche Dimensionen der Wirklichkeit gibt, erfasst uns ein neues Bewusstsein davon, wie wir unsere Verbindung zur Natur und zum Fluss und Netz des Lebens herstellen können. Wir kommen zu der Erkenntnis, dass uns ein vollkommen neuer Weg offensteht, um uns mit dem Leben zu verbinden, und dass er positive Veränderungen in unserem und in aller Menschen Leben ermöglicht. Dann nehmen wir das Geschenk an, Schamane zu sein und damit jemand, der in Dimensionen jenseits unserer alltäglichen Welt blicken kann.

Schamanen helfen der Gemeinschaft, die Verbindung zum Netz des Lebens aufrechtzuerhalten, indem sie das Gespräch mit »dem Geist, der in allen Dingen lebt« suchen. Schamanen haben schon immer mit dem Wind, dem Meer, dem Regen, dem Mond, der Sonne, der Erde, den Bergen, Wolken, Planeten, Sternen und mit allen Energien kommuniziert, die uns im Alltag beeinflussen. Dabei halten Schamanen nach den Anzeichen für Veränderungen Ausschau. Sie finden heraus, wann Zeremonien zu Ehren von Übergängen und Initiation abgehalten werden müssen, wann man pflanzen, wann jagen und wann die Elemente würdigen sollte, damit die Gemeinschaft in Harmonie mit den wechselnden Jahreszeiten, dem Mondzyklus und dem Fluss der Natur lebt.

Schamanen empfangen Zeichen dafür, dass es an der Zeit ist, eine Zeremonie abzuhalten, indem sie die Konstellationen am Nachthimmel beobachten, die Mondphasen verfolgen, die Bewegungen der Wolken studieren oder indem sie ihre unsichtbaren Ohren öffnen, um die Botschaften des Windes zu hören.

Der Schamane blickt nachts stundenlang ins Feuer, um Visionen zu empfangen. Wind, Tiere und Vögel kündigen ihm durch ihr verändertes Verhalten Veränderungen an. Oder er spricht mit einem Baum oder einer anderen Pflanze und empfängt ein Symbol, eine Empfindung oder eine telepathische Mitteilung als Botschaft dafür, dass und wie eine bestimmte Zeremonie zu vollziehen ist.

Schamanen und die Angehörigen traditioneller Kulturen lernen von Geburt an, wie sie ihre verborgenen Sinne des Sehens, Hörens, Riechens, Spürens und Schmeckens öffnen können, und deshalb ist für sie die Kommunikation mit der Natur als Ganzes ebenso natürlich wie ein Gespräch mit einem Freund von Angesicht zu Angesicht. Wenn Angehörige schamanischer Kulturen durch die Natur gehen, dann tun sie es, indem sie mit ihrem ganzen Körper hören und sehen. Sie sind nicht von ihren alltäglichen Augen und Ohren abhängig. Ihr Körper in seiner Gesamtheit führt sie. Wir alle besitzen die Fähigkeit, sowohl zum Geist der Naturwesen als auch zu den Elementen (Erde, Luft, Wasser und Feuer), die uns Leben schenken, zu sprechen. Dazu müssen wir lediglich erwachen und das Vorhandensein unserer verborgenen Sinne und Verbindungen anerkennen. Wenn wir unsere Sinne betäuben, entgeht uns so viel von der allgegenwärtigen Schönheit und der Führung, mit der die Natur für uns sorgt.

Der Schamane oder ein anderes Mitglied der Gemeinschaft könnte einen prophetischen Traum mit Bezug auf eine kommende Herausforderung haben, die mittels einer angemessenen Zeremonie vermieden werden könnte. Gute Omina in Träumen können auf den richtigen Zeitpunkt hinweisen, um eine neue Lebensphase zu begrüßen oder um handelnd der Gemeinschaft ein gutes Leben zu eröffnen. In vielen traditionellen Kulturen versammeln sich der Mitglieder der Gemeinschaft frühmorgens, um einander ihre Träume zu erzählen, ihnen Informationen über bevorstehende Herausforderungen und kommende gute Zeiten zu entnehmen und sie mithilfe von Zeremonien zu verarbeiten.

Gemeinsam mit anderen Mitgliedern der Gemeinschaft nimmt der Schamane möglicherweise psychoaktive Pflanzen zu sich, die auf ihrem Land wachsen, um Visionen über segnende oder heilende Zeremonien zu empfangen, die der Gemeinschaft dienlich sind.

Jeder Zyklus und jede Jahreszeit unseres Lebens kann geehrt werden, um einen glatten Übergang von einer Phase zur nächsten zu gewährleisten. Zeremonien der Segnung helfen uns, jeden Tag die Sonne zu begrüßen; die Elemente Erde, Luft, Wasser und Feuer zu würdigen und ihnen zu danken; alle Veränderungen und Übergänge im Leben willkommen zu heißen; und die zahllosen Varianten der Trauer zu durchleben, mit denen wir als Menschen konfrontiert sind. Mit Zeremonien der Segnung können wir Kinder in dieser Welt willkommen heißen. Und wenn wir Hilfe brauchen, um die Harmonie wiederherzustellen, dann haben wir die Möglichkeit, mit einer Heilungszeremonie negative Energien zu entfernen, eine Intention neu zu beleben und nicht zuletzt um Segen für die Träume und Wünsche der Gemeinschaft zu bitten.

Zeremonien der Heilung werden vollzogen, um verlorene Kraft oder eine verlorene Seele zurückzugewinnen, um eine Krankheitsursache zu entfernen oder einen besitzergreifenden Geist zu vertreiben. Um die physische und emotionale Gesundheit aufrechtzuerhalten, ist auch eine gute, harmonische Beziehung zu unseren Vorfahren erforderlich. Zeremonien unterstützen uns dabei, alte karmische Muster, die wir möglicherweise aus einem vorhergehenden Leben reinszenieren, zu durchbrechen.

Außerdem spielen Zeremonien eine wichtige Rolle, um den mitfühlenden Helfergeistern, die uns in vielerlei

Hinsicht Beistand und Heilung leisten, zu danken und sie zu ehren. Indem wir Zeremonien abhalten, schaffen wir ein starkes Band zu den Helfergeistern und zur Kraft des Universums, die mit uns gemeinsam an der Manifestation erwünschter Ergebnisse arbeiten. Sobald du eine enge Beziehung zwischen den Helfergeistern, dem Schöpfer und deinem eigenen göttlichen Selbst entwickelt hast, kannst du zum Bildhauer des Lebens werden.

Zeremonien bewirken Veränderungen. Indem wir uns unsere Wünsche ins Bewusstsein rufen und unsere Blockierungen auflösen, machen wir uns frei, um in eine neue Dimension des Lebens einzutreten, in der wir das grenzenlose Potenzial dessen spüren, was wir im Verlauf unserer Jahre schaffen können.

Es ist uns nicht möglich, auch nicht mit Wissenschaft, Technologie oder unserem rationalen Verstand, uns von den Zyklen und Initiationen des Lebens zu befreien. Schließlich sind wir Lebewesen, die dem Diktat der Natur unterworfen sind und nicht die Freiheit haben, nur ihrem Verstand zu folgen. Da wir jedoch die Verbindung zur spirituellen Kraft der Zeremonie verloren haben, führen wir ein Leben wie abgeschnitten von der Natur. Wir nähren die falsche Überzeugung, der zufolge wir keine Kontrolle über die Veränderungen in unserem Leben haben. Viele von uns wehren sich gegen jegliche Veränderung. Indem wir uns von unserer Verbindung zu einer höheren Macht und unserer Zugehörigkeit zu einem größeren Gesamtbild abwenden, lösen wir uns aus dem Fluss des Lebens heraus.

Die Wiederaufnahme der Zeremonie in unser Leben stellt unseren Kontakt zum Heiligen, zum Leben und zur Natur wieder her. Wir beginnen bewusst mit den Fäden zu arbeiten, die wir in den unsichtbaren Welten spinnen, und verweben sie zu Formen, die auf das Netz des Lebens Einfluss nehmen.

Eine Zeremonie bewirkt Veränderung und Transformation und fördert ein Gefühl von größerer Leichtigkeit im Erleben der Übergänge des Lebens. Mit ihrer Hilfe gelingt uns die Wiederherstellung einer gesunden und starken Beziehung zur Natur. Eine zentrale Lehre im Schamanismus ist das Gesetz der Wechselwirkung. Wenn du das Leben respektierst und ehrst und deine Verbindung zur Natur wieder aufnimmst, dann werden dich die Natur und die Helfergeister ihrerseits ehren.

Der Unterschied zwischen Zeremonie und Ritual

Eine Frage, die mir häufig gestellt wird, lautet: Was ist eigentlich der Unterschied zwischen Ritual und Zeremonie? Ich stelle dir hier meine Definition vor, und mit der Zeit findest du vielleicht eigene Unterscheidungsmerkmale.

Wenn ich morgens aufstehe und wie jeden Tag als Erstes der Sonne meinen Dank abstatte dafür, dass sie ihre Energie zu meinem Gedeihen beisteuert, dann betrachte ich das als Ritual. Plane ich hingegen mein Ritual, wann ich anfange zu singen oder zu trommeln, und treffe ich die Vorbereitungen, auf die ich später im Buch noch zu sprechen komme, dann verwandelt es sich in eine Zeremonie. Ritualarbeit wiederholt sich tagtäglich, einmal wöchentlich oder einmal im Monat.

Eine Zeremonie wird durchgeführt, wenn es um ein bestimmtes Ergebnis geht. Zwar mag es sein, dass sie wiederholt werden muss, doch in der Regel findet eine Zeremonie einmalig zu einem bestimmten Zeitpunkt und verbunden mit einer bestimmten Intention statt. Viele Menschen bedienen sich eines immer gleichen Rituals, doch eine Zeremonie ist im Laufe der Zeit Veränderungen unterworfen.

Beispielsweise hat die Forschung ergeben, dass ein Spaziergang im Wald beziehungsweise ein sogenanntes Waldbad aufgrund der heilenden organischen Stoffe, die die Bäume abgeben, das allgemeine Wohlergehen fördert. Wenn ich mir täglich ein Waldbad genehmige, dann handelt es sich um ein Ritual. Entwickle ich jedoch einen schamanischen Event, um einen Baum zu ehren, dem ich Heilung verdanke, dann handelt es sich um eine Zeremonie.

Zeremonien heute

Gegenwärtig erlebt der Schamanismus in der westlichen Welt eine spürbare Renaissance, weil die Menschen nach Wegen suchen, ihr Leben qualitativ zu verbessern und sich für die Erde nützlich zu machen. Falls du gerade deine ersten Schritte auf dem Weg in die magische Welt der Zeremonien machst, dann sorgst du dich vielleicht, ob du sie korrekt durchführst oder dir eventuell damit sogar schaden könntest. Keiner von uns ist in einem Familiensystem oder in einer Gesellschaft aufgewachsen, wo die Macht der unsichtbaren Welten anerkannt ist. Die Zeremoniearbeit bleibt bei uns eher den Religionen überlassen, die meist mit festen dogmatischen Vorstellungen einhergehen, die einem die Freude am Tanz mit dem Universum auf dem Weg zur eigenen Heilung und der Heilung des Planeten verderben können.

Mach dir beim Entwerfen deiner geheiligten Arbeit keine Sorgen darüber, was »richtig« und was »falsch« sein könnte. Sobald du Zeremonien leitest und die Freude und Freiheit kennenlernst, die aus deiner Verbindung mit den kreativen Kräften des Universums resultiert, wirst du dich entspannen und den gemeinsamen Tanz von Menschen und Helfergeistern, aus dem wahre Transformation entsteht, genießen. Mit jeder Zeremonie tauchst du ein wenig tiefer in das große Mysterium ein und öffnest dein Herz und dein Vorstellungsvermögen ein wenig mehr, um Zeremonien zu entwerfen, die dich auf deinem Weg unterstützen.

Das vorliegende Buch eignet sich für eine ganze Bandbreite von Lesern, nämlich sowohl für jene, die eine Ausbildung in schamanischer Arbeit haben, als auch für solche, die mit Schamanismus bisher keinerlei Berührung hatten. Falls du erst einmal kein Interesse an schamanischen Reisen hast, dann interpretiere »mitfühlende Helfergeister«, wo sie erwähnt werden, einfach als die göttliche Macht, an die du glaubst.

Solltest du nach der Lektüre des Buches feststellen, dass du gern mehr über schamanisches Reisen und die Verbindung mit mitfühlenden Helfergeistern erfahren würdest, dann findest du am Ende des Buches eine entsprechende Liste mit Büchern, Audioprogrammen und Onlinekursen, die dir die entsprechende Praxis vermitteln.

Kinder sind die eigentlichen Meister der Zeremoniengestaltung. Der Vorhang zwischen Sichtbarem und Unsichtbarem hat sich bei ihnen noch nicht so wie bei

Erwachsenen geschlossen. Solltest du je dein Kind oder Kinder aus deiner Gemeinschaft bitten, sich eine Zeremonie auszudenken, dann wirst du erstaunt darüber sein, wie erfüllt von Liebe und Freude ihre Zeremonien sind. Kinder helfen dir sicher gern, den zeremoniellen Raum zu schmücken, raten allen, was sie anziehen sollen, und leisten einen wertvollen Beitrag zu einem sorgfältig orchestrierten Ablauf. Wenn du kein Kind um Unterstützung bei der Zeremonie bitten möchtest, dann lade zumindest ein Kind, das sich dafür interessiert, ein, dabei zu sein. Die Wirkung von Zeremonien auf Kinder ist groß und inspiriert sie dazu, hoffnungsvoller auf ihr eigenes Leben und die Zukunft zu blicken.

Die exponentielle Macht der Gruppenarbeit

Viele von uns, und auch ich gehöre dazu, mögen die Zeremoniearbeit in einem privaten Rahmen. Solche Zeremonien führen uns zum Meditieren und Reflektieren in die Natur. Sie veranlassen uns, zu gehen, zu trommeln, die Rasseln zu schütteln, unsere Gebete zu singen, unsere Lieder der Dankbarkeit zu singen und Führung zu erfahren, während wir mit den Elementen und den Helfergeistern kommunizieren.

Doch die Wirksamkeit der Zeremonien wächst exponentiell an, wenn wir sie in der Gruppe feiern. Seit mehr als dreißig Jahren bringe ich Praktikern bei, Heilungszeremonien durchzuführen. Immer wieder durfte ich miterleben, wie viel mächtiger eine Zeremonie ist, wenn eine Gruppe teilnimmt und sie nicht nur von einem einzelnen Schamanen für einen einzelnen Klienten veranstaltet wird. Ähnliche Verstärkungen erlebe ich, wenn Zeremonien mit vielen Teilnehmern zum Wohle des Planeten zelebriert werden.

Der Grad der Zerstörung der Erde durch Klimawandel, Gewalt und schwierige Bedingungen nimmt zu und wirkt sich auf alles Leben aus. Indem wir uns als Gemeinschaft für eine Zeremonie versammeln, bewirken wir Positives. Gemeinsam errichten wir die Welten der unsichtbaren Substanzen. Bei jeglicher Heilung – gleichgültig ob im privaten oder im globalen Rahmen – geschieht erst etwas auf der unsichtbaren Ebene, bevor Ergebnisse tatsächlich auch in der physischen Welt wahrnehmbar werden. Wenn alle in der Gruppe zunächst gemeinsam auf der unsichtbaren Ebene arbeiten, dann kann dies zu einer starken transformierenden Veränderung in Richtung einer gesünderen Welt führen.

Die Arbeit mit kollektiven Energiefeldern

Wenn mehrere Personen in einer physischen oder virtuellen Zeremonie zusammenarbeiten, dann generiert die Gruppe ein gemeinsames Energiefeld. In einer solchen Situation ist es besonders wichtig, dass sich alle Beteiligten entsprechend vorbereiten, sich spirituell reinigen und so ihren Alltag und ihre Sorgen zurücklassen (im Kapitel »Vorbereitung auf deine Zeremonie« gehe ich näher darauf ein). Der zeremonielle Raum, in den ihr euch gemeinsam hineinbegebt, sollte rein, makellos und erfüllt von Liebe und Licht sein. Die

Menschen, die sich wirklich an einer Zeremonie beteiligen und Herz und Geist für die ungesehenen Welten öffnen, werden psychisch empfindsam und angreifbar durch negative Energien, die andere in der Gruppe vielleicht einbringen.

Einmal war ich mit einer Gruppe im Denali Nationalpark in Alaska, weit draußen in der Wildnis. Es gab keine Telefonleitungen, kein Fernsehen, keinen Strom. Es gab nichts als frische, klare Luft zum Atmen und keinerlei ablenkende Energien, die unsere Teilnehmer daran hätten hindern können, ihr Energiefeld so weit wie nur möglich auszudehnen und sich ganz und gar in die spirituelle Arbeit einzubringen. Es gab keine negativen Energien, die erst noch beseitigt werden mussten, denn das Land war unberührt. Das ist nur ein Beispiel für die Art von heiligem Raum, den wir mit unserer Zeremoniearbeit schaffen wollen. Viele von uns leben in Städten voller Ablenkungen, die es in der Wildnis nicht gibt. Genau diese Art klaren, heiligen Raum wollen wir hervorbringen, damit jeder, der eintritt, gestärkt aus der Zeremonie hervorgeht.

Es ist die Aufgabe des Gruppenleiters, aber auch der Gruppe, für ein klares Feld zu sorgen, damit der erwünschte unberührte, heilige Raum erschaffen werden kann. Außerdem fällt dem Leiter die Aufgabe zu, die Heiligkeit des Raumes so zu bewahren und als energetischer Anker für die Gruppe zu dienen, indem er zentriert bleibt. Manche Menschen haben eine besondere Begabung dafür, den Raum zu schützen und die Zeremonie zentriert, geerdet und erfüllt von Frieden, Liebe und Gnade zu erhalten.

Ausgangspunkt: Dein spirituelles Herz

Während ich dieses Buch schrieb, ereigneten sich zahlreiche Katastrophen auf unserem Planeten. Hoffentlich profitieren die kommenden Generationen von der tiefen Zeremoniearbeit, die Menschen überall auf der Welt geleistet haben und weiter leisten, um den Planeten gegen die destruktiven Energien zu unterstützen und ihm bei der Heilung zu helfen. Doch leider haben sich auch viele Menschen in die Hoffnungslosigkeit geflüchtet, weil sie zu viele Lebewesen leiden sehen müssen.

Eine meiner spirituellen Lehrerinnen aus den verborgenen Welten ist die ägyptische Göttin Isis. Um uns zu einem tieferen Ausgangspunkt für unsere Zeremoniearbeit zu verhelfen, hat sie eine starke Botschaft übermittelt. Mich hat ihre Botschaft tief beeindruckt, und sie hat mir geholfen, meine eigene Arbeit noch zu vertiefen. Ich hoffe, dass sie auch dich inspiriert.

So lautet ihre Mitteilung:

Ihr seid hier auf der Erde, um Liebe, Licht und Freude zu erfahren. Doch die Lektion lautet, erst Leid zu erfahren und dann jenseits des Leids in euch (nicht außerhalb von euch) den Ort von Liebe und spiritueller Glückseligkeit zu erreichen.

So viele von euch müssen Leid erfahren oder bezeugen. Auf der Entwicklungsebene fördert dies die Ausweitung eures Mitgefühls. Es führt euch tief hinein in euer Menschsein. Doch wenn ihr euch von dieser Energie in Besitz nehmen lasst, dann nehmt ihr die Frequenz des Leids in eurem Körper auf und projiziert sie in die Welt. Viele Menschen werden krank, wenn sie die Energie des Leids in sich aufnehmen.

Ihr werdet im wahren und im übertragenen Sinn aufgebrochen bis hinab zur tiefsten Wurzel eures Menschseins, wo all das Wissen und die Weisheit warten, damit ihr sie euch erschließt.

In eurer Welt werdet ihr ermutigt, eure Herzen dem Geist der Liebe zu öffnen. Diese Botschaft richtet sich nicht auf das physische Herz, das einfach nur zu eurem Ich gehört.

Hinter eurem physischen Herz wohnt ein spirituelles. Es ist immer für euch da, wenn ihr euch darauf einstimmt. Die Gurus, Mystiker und spirituellen Lehrer sprechen vom spirituellen Herzen.

Und dieses spirituelle Herz – das eins ist mit der Quelle und mit Freude, Glückseligkeit und bedingungsloser Liebe für alles Leben und alle Schöpfung – kennt kein Leid. Es kennt Glückseligkeit, es kennt bedingungslose Liebe, aber es erfährt kein Leid auf dieser Erde.

Haltet eure Zeremonien ab, indem ihr aus eurem spirituellen Herzen Licht ausstrahlt. Seid die Gegenwart der Liebe, da eurem Herzen reine, unpersönliche, bedingungslose Liebe entströmt.

Alle Zeremonien haben einen Anfang, eine Mitte und ein Ende. Im nächsten Kapitel erfährst du etwas über mögliche Anfänge, mit denen du deine Arbeit beginnen kannst, damit deine Zeremonie zu einem geheiligten Geschehen wird.

Deine Zeremonie entwerfen

Indem wir schamanische Zeremonien abhalten, öffnen wir die Tür zwischen unserem Alltagsbewusstsein – der Mensch, der wir auf der Ich- oder Persönlichkeitsebene sind – und den unsichtbaren Welten, zu denen wir durch einen Schleier hindurchgelangen.

Um hinter den Schleier zu gelangen, musst du deine alltäglichen Gedanken zurücklassen und mit dem Weben eines neuen Bildteppichs des Lebens für dich, deine Familie, deine Gemeinschaft und die Welt beginnen. Das Nachdenken über E-Mails oder über das, was bei der Arbeit geschieht, ebenso die Sorgen über Belange deines Lebens verankern dich im Alltag und hindern dich daran, durch den Schleier hindurch in die verborgenen Welten einzutreten und von der Wirkung deiner Arbeit zu profitieren.

Die eigentliche Magie hinter der Zeremonie

Die Magie bei der Zeremoniearbeit ist das, was hinter der eigentlichen Handlung geschieht. Das gilt für jegliche schamanische Heil- und Segnungsarbeit.

Der Raum hinter dem Trommeln, den Worten, dem Tanzen und all den physischen Aktivitäten in der Zeremonie ist die tiefe Stille der Leere – der Raum vor der Schöpfung. In diesem stillen Raum kommuniziert deine Seele mit den göttlichen Kräften und den werdenden Mächten, sie verbindet sich mit ihnen, um die Intention deiner Zeremonie zu manifestieren.

Die Aktivität der Zeremonie gestattet es uns, die Saat der Intention zu nähren und zu entwickeln. Wir konzentrieren uns auf Körper, Geist und Seele und bereiten einen Weg, damit sich die Magie hinter dem Schleier ereignen kann, zwischen unserer sichtbaren Welt und den verborgenen Welten.

Wenn ein Meisterschamane eine Heilung erwirkt, dann steht die eigentliche Arbeit nicht in Zusammenhang mit der angewandten Methode. Die Heilung geschieht im geheiligten Raum der Leere und durch die von Licht erfüllte Gegenwart des Schamanen.

Wenn du einen geheiligten Raum schaffst, dann ereignet sich Magie in deiner Zeremonie. Du agierst gleichzeitig auf mehreren Ebenen der Wirklichkeit. Innerhalb der Struktur der Zeremonie kommuniziert dein innerer göttlicher Geist mit der göttlichen Macht des Universums und gestattet es dir in deinem Menschsein, teilzuhaben und deine Hingabe und Intention zu zeigen, damit du das begehrte Ergebnis erlangst.

Im Folgenden will ich dir Elemente zeigen, die sich für die Gestaltung und Planung einer Zeremonie eignen, unabhängig davon, ob du deine Zeremonie allein oder in einer Gruppe abhältst.

Den richtigen Ort für deine Zeremonie wählen

Wenn du im Inneren eines Gebäudes arbeitest, dann musst du einen passenden Raum finden. Planst du etwa die Arbeit mit Feuer, dann wähle einen Raum, in dem sich idealerweise ein offener Kamin befindet, wo du gefahrlos Räucherwerk oder ein Stück Papier verbrennen kannst. Halte die Flamme unter Kontrolle, nutze etwa eine Kerze, und sorge dafür, dass die Asche in eine feuerfeste Schale fällt.

Ist das Spielen eines Instruments und das laute Sprechen eines Gebets Bestandteil deiner Zeremonie, dann wähle ein Zimmer, wo du niemanden störst und wo dich niemand stört. Das Klingeln eines Telefons mitten in deiner Zeremonie könnte dich aus dem geheiligten Raum reißen, und du könntest deinen Fokus und deine Konzentration verlieren. Sollten sich weitere Personen in dem Haus aufhalten, deren Zeugnis dir unangenehm wäre, dann wähle einen Zeitpunkt ihrer Abwesenheit. Oder bitte einfach alle Personen, dein Bedürfnis nach Privatsphäre zu respektieren.

Wenn du während der Zeremonie ein Instrument spielst oder anderweitig positive spirituelle Kraft erzeugst, dann werden sich eventuelle Haustiere angezogen fühlen und bei dir sein wollen. Du musst entscheiden. Tiere, die dich lieben und unterstützen, können bei einer Zeremonie wertvoll sein, aber sie können dich auch ablenken, wenn sie zu aktiv oder laut sind. Meine Katze wirft sich im wahrsten Sinn des Wortes gegen die Tür meines Arbeitszimmers, wenn ich etwas abhalte, was auch nur entfernt an eine Zeremonie erinnert, also lasse ich sie herein. Wenn sie dabei sein darf, macht sie es sich irgendwo bequem und schnurrt. Sie hat sich als große Unterstützerin meiner Arbeit erwiesen.

Bei der Arbeit im Freien suchst du dir am besten einen Platz, an dem dich die Öffentlichkeit nicht stört. Der Ort muss sich für dich sicher anfühlen. Und wenn du dich nach innen wendest und dich deinen Gefühlen öffnest, dann sollte er eine Art inneres Lächeln bei dir auslösen, ein »Ah, das ist ein guter Platz für meine Zeremoniearbeit«.

Mach dir bewusst, dass eine Zeremonie viel gute Energie hervorbringt. Ich habe an Seminarzentren unterrichtet, an denen zur gleichen Zeit auch andere Gruppen abgehalten wurden. Sie fühlten sich meist angezogen von der Energie tiefer und intimer Zeremonien. Bei diesem Thema bin ich noch immer hin- und hergerissen. Manchmal erkläre ich Außenstehenden, dass es sich um eine private Heilungszeremonie für eine Gruppe handelt, und bitte darum, nicht gestört zu werden. Doch in einem Seminarzentrum tauchte einmal ein Pärchen ungeladen auf. Sie baten darum, sich im Hintergrund aufhalten und einfach die gute, freudige, heilende Energie aufsaugen zu dürfen. Wie konnte ich da Nein sagen? Und ich habe seither nie wieder abgelehnt. Wenn du Zeremonien in der Öffentlichkeit abhältst, dann musst du von Fall zu Fall entscheiden. Doch wenn du eine Zeremonie für deine Gemeinschaft feierst, dann sind natürlich alle, die dazugehören, willkommen.

Sobald du einen guten Platz gefunden hast, solltest du eine Verbindung zu den helfenden Ahnengeistern des Landes herstellen. Diese mitfühlenden Ahnengeister sind menschliche Geister, die verstorben sind, sich aber zu einem Verbleib auf der Erde entschlossen haben, statt zur Quelle zurückzukehren. Sie wollen das geliebte Land beschützen und betreuen. Sie lieben »ihr« Land ebenso sehr wie wir. Für sie ist es wichtig, die Intention deiner spirituellen Arbeit zu kennen, damit sie dich unterstützen können. Manchmal unterstützen sie dich sogar, indem sie für das beste Wetter für dein Vorhaben sorgen.

Hinterlass ein Geschenk für die helfenden Ahnengeister. In vielen traditionellen Kulturen überall auf der Welt sind Tabak, bestimmte Nahrungsmittel oder Getränke typische Opfergaben. Es kann sich um Biotabak, Lavendel oder irgendein Kraut handeln, das etwas mit dir persönlich zu tun hat. Ich selbst nutze für diesen Zweck meist blaues Maismehl, das mir sehr viel bedeutet. Bitte mach dir bewusst, dass Tiere deine Opfergabe fressen könnten, achte also darauf, nur solche Speisen und Flüssigkeiten zurückzulassen, die sie ohne Schaden aufnehmen würden.

Du wirst merken, dass dir besondere Unterstützung bei deiner Zeremonie zuteilwird, wenn du die mitfühlenden Ahnengeister des Landes um Erlaubnis bittest. Wenn sie sich ausreichend geehrt fühlen, machen sie sich immer gern nützlich.

Solltest du mit einem bestimmten Element (Erde, Luft, Wasser oder Feuer) arbeiten wollen, dann musst du dir einen Platz in der Natur suchen, wo dieses Element vorkommt. Willst du beispielsweise das Meer bitten, einen Schmerz, den du in dir trägst, von dir fortzunehmen, dann musst du dir dazu einen angemessenen Platz am Strand suchen. Doch falls du den benötigten Platz nicht vor Ort findest, steht er dir immer auch in den unsichtbaren Welten zur Verfügung. In der nicht alltäglichen

Wirklichkeit gibt es wunderschöne Landschaften, die du für deine Zeremoniearbeit aufsuchen kannst – Ozeane, Wälder, Wasserfälle, Flüsse, Gebirge und alles, was du sonst noch brauchst.

Das ist einer der Vorteile, wenn du dich für eine spirituelle Zeremonie entscheidest, die eine Reise in die unsichtbaren, verborgenen Welten oder eine entsprechende Meditation beinhaltet. Hilfreich ist außerdem, dass du dich auf diesem Wege mit weit entfernten Gleichgesinnten verbinden und mit ihnen in den ungesehenen Welten einen Kreis bilden kannst. Im Verlauf dieses Buches bezeichne ich solch eine Zusammenarbeit »aus der Ferne« als *virtuelle* Zeremonie.

Es gibt Für und Wider bei der Frage, ob eine Zeremonie im Zimmer eines Gebäudes oder im Freien stattfinden sollte. Im Freien hat man das Glück, sich am Anblick der Natur zu erfreuen. Wenn du mit einer Gruppe arbeitest und Trommeln und Rasseln verwendest, dann verbreitet der Wind den Klang und macht eine größere Konzentration erforderlich, um den Fokus aufrechtzuerhalten. Doch das Feiern einer Zeremonie in der Natur ist von solcher Kraft, dass die meisten meiner Schüler dieser Variante den Vorzug geben, wenn das Wetter es gestattet. Die durch die Arbeit im Freien bewirkte Heilung ist um so vieles größer. Sie nimmt positiven Einfluss auf die Stimmung der Teilnehmer, und hinterher strahlen ihre Gesichter vor Liebe und Licht.

Bei Zeremonien im geschlossenen Raum wirkt die Energie konzentrierter und kann einem manchmal stärker vorkommen. Trommeln, Singen mit und ohne Text kann eine ziemliche Lautstärke erreichen, es sind also Ermahnungen nötig, ein vernünftiges Maß einzuhalten, das ausreicht, um die Arbeit zu unterstützen, ohne dabei andere zu stören. Es kommt während der Zeremonien gern vor, dass der eine oder andere Teilnehmer in Ekstase fällt und ihm nicht mehr bewusst ist, wie laut er ist. Ich weise meine Schüler vor einer Zeremonie im Inneren an, dem Nachbarn, der in Ekstase gerät und zu laut wird, liebevoll die Hand auf die Schulter zu legen.

Einen wirksamen Zeitpunkt für deine Zeremonie wählen

Jeder Tag ist ein guter Tag, um eine Zeremonie zu feiern. Wie ich bereits im ersten Kapitel andeutete, nehmen Schamanen den Mondphasenwechsel, das Erscheinen von Planeten am Nachthimmel, die Tagundnachtgleichen, die Sonnenwenden oder auch ein bestimmtes Bedürfnis zum Anlass, um Zeremonien zu zelebrieren. Ein Mitglied der Gemeinschaft könnte einen Traum haben, der nach einer Zeremonie verlangt, oder der Schamane hat ein Omen in der Natur wahrgenommen, das ihm den richtigen Zeitpunkt offenbart hat.

Wenn du in dir das starke Bedürfnis nach einer Heilungs- oder Segnungszeremonie verspürst, dann leiste dem unbedingt Folge. Falls du ein Kind erwartest, dann willst du die Zeremonie sicher nahe am Zeitpunkt der Geburt abhalten, um es in der Welt willkommen zu heißen. Es gibt noch viele andere Zeremonien, deren Zeitpunkt sich automatisch ergibt. Handelt es sich um eine Zeremonie, die der Würdigung einer wichtigen Veränderung im Leben dient, dann eignen sich Voll- oder Neumond oder der Wechsel der Jahreszeiten. Im Fall einer

Initiation oder eines Übergangs in eine neue Lebensphase ist der Zeitpunkt wieder vorgegeben. Möglicherweise möchtest du dich mit der Kraft der Sonne verbinden, dann ist der Sonnenaufgang, die Abenddämmerung oder der Sonnenuntergang als zeitlicher Rahmen geeignet, oder aber du gibst dem Mond und den Sternen den Vorzug und verlegst deine Zeremonie in die Nacht.

Da Schamanismus eine Lebensweise ist, kannst du deine Zeremonien auch spontan abhalten. Vielleicht bist du gerade draußen in der Natur, du hältst einen Stock in deinen Händen und zerbrichst ihn als Zeichen dafür, dass du dich aus einer ungesunden Beziehung lösen willst. Oder du sitzt in einer schönen Umgebung und entscheidest dich, deinen Atem zu nutzen, um eine alte Verletzung in einen Stein zu blasen und ihn dann in der Erde zu begraben, wobei du eine natürliche Dankbarkeit darüber empfindest, dass die Erde diese abgegebene Energie in Dünger für neues Wachstum umwandelt. Solche spontanen Zeremonien dienen der Heilung.

Deine Materialien sammeln

Bevor du mit deiner Zeremonie loslegst, wirst du dein Material vorbereiten. Der Fluss deiner Zeremonie kann nicht anmutig sein, wenn du unterbrechen musst, weil du noch irgendeinen Gegenstand brauchst.

Schamanische und spirituelle Musik

Musik spielt eine besondere Rolle, wenn es darum geht, uns auf die Zeremonie vorzubereiten, unseren Geist zu beruhigen und ablenkende Energien zu vertreiben. Falls du aufgenommene Musik verwendest, dann sorge dafür, dass gleich das richtige Stück ertönt. Vielleicht entscheidest du dich auch für die Verwendung schamanischer Instrumente wie Trommel, Rassel, Flöte, Klangschale, Klanghölzer oder Glocken, um dich besser auf deine Arbeit zu konzentrieren. Wenn es sich für dich richtig anfühlt, dann kannst du selbst Rasseln anfertigen, indem du Steine, Kristalle oder Samen in eine Flasche oder Dose gibst und sie dann verschließt. Mit zwei Stöcken, die du aneinanderschlägst, kannst du eine Trommel ersetzen.

Von alters her verwenden Schamanen Trommeln. Wissenschaftler haben herausgefunden, dass mit Schlagwerk produzierte monotone Rhythmen unsere Hirnwellen aus dem Betabereich unseres normalen Funktionierens bis in den Thetabereich herunterbremsen. Der in den Thetabereich hinein verschobene Bewusstseinszustand hilft uns dabei, von der sichtbaren Welt in die unsichtbaren Welten zu gelangen.

Falls du kein praktizierender Schamane bist, dann kannst du auch jedes Instrument oder jede Musik verwenden, das oder die dir helfen, auf deine Intention und dein angestrebtes Ergebnis konzentriert zu bleiben. Achte immer darauf, deine Musik in dem Bewusstsein auszuwählen, dass sie dazu beiträgt, einen geheiligten Raum zu schaffen.

Wenn du dein Herz offenhältst, dann kann deine Intention in die Macht des Universums eingehen, um manifestiert zu werden. Musik zu hören, ein Instrument zu spielen, zu singen und zu tanzen, das sind Hilfsmittel, um dein Herz zu öffnen und dich aus deinem rationalen Verstand herauszuführen.

Material in der Natur sammeln

Wenn du Materialien in der Natur sammelst, dann sprich mit ihrem Geist, bevor du sie für deinen Altar oder deine Zeremonie aufhebst. Wählst du etwa Lavendel als Opfergabe, bitte seinen Geist um die Genehmigung. Auf die gleiche Weise kannst du mit allen Blumen, Steinen und Kristallen verfahren, die du findest und für deine Arbeit nutzen willst. Vertraue bei den Antworten, die du empfängst, auf deine Intuition. Der Geist der Natur spricht unablässig zu uns. Wir müssen lediglich unsere unsichtbaren Sinne öffnen, um entsprechende Bilder, Botschaften und Gefühle zu empfangen.

Material für die Raum- und Zeremoniegestaltung

Es gibt viele Möglichkeiten, Objekte in deine Zeremonie einzuarbeiten. Wenn du ein Objekt für eine Feuerzeremonie vorbereiten willst, könntest du etwa Garn um einen Stock wickeln und so ein Bildnis, einen Talisman oder einen Kraftgegenstand herstellen, der von deiner Intention für Heilung oder Segnung durchdrungen ist.

Falls du für eine Zeremonie Materialien ins Wasser werfen oder in der Erde vergraben willst, dann sammle sichere natürliche Objekte wie etwa schöne Steine, deren Form dich anspricht. Triff Vorbereitungen, indem du den gewählten Stein mit einem Gebet ermächtigst, bevor du ihn ins Wasser oder in die Erde gibst. Oder du verwendest ein Stück pflanzlichen Stoff, wickelst in ihn ein paar heilige Kräuter ein und verschnürst ihn zu einem Medizinbündel. Mit deinem Atem durchdringst du das Bündel mit deiner Intention, bevor du es in das Element entlässt, mit dem du arbeitest.

Eventuell verwendest du Papier, um einem Menschen, den die Zeremonie betrifft, einen Brief zu schreiben, oder du schreibst an Gott, die Göttin oder die Macht des Universums. Du kannst ein Wort wählen, das deinen Wunsch oder die Qualität beschreibt, die du freisetzen willst. Oder aber du malst ein symbolisches Bild. Das Papier kannst du in einer Feuerzeremonie verbrennen oder in der Erde vergraben.

Ich selbst verwende gern wasserlösliches Papier (Bezugsquellen findest du im Internet). Auf dieses Papier kannst du schreiben, wovon du dich befreien möchtest, oder einen Segen festhalten, der sich manifestieren soll. Dann legst du das Papier in eine Schüssel mit warmem Wasser und siehst zu, wie es sich langsam auflöst. Die Bestandteile des Papiers schädigen die Umwelt nicht. Nachdem sich das Papier aufgelöst hat, kannst du den Inhalt der Schüssel auf die Erde gießen. Du kannst dir sicherlich vorstellen, dass Kinder solche Zeremonien mögen.

Federn eignen sich ideal als zeremonielle Gegenstände. Du kannst die Energie, die du freisetzen möchtest – vielleicht stammt sie von einer alten Verletzung –, in die Feder blasen und sie dann in die Luft, ins Wasser, die Erde oder ins Feuer schütteln, während du dich darauf konzentrierst, die Energie in Licht und Liebe umzuwandeln, um damit die Erde und alles Leben zu unterstützen. Es ist selbstverständlich, dass wir die Federn für unsere Zeremonien selbst sammeln – auf eine Weise, die dem Geist des Vogels zuträglich ist. Keinesfalls darf das Tier um seiner Federn willen getötet worden sein. Gleiches gilt natürlich auch für andere Tierbestandteile, die wir in unserer Zeremoniearbeit verwenden.

Falls du einen Gebets-, Segens- oder Wunschbaum verwenden möchtest (was ich in den nachfolgenden Kapiteln erklären werde), dann brauchst du Bänder oder Garn, oder du fertigst Gebetspäckchen an, die du an die Zweige deines Baums bindest. Der Baum fungiert als Brücke zwischen der göttlichen und der menschlichen Welt, die dein Gebet manifestiert. Ich sehe gern zu, wie der Wind mich unterstützt, wenn ich Garn, das ich auf meinem Spinnrad verbunden mit der Intention eines Heilungsgebets gesponnen habe, am Baum befestige. Oftmals nimmt der Wind gerade dann zu, wenn ich das Gebet anbinde, und teilt mir so mit, dass mein Wunsch nach oben zu den kreativen Kräften des Universums getragen wird.

Heilige Kräuter verbrennen

Räucherwerk zu verbrennen – wie etwa Salbei, Wacholder, Palo Santo oder andere, bei dir heimische Kräuter – kann dir helfen, deine Intention zu übermitteln, wenn du den Wind bittest, deine Wünsche zum Universum zu tragen. Halte die heiligen Kräuter bereit, die du verbrennen willst. Mit einer Feder kannst du den Rauch lenken.

Weitere Gegenstände für deinen Werkzeugkasten

Gemeinschaften in schamanischen Kulturen verwenden häufig Feuer in ihren Zeremonien, weil es als intelligentes Wesen empfunden wird. Feuer erkennt unsere Herzens- und Seelenwünsche. Schon immer haben Schamanen Feuer genutzt, um Botschaften zu übermitteln. In einer klassischen schamanischen Zeremonie sitzt man mit einer Frage am Feuer oder auch nur vor einer brennenden

Kerze und blickt in die Flamme. Die Antwort mag als Vision oder als Körperempfindung zu dir kommen, oder vielleicht empfängst du eine telepathische Botschaft.

Möglicherweise besorgst du dir die Gegenstände für deine Zeremonie in einem Geschäft für Künstlerbedarf. Falls du mit einer Gruppe zusammenarbeitest, dann kannst du den Teilnehmern die erforderlichen Materialien zur Verfügung stellen. Oder du hast die Möglichkeit, jeden Teilnehmer eigens damit zu beauftragen, für sich bestimmte Materialien mitzubringen.

Manche Menschen feiern den Abschluss einer Zeremonie gern mit dem Verzehr bestimmter Speisen. Bereite die Speisen im Vorfeld zu, damit deine Feier zu einem organischen Bestandteil deiner Zeremonie werden kann.

Überlege dir auch, wie du den Ort deiner Zeremonie schmücken willst, egal ob er sich im geschlossenen Raum oder im Freien befindet. In einem Zimmer möchtest du vielleicht einen Tisch mit einer schönen Tischdecke verwenden, auf dem du deine Materialien und Instrumente für die Zeremonie ausbreiten kannst. Vielleicht willst du schöne farbige Kerzen anzünden. Blumen machen einen Raum freundlicher und helfen dir zu spüren, dass ein besonderes Ereignis bevorsteht.

Bei Zeremonien im Freien werden gern Laternen verwendet oder Votivkerzen oder Teelichter, um den Weg zu dem für die Zeremonie gewählten Platz zu erleuchten. Gruppen könnten ein Laubentor aus Zweigen oder Ranken und Blumen errichten, durch die alle Teilnehmer hindurchgehen müssen, um symbolisch ihr altes Leben hinter sich zurückzulassen. Wer durch das Laubentor hindurchschreitet, wird auf der anderen Seite zu einem neuen Leben und an einem heiligen Ort begrüßt.

Vielleicht möchtest du Steinskulpturen errichten, die eine besondere Energie hinzufügen. Bestimmt sind dir entlang von Wanderwegen schon einmal aufeinander aufgetürmte Steine aufgefallen. Man nennt sie Cairns. Sie werden errichtet, damit Wanderer leichter ihren Weg finden. Doch Cairns werden auch bei Zeremonien genutzt, meist in den vier Haupthimmelsrichtungen, um die Energie der Zeremonie zu fassen. Oder du kannst einfach einen Steinkreis auslegen und damit einen Raum schaffen, der Teilnehmern hilft, ihren Platz zu finden.

Viele legen Medizinräder aus, indem sie Steine und andere natürliche Objekte in den vier Haupthimmelsrichtungen anordnen und dann ihre Zeremonie in diesem Medizinrad verrichten. Andere beliebte Formen sind Labyrinthe oder Spiralen, denen Teilnehmer folgen müssen, um in den Zeremonieraum zu gelangen.

Salböle

Bei manchen Zeremonien ist es sinnvoll, die Teilnehmer zu salben, bevor sie den geheiligten Raum betreten. Das Salben kann geschehen, indem man einen Tropfen Wasser oder einen Klecks Lehm auf die Stirn beziehungsweise das dritte Auge oder auf den Scheitel tupft. In manchen Gruppen werden zu diesem Zweck die Rückstände verwendet, die vom Verbrennen heiliger Kräuter übrig bleiben, oder aber mit Blüten oder Düften versetztes Wasser. Teilnehmer zu salben, bevor sie in den geheiligten Kreis treten, ist wiederum ein Mittel, um zwischen alltäglicher Wirklichkeit und heiligem Raum zu trennen. Falls du salben möchtest, sammle das dazu benötigte Material vor der Zeremonie in einer Schüssel.

Eine Gruppe ist ein wirkungsvolles Werkzeug
Wenn ich eine Feuerzeremonie leite, dann suche ich mir Freiwillige, die den geheiligten Raum schaffen, die Teilnehmer bei ihrer Ankunft spirituell reinigen, den Feuerplatz vorbereiten und das Feuer zum Schluss sicher löschen. Diese Freiwilligen bezeichne ich als unsere »Feuerbewahrer«.

Falls du mit einer Gruppe zusammenarbeitest, kannst du sie aufteilen und Aufgaben delegieren: etwa das Zusammensuchen von Materialien oder das Dekorieren des Zimmers, in dem die Zeremonie stattfinden soll. Vielleicht wollt ihr auch alle gemeinsam Brennholz sammeln und miteinander das Feuer vorbereiten. Vergiss nur nicht, dass die Teilnehmer nach Abschluss der Vorbereitungen für die eigentliche Zeremonie gereinigt werden müssen, damit die eigentliche transformierende Arbeit beginnen kann.

Mit einem Altar einen geheiligten Raum schaffen

Einen Altar zu errichten ist eine Möglichkeit, um einen geheiligten Raum zu schaffen. Ein Altar oder Altarbereich, den du in einem Zimmer deines Hauses einrichtest, hilft dir, aus deinem alltäglichen Bewusstseinszustand, in dem du Tag für Tag mit deinem Leben beschäftigt bist, zu einer besonderen psychischen Verfassung zu finden, in der du spürst, dass etwas Außergewöhnliches ansteht.

Es gibt zahllose Möglichkeiten, um einen Altar einzurichten. Er kann aus einem Tuch oder Teppich auf dem Boden bestehen, auf das oder den du eine Kerze stellst,

Steine, Kristalle, Blumen, heilige Kräuter oder Ähnliches legst. Das Anzünden einer Kerze kann signalisieren, dass etwas Besonderes im Begriff ist, sich zu ereignen. Die Kerzenflamme symbolisiert den Geist. Verwende dein liebstes Räucherwerk. Auf deinem Altar ist auch Platz für das Foto eines geliebten Menschen oder eines verehrten Lehrers. Suche dir besondere Objekte in der Natur, um deinen Altar mit ihrer Kraft aufzuladen.

Ich lebe in der Hochwüste von Santa Fe, in der Dürren an der Tagesordnung sind. Deshalb stelle ich ein kleines Gefäß mit Wasser oder Rosenwasser auf meinen Altar, um den Geist des Landes mit einer Wasseropfergabe zu ehren.

Finde selbst heraus, welche Objekte von dir in deinem geheiligten Raum für deine spirituelle Arbeit einbezogen werden wollen.

Für viele Menschen stellt ein Altar einen tröstlichen Ort dar, an dem sie sich jederzeit auch zwischen Zeremonien aufhalten und sammeln können. Er ist ein wunderbarer Ort, um zu beten und um Ruhe zu finden, während du schweigend vor ihm sitzt. Nach bedeutenden Veränderungen in deinem Leben möchtest du deinen Altar vielleicht so umbauen, dass er die neue Lebensphase, in die du eingetreten bist, widerspiegelt.

Du kannst dir auch im Freien am Platz deiner zeremoniellen Arbeit einen Altar einrichten. Sammle schöne Gegenstände, die dir etwas bedeuten, und breite sie auf der Erde aus. Du hast die Möglichkeit, an deinem besonderen Platz Cairns aus Steinen zu errichten oder ein Medizinrad auszulegen. Das ist eine wunderbare Methode, um deinem Land, auf dem du deine Zeremonien abhältst, heilige Energie zuzuführen.

Möglicherweise lebst du in einer Etagenwohnung oder in einer städtischen Umgebung, wo ein Altar im Freien auf Dauer nicht eingerichtet werden kann. In diesem Fall kannst du einen vorübergehenden Altar errichten und die Gegenstände später wieder mit nach Hause nehmen. Oder aber du sorgst dafür, dass dein Altar unauffällig ist, vielleicht aus Steinen besteht und bleiben kann. Die Steine symbolisieren für dich einen geheiligten Raum, an den du für deine spirituelle Arbeit zurückkehren kannst.

Vor etlichen Jahren gab ich einen Workshop in einem Seminarzentrum, das sich in einer atemberaubenden Landschaft befand. Ich schickte meine Schüler hinaus, denn jeder sollte für sich einen Altar auf dem Land einrichten, den er täglich aufsuchen und für die eigene Vorbereitung auf Heilungszeremonien nutzen würde. Eine meiner Schülerinnen wählte einen Platz unter einem Solitärbaum an einem Bachufer und verkündete auf einem Zettel, dass dies ihr heiliger Altar sei. Den Zettel beschwerte sie mit einem Stein, damit er nicht wegflog. Als sie ihren Altar unter dem Baum am nächsten Morgen aufsuchte, um ihre Vorbereitungen zu leisten, beobachtete sie dort einen Hirsch, der gerade ausgerechnet auf ihren Zettel urinierte. Das Universum erweist sich durchaus als humorvoll, wenn wir gerade erst lernen, harmonisch mit allem übrigen Leben zusammenzuarbeiten.

Viele von uns reisen mit einem tragbaren Altar, um im Hotel oder an jedem anderen Ort einen heiligen Raum zu schaffen. Ein tragbarer Altar lässt sich leicht mittels einer Art Schmuckkästchen herstellen, das man mit heiligen Kräutern wie Salbei oder mit Zedernholzraspeln und ein paar kleinen besonderen Objekten füllt. Du kannst Holzperlen verwenden, um symbolische Muster zu legen, die für dich eine besondere Bedeutung haben und das Kästchen zu einem kostbaren Objekt machen. Ein kleiner Teppich oder ein Tuch könnte Verwendung finden als Platz, auf den du deine zeremoniellen Gegenstände ablegst. Vielleicht hast du auch ein bestimmtes Foto im Gepäck, einen besonderen Stein, einen Kristall oder eine Darstellung von einem Helfergeist und platzierst diese Gegenstände entsprechend auf deinem Altar. Du hast möglicherweise auch eine Votivkerze dabei, die du aufstellst, wenn es dir angemessen erscheint.

Nutze deine Vorstellungskraft und spüre, wie deine Erregung wächst, wenn du dir einen Altar für dein Zuhause, dein Büro, das Land, auf dem du lebst, oder für einen Park ausmalst, in dem du Zeremonien veranstaltest. Du spürst sie auch, wenn du einen Reisealtar vorbereitest, der dir unterwegs als heiliger Raum dient.

Arbeiten mit Erde, Luft, Wasser und Feuer

Als ich einmal in einem Interview zu Zeremonien befragt wurde, sagte der Interviewer: »Sie habe etwas gesagt, das mir wirklich gefallen hat, dass nämlich die Elemente, die in der Zeremoniearbeit zum Einsatz kommen, und die Helfergeister, die wir anrufen, in unserem Herzen lesen und nicht unbedingt in unserem Verstand. Als ich das hörte, habe ich mich gefragt: ›Was kann es bedeuten, wenn ein Element wie beispielsweise Feuer in meinem Herzen liest?‹«

Ich war über diese Frage sehr glücklich und könnte mir vorstellen, dass viele Menschen sie sich auch stellen. Ich arbeite gern mit den Elementen. Es gehört zu meinen Leidenschaften, Menschen für die Vorstellung zu öffnen, dass uns die vier Elemente wunderbare Verbündete sein können. Erde, Luft, Wasser und Feuer sind lebendig. Sie sind Lebewesen. Feuer ist genauso lebendig wie ein Baum.

Die Elemente sind intelligent. Sie sind Natur, und Natur ist eine intelligente Kraft. Ich habe beobachtet, wie sich das Feuer verändert, wenn verschiedene Personen hinzutreten, um ihre Gebete zu sprechen. Bei der Zeremoniearbeit habe ich deutlich gesehen, wie der Wind sich verändert, um dem Feuer eine andere Richtung zu geben. Wir dürfen die Elemente als Verbündete ansprechen, ohne sie jedoch manipulieren zu wollen.

Omen und Zeichen interpretieren

Die Elemente geleiten uns durch Omen und Zeichen. Vor Jahren gab ich während einer entsetzlichen Dürre einen Workshop in Santa Fe. Auch wenn wir unsere Feuerzeremonie in einem wunderschönen offenen Kamin in einem Versammlungsraum abhielten, ich war dennoch nervös. Draußen standen Bäume, deren Zweige bis an den Schornstein heranreichten. Ein Funken hätte ausgereicht, und die Katastrophe wäre perfekt gewesen. Ich bat das Land um ein Zeichen. Ich erklärte den Helfergeistern, dass ich die Zeremonie absagen würde, es sei denn, es gäbe um 15 Uhr einen kleinen Regenschauer für wenigstens dreißig Sekunden. Und: Um 15 Uhr regnete es genau dreißig Sekunden lang. Damit hatten wir ein wunderbares Omen erhalten, um unsere Feuerzeremonie auf jeden Fall zu feiern. Ich vertraue auch weiterhin darauf, dass die Elemente mir entsprechende Omen senden.

Die Elemente schicken uns immer Zeichen. Wenn wir Fragen haben, dann müssen wir das Verhalten der Natur aufmerksamer studieren. Grundsätzlich empfangen wir unablässig Zeichen, die unseren Weg durchs Leben erhellen können. Doch insbesondere erhalten wir im Verlauf von Zeremonien Omen. Sie ernst zu nehmen bedeutet jedoch nicht, dass wir unseren gesunden Menschenverstand abschalten.

Am Ende deiner Zeremonie könnte ein Adler oder ein anderer großer Raubvogel über dich hinwegfliegen und das Wohlwollen des Universums symbolisieren. Oder es könnte zu nieseln anfangen, was im Schamanismus als Segnung betrachtet wird. Die Wolken könnten sich auflösen und dich zum Schluss in Mondlicht tauchen. Oder ein Regenbogen zeigt sich, während du deine Zeremonie vollführst. Eine Libelle oder ein Schmetterling setzt sich auf deine Schulter. Lieblingstiere zeigen sich bei deiner Zeremonie und lassen dich wissen, dass du auf dem rechten Weg bist. Vielleicht krächzt ein Rabe im genau richtigen Moment. Oder es donnert zum perfekten Zeitpunkt im Verlauf deiner Zeremonie, und du begreifst im Inneren, dass das Universum Ja sagt zu deiner Intention. Eine plötzliche Böe könnte dir als Mitteilung dafür dienen, dass deine Zeremonie abgeschlossen ist.

Falls du ein schamanischer Reisender bist, musst du wissen, dass dein Krafttier nicht zwangsläufig als Omen zu dir kommt, vor allem dann nicht, wenn es in deiner Gegend nicht ansässig ist.

Manche Zeichen kann man leicht verstehen. Beispielsweise könntest du mit der Intention spazieren gehen: »Ich möchte erfahren, ob sich das Land, auf dem ich mich befinde, für eine Zeremonie eignet.« Wenn dann ein Regenbogen am Horizont auftaucht, ist die Antwort offensichtlich.

Doch manche Omen lassen sich nur schwer richtig interpretieren, und du brauchst Zeit und Geduld, bevor dir dein inneres Wissen die Bedeutung offenbart. Beginne, indem du dich fragst: »Was könnte dieses Omen, wenn ich meine blühendste Fantasie zu Hilfe nehme, bedeuten?« Während du die Intention deiner Frage in dir wachhältst, kannst du in dein Tagebuch schreiben oder eine schamanische Reise unternehmen, falls dies Bestandteil deiner Praxis ist, oder die Antwort in der Meditation empfangen.

Dann sind da die Zeichen, die man nie begreift. Einmal leiteten mich Helfergeister an, einen Spaziergang zu machen und um ein Omen zu bitten, damit ich so einen Konflikt mit einer Person, mit der ich mich tief verbunden fühlte, auflösen würde. Während ich ging, flog ein Kolibri herbei und suchte meinen Kopf ab. Dann kam ein Falke und berührte meinen Kopf mit einem seiner Flügel. Danach saßen Kolibri und Falke Seiten an Seite auf einem Ast. Dieses Omen wurde mir 1999 zuteil. Ich habe noch immer nicht herausgefunden, was es bedeuten soll.

Nicht immer gehört es dazu, ein Omen auch interpretieren zu können. Je häufiger du es mit Zeichen zu tun hast, umso rascher wird dir klar, dass bei vielen von ihnen die Bedeutung von vornherein klar ist, und bei den anderen lernt man, sich damit abzufinden, dass man ihren Sinn nicht immer versteht.

Die Arbeit mit Omen kann ein passiver Beobachtungsprozess sein. Jedenfalls kein aktiver, bei dem man sich anstrengt und nach Zeichen Ausschau hält. Einmal hatte ich die Intention zu erfahren, wie ich mein Nervensystem ins Gleichgewicht bringen könnte. Dann erhielt ich eines Tages eine E-Mail von einer Freundin und Kollegin, in der sie mir berichtete, welche Freude es ihr bereitete, in eiskaltes Wasser zu springen. In einer anderen E-Mail berichtete mir jemand, dass ein Bad in eiskaltem Wasser das Nervensystem beruhigt. Ich erhielt noch ein weiteres Zeichen: Zum Abendessen war ich mit einer schamanischen Lehrerin verabredet, die außerdem eine spezialisierte Krankenpflegerin ist. Sie berichtete mir davon, dass sie sich selbst abwechselnd heiß und kalt abdusche, um ihr Nervensystem zu heilen.

Diese Ereignisse fanden alle innerhalb von zwei Wochen statt. Ohne mich anzustrengen, hatte ich die Augen nach Zeichen offengehalten und einfach beobachtet, wie das Universum meinen Weg ausleuchtete.

Im nächsten Kapitel spreche ich darüber, wie man eine Zeremonie entwirft, und stelle weitere Elemente vor, die für erfolgreiche und kraftvolle Zeremonien sorgen.

Vorbereitung auf deine Zeremonie

Für deine Zeremoniearbeit ist es wichtig, dass du in die verborgenen Welten gelangst, ohne vom Geplapper deines Verstands abgelenkt zu werden. Schamanen schütteln Rasseln, trommeln, singen und tanzen stundenlang, um Abstand zu ihrem Alltag zu gewinnen. Heutzutage nehmen wir uns dafür in der Regel nur wenig Zeit. Falls du ein schamanisches Instrument spielst, singst und tanzt, wirst du spüren, wie sich deine Energie aus deinem rationalen Verstand in dein Herz hinein verlagert. Erst im Herzraum tun wir uns voll und ganz mit Helfergeistern zusammen, um unsere Intentionen zu manifestieren.

Die hier beschriebenen Vorbereitungen nimmt ein praktizierender Schamane vor, um für die zeremonielle Arbeit zu »Macht« zu kommen. Macht ist in unserer Kultur ein vielschichtiger Begriff. Sie hat für uns meist etwas mit Dominanz und Manipulation zu tun. Im Schamanismus hat Macht allerdings nichts mit Kontrolle zu tun; vielmehr geht es darum, die Kontrolle aufzugeben und den spirituellen Kräften die Oberhand zu geben, damit sie durch uns wirken können. In dieser Phase deiner Arbeit solltest du dich lebendig und erfüllt von spiritueller Energie fühlen.

Ich habe mit zahlreichen schamanischen Lehrern gesprochen, die in ihren Workshops immer wieder auch indigene Teilnehmer hatten, und die stellen immer wieder die gleiche Frage: »Wo ist die Macht in deiner Gruppe?« Sie kommen, um an Zeremonien teilzunehmen, und wundern sich über den Stress, die Traumatisierung und Erschöpfung, die sie in den Augen und in der Körpersprache der Teilnehmer wahrnehmen. Viele Teilnehmer starren ins Leere, fassen ihre Trommel oder ihre Rassel kaum richtig und bringen die Vorbereitung einfach irgendwie hinter sich.

Manche von ihnen nutzen die Vorbereitungszeit, um noch schnell ihre E-Mails durchzugehen. Elektronische Geräte sollten in deinen Zeremonien nicht gestattet sein, denn wenn sie ihnen zur Verfügung stehen, benutzen die Leute sie auch. Manche filmen die Zeremonien sogar und posten sie ohne Genehmigung auf YouTube. Die Lösung heißt: Keine elektronischen Geräte bei Zeremonien, es sei denn, eine Dokumentation ist ausdrücklich erwünscht wie etwa bei einer Hochzeit.

Erweise dich als echter Führer, und bringe Menschen in Gang. Bitte sie, zu trommeln und zu rasseln, damit Leben in die Gruppe kommt und ihre Psychen und die Helfergeister merken, dass sie bereit sind für die Zeremonie.

Schwieriger ist es schon, Leute dazu zu bringen, aus der tiefsten Tiefe ihrer Seele zu singen. Vielen von uns macht das Singen in der Öffentlichkeit große Angst. Doch in der Natur singt alles. Jedes Lebewesen singt. Wenn du nur deine unsichtbaren Ohren öffnest, dann kannst du auch die Bäume singen hören.

Als Leiter einer Zeremonie musst du die Teilnehmer dazu ermutigen, aus ihrer Seele zu singen – aus ihrem innersten Sein und aus ihrem wahren Kern heraus. Vielleicht können sie sich erst nicht dazu überwinden, aber wenn sie es doch tun, dann werden sie ihre Macht spüren und wie Energie und Freude durch ihren Körper fließen. Es ist meine persönliche Überzeugung, dass Singen und Tanzen aus der Seele heraus das Heilmittel aller Depression und jeder Angst ist.

Ich konnte nie einen Ton halten. Und doch habe ich seit 1982 in jedem Workshop schamanisches Singen unterrichtet. Zuerst meinten wir, die Scheiben würden bersten, als ich mit dem Gesangsunterricht anfing. Doch es ist erstaunlich, wie sich meine Stimme im Laufe der Jahre, in denen ihr die Freude des Singens zuteilwurde, geöffnet hat. Wenn ich jetzt Anrufungen singe, dann sagen Teilnehmer, es höre sich an, als komme meine Stimme aus einem erstaunlichen, überirdischen Reich. Das ist alles nur eine Frage der Übung.

Ähnliche Schwierigkeiten kann man bei Menschen beobachten, die man während der Vorbereitungsphase zum Tanzen bewegen möchte. Es ist schwer, sie in Gang zu bekommen, doch wenn sie erst einmal dabei sind, dann wollen sie meist nicht mehr aufhören. Es mag auf den ersten Blick nicht einleuchten, doch wenn du die Zeremonie einer kleineren Gruppe leitest, dann ist es leichter, sie zum Trommeln, Rasseln, Tanzen und Singen zu bewegen. Wenn die Intention stark genug ist, dann spüren sie die Kraft, die sie hervorrufen müssen. In einer großen Gruppe meinen immer einige, dass sie sich hinter den anderen verstecken können, und bringen sich dann nur auf einer oberflächlichen Ebene ein. Doch es wirkt sich auf die kollektive Energie aus, wenn nicht alle mit dem gleichen Engagement beteiligt sind.

Sobald die Teilnehmer anfangen, zu singen und zu tanzen, spüren sie möglicherweise die spirituelle Energie eines mitfühlenden Helfergeists, der ihren Gesang und ihre Bewegungen steuert und stärkt.

Um dich auf deine Zeremoniearbeit vorzubereiten, suche dir eine Aktivität, die dich von deinem Beruf und deinen anderen Alltagstätigkeiten entfernt, damit du vollständig in die unsichtbaren Welten eintauchen kannst. Selbst eine symbolische Handlung kann hilfreich sein, wie etwa die Hände und das Gesicht zu waschen, während man sich vorstellt, negative Gedanken loszulassen.

Beim Durchführen einer Zeremonie mit einer Gruppe von Freunden, Familienangehörigen oder Mitgliedern deiner Gemeinschaft kannst du dafür sorgen, dass jeder eine Rassel hat, indem du Steine oder Körner oder getrocknete Hülsenfrüchte in verschließbare Behälter, etwa in Blechdosen, füllst. Rasseln wurden in schamanischen Kulturen verwendet, um Helfergeister zu begrüßen oder um dem Schamanen zu helfen, sich in einen nicht alltäglichen Bewusstseinszustand zu begeben. Wenn eine Gruppe zusammenkommt, könnt ihr alle eure Rasseln schütteln und dabei erhebende Lieder mit oder ohne Text singen, was immer bei jeder Person an Klängen aus der Tiefe ihres Herzens oder ihrer Seele hochsteigt.

Wenn es sich um eine Gruppe handelt, die mit schamanischen Gebräuchen nicht vertraut ist, dann lass sie ein erhebendes Lied singen. Damit sorgst du auf jeden Fall dafür, dass sich die Teilnehmer von ihren Alltagssorgen befreien und dass sich ihre Herzen öffnen. Die Wirkung der Zeremonie steigt erheblich, wenn es den Teilnehmern gelingt, ihre Herzen füreinander und für das Geistige zu öffnen. Wir schaffen eine Öffnung zu den ungesehenen Welten, in denen unsere Intention gehört wird und wo die Macht des Universums uns hilft, die erwünschten Ergebnisse zu manifestieren. Eine Zeremonie kann ein Band zwischen den Menschen schaffen, sodass sie sich im positivsten Sinn des Wortes wie eine Familie fühlen.

Falls du allein arbeitest, dann mach einen Spaziergang im Park, meditiere oder mach Yoga, Tai Chi oder Qigong, um deine Alltagsgedanken abzuschütteln. Dann öffnen sich die Tore zu den verborgenen Welten, wo jegliche Intention manifestiert werden kann.

Abstand vom Alltag

Die Schamanen indigener Kulturen tragen in der Regel das volle Ornat. Hierzu könnten ein Kostüm und eine Maske gehören, die mit dem Helfergeist des Schamanen verbunden sind. Das volle Ornat zu tragen heißt, vom Ich zurückzutreten und in die Verbindung mit dem Göttlichen einzutreten.

Du musst die Helfergeister oder die Macht des Universums nicht beeindrucken oder zum Staunen bringen, indem du bei einer Zeremonie besondere Kleidung trägst. Sie schauen nicht auf das, was du anhast. Das Anlegen eines Ornats soll vielmehr dir helfen, dich für deine Zeremonie in den heiligen Raum zu begeben. Damit machst du deiner Psyche klar, dass nun eine heilige und transformierende Arbeit stattfindet.

Eine Zeremonie bietet dir die magische Gelegenheit, von deinem Alltag zurückzutreten. Mach etwas Besonderes daraus. Wähle deine Lieblingskleidung, ein Tuch, das dir etwas bedeutet, einen Gürtel, der dich daran erinnert, dass du im Begriff bist, ein heiliges Ereignis in Gang zu setzen, oder ein Schmuckstück, das du bei besonderen

Anlässen trägst. Achte darauf, wie es sich auswirkt, wenn du dir Zeit nimmst, dich durch Waschen oder Ankleiden vorzubereiten. Ganz natürlich verändert sich deine Einstellung, weil du spürst, dass etwas Besonderes und Heiliges geschehen wird. Zeremonien sind Feiern, mit denen wir unser Leben und das der anderen Teilnehmer aus dem Alltag herausheben und ehren. Denke darüber nach, was du bei einer heiligen Feier tragen würdest.

Auch wenn Alkohol in religiösen Traditionen als Sakrament eingesetzt wird, vermeide ihn im Vorfeld einer Zeremonie, da er deine Fähigkeit verringert, während der Arbeit fokussiert und mit den wohlwollenden spirituellen Kräften verbunden zu bleiben. Verzichte aus dem gleichen Grund auch auf alle anderen Freizeitdrogen. Zwar nutzen traditionelle Schamanen in Zeremonien pflanzliche Geistmedizin, doch die Verwendung psychoaktiver Pflanzen geht über das Spektrum dieses Buches hinaus.

Übung zum Loslassen des Alltags

Mit der Zeit wirst du Wege finden, um dich von den Gedanken zu befreien, die dich von der konzentrierten Teilnahme an einer Zeremonie abhalten. Hier folgt eine Übung, die dir eine Vorstellung davon verschafft, wie das funktionieren könnte.

Fang an, indem du deine Hände und dein Gesicht wäschst oder dir die Haare kämmst. Dabei richtest du deine Aufmerksamkeit auf die hektischen Gedanken oder Überzeugungen, die dich davon abhalten, voll und ganz in der Zeremonie präsent zu sein. Stell dir vor, wie du mit dem Wasser oder mit

Kamm und Bürste deinen störenden Bewusstseinszustand entfernst. Du willst erreichen, dass sich dein Unbewusstes auf die Macht der Arbeit einstimmt, die du jetzt einleitest.

Such dir ein Kleidungsstück, das du bei besonderen Gelegenheiten anziehen kannst. Sieh in den Spiegel, und blick dir in die Augen. Beim ersten Hinsehen nimmst du auf deinem Gesicht nur die Oberfläche deines Bewusstseins wahr. Mit der Zeit siehst du dein spirituelles Licht durchscheinen. Wir alle haben ein inneres Licht, das jederzeit leuchtet.

Triff eine Aussage deiner Wahl, wie etwa: »Ich lasse meinen Alltag hinter mir zurück und entlasse alle Gedanken, die mich in der alltäglichen Welt verankern. Ich lasse mein Licht leuchten und trete ein in den heiligen Raum mit seinen göttlichen Kräften, die mir helfen, meine Intention zu manifestieren. Ich bin jetzt bereit, mich ganz und gar auf meine Zeremonie einzulassen.«

Spirituelle Reinigung im Vorfeld

Sorge dafür, dass das Land, auf dem du arbeitest, und alle an der Zeremonie Beteiligten spirituell gereinigt sind. Eine transformierende Zeremonie muss frei von den Lasten des Alltags und frei von Negativität sein. Du kannst nicht wissen, wer sich vor dir auf dem Land aufgehalten hat und was die Personen dort getan haben, folglich willst du, bevor du mit deiner Zeremonie anfängst, einen reinen und heiligen Raum schaffen.

Spirituelle Reinigung kann auf vielerlei Weise erfolgen. In traditionellen Kulturen werden heilige Kräuter verwendet, die eine reinigende Wirkung haben. In Nordamerika sind das vor allem Salbei, Zedernholz, Wacholder und Mariengras, in Südamerika Palo Santo und Kopalharz und in Australien Eukalyptus. Welche Kräuter sind in deiner Gegend heimisch, die du zum Zweck der spirituellen Reinigung verbrennen könntest?

Im Versandhandel sind Kräuterbündel erhältlich, die aus Salbeiblättern, Zedernholz, Wacholder und sogar aus Lavendel zusammengebunden sind. Du kannst auch deine eigenen Kräuterbündel aus Kräutern oder Pflanzenbestandteilen, die du selbst gesammelt hast, herstellen.

Sorge dafür, dass dein Kräuterbündel am Ende der Zeremonie nicht mehr glimmt. Falls du mit einem offenen Feuer arbeitest, wirf zum Schluss den Rest ins Feuer. Ich selbst nehme den Rest meines Kräuterbündels gern mit auf mein Zimmer. Auf den ersten Blick scheint ihr Feuer gelöscht, aber im Inneren glimmen sie oft doch noch. Achte also darauf, sie nirgendwo liegen zu lassen, wo sie ein Feuer in Gang setzen könnten.

Viele verbrennen ihr Kräuterbündel in einer Muschelschale, um auf diesem Weg allen Elementen Ehre zu erweisen – die Muschel steht für Wasser, die Kräuter für Erde, der Rauch für Luft, und das Feuer wird genutzt, um die Kräuter anzuzünden.

Wenn du allein arbeitest, dann lass den Rauch der Kräuter deinen Körper und deinen Geist einhüllen. Arbeitest du in einer Gruppe, dann kann ein Teilnehmer den Rauch mit einer Feder in die gewünschte Richtung fächern, sodass er den Körper aller berührt, spirituellen Abfall fortträgt und allen die vollständige Präsenz bei der Zeremonie ermöglicht.

Wenn Teilnehmer allergisch auf den Rauch der Kräuter sind, dann bitte ich sie, die Feuerbewahrer zu informieren und lediglich durch den Rauch hindurch rasch in den zeremoniellen Raum zu treten. Die spirituelle Reinigung mit brennenden Kräutern sollte im Freien erfolgen, damit der Rauch nicht im Zimmer ist, insbesondere dann nicht, wenn jemand allergisch darauf reagiert.

Es kann sein, dass es manchmal nicht richtig ist, heilige Kräuter zu verbrennen. Vielleicht ist es zu heiß und stickig, oder du arbeitest mit Personen, die aus religiösen Gründen gegen die Reinigung mit Rauch voreingenommen sind. In einem solchen Fall lasse ich die Teilnehmer einander mit der Rassel reinigen, oder ich verwende tibetische Klangschalen oder Glöckchen verbunden mit der Intention, alle Anwesenden vor Beginn der Zeremonie spirituell zu reinigen. Du kannst auch mit einer Feder über den Körper der Teilnehmer streichen, während sie sich innerlich von ihrem Alltag befreien.

Bei Gruppen mit starken nicht schamanischen religiösen Überzeugungen habe ich es als hilfreich erlebt, sie mit Singen und Glockenklang willkommen zu heißen. Dann gebe ich eine Erklärung wie die folgende ab: »Wir versammeln uns hier in gegenseitiger Liebe und Unterstützung füreinander. Ich lade euch ein, die Hände auf eure Herzen zu legen, tief zu atmen und zurückzutreten von eurem Alltag, euren Tagesaktivitäten und den Ereignissen oder Gedanken, die euch in eurem Verstand festhalten, damit ihr vollständig gegenwärtig sein könnt, um die nachfolgende Heilungs- und Segnungszeremonie durchzuführen.«

Wie erwähnt, ist es sinnvoll, gemeinsam erhebende Lieder zu singen, die die Herzen öffnen, Gemeinschaft und einen schönen geheiligten Raum schaffen.

Am wichtigsten ist es, dass du und die anderen Teilnehmer in eine reine, unverdorbene Gemeinschaft eintretet. Auf diese Weise können die Helfergeister sich gemeinsam mit euch wirkungsvoller einbringen, und die Anwesenden werden nicht von energetischen Verletzungen beeinträchtigt, die mit in den zeremoniellen Raum hineingetragen wurden. Achte daher auf spirituelle Hygiene!

Die Helfergeister begrüßen und willkommen heißen

Die Anrufung der Helfergeister kennzeichnet den Beginn der Zeremonie. In der schamanischen Praxis nutzen wir Anrufungen, um die Helfergeister zu begrüßen und willkommen zu heißen, die während einer Zeremonie unsichtbare Unterstützung aus den ungesehenen Welten leisten. Sie stehen voll und ganz hinter uns, teilen ihre Liebe und ihr Licht mit uns, leisten Schutz und achten darauf, dass unsere Zeremonie würdevoll vonstattengeht. Sie fördern Heilung, Segnung und die feierlichen Anteile einer Zeremonie.

Es gibt keine ausschließlich korrekte Art, um diese helfenden Wesen zu begrüßen, die dich darin unterstützen wollen, dein angestrebtes Ergebnis zu erzielen. Jedoch musst du die Intention haben, »mitfühlende Helfergeister« oder »göttliche Kräfte« zu rufen, nicht einfach »irgendwelche« Geister.

Es kommt vor, dass Verstorbene nicht zur Quelle zurücktranszendieren. Dafür gibt es eine Reihe von Gründen, die zu benennen jedoch den Rahmen dieses Buches sprengen würde. In meinem Buch *Der schamanische Weg in die Tiefe der Seele* (gemeinsam geschrieben mit Hank

Wesselman) gibt es zu dem Thema, wie Schamanen mit Sterbenden und dem Tod umgehen, ein wunderbares Kapitel. Die Geister mancher Verstorbenen bleiben stecken, und Schamanen vollziehen Heilungszeremonien, um ihnen bei der Rückkehr zur Quelle zu helfen. Dieser wandernden »stecken gebliebenen« Geister sind keine göttlichen mitfühlenden Geister, die uns bei unserer Zeremoniearbeit unterstützen können.

Es gibt viele Wesen aus den unsichtbaren Welten, die du ehren und zur Unterstützung deiner Zeremonie einladen kannst. Wen du dazuholst, hängt von deinen Überzeugungen ab.

Bei allen Anrufungen kannst du immer auch die örtlichen heiligen Geister, etwa von Bergen, Wäldern, Wiesen, der Wüste, des Ozeans, Flusses, Sees oder Wasserfalls, den Wind und so weiter, grüßen.

Falls du keine Erfahrung mit Schamanismus hast, kannst du auch Gott anrufen und ihn um seine Gegenwart und Unterstützung bitten, oder aber die Göttin, einen Schutzengel oder irgendein anderes religiöses oder mystisches Wesen, an das du glaubst. Mach dir bewusst, dass sie an deiner Seite stehen, sobald du vortrittst, um die Zeremonie abzuhalten, die dein Leben transformiert. Du kannst diese Wesenheiten anrufen, indem du entweder laut oder stumm sagst, wen du ansprichst oder rufst.

Ich verwende für die Anrufung Pfeifen, Rasseln und Trommeln. Die Wesen aus den unsichtbaren Welten, die ich rufe, sind der Geist des Landes, auf dem ich meine Zeremonie zelebriere, die helfenden Vorfahren des Landes und die Macht der Elemente Erde, Luft, Wasser und Feuer. Dann begrüße ich alle Naturwesen, die auf der Erde leben, im Wasser schwimmen oder in der Luft fliegen. Ich heiße das verborgene Volk willkommen, jene Wesen, die wir das »unsichtbare Volk« nennen. Diese Völker leben gemeinsam mit uns in der Mittelwelt und sorgen mit uns für die Erde. Sie sind beeindruckt, wenn wir für uns sorgen, für das Leben und den Planeten.

Ich rufe die Helfergeister – die Kraft der Tiere, Schutzgeister, der ungesehenen spirituellen Lehrer und andere Verbündeter, mit denen ich und die Gruppe bei unserer spirituellen Arbeit kooperieren. Außerdem ehre ich immer meine eigenen Vorfahren, die mir das Leben geschenkt haben, und bitte die anderen Teilnehmer, ebenfalls ihre Ahnen zu würdigen.

Unsere Vorfahren sind Helfergeister

Beim Feiern von Zeremonien ist es wichtig, die persönlichen Ahnen, sowohl von der väterlichen als auch von der mütterlichen Seite, anzurufen und zu grüßen. Deine Vorfahren lieben dich und wollen sehen, dass du im Leben erfolgreich bist. Außerdem möchten sie, dass du gesund bist und ein sinnvolles Leben führst.

In meinem Buch *Lichtvoll leben* erkläre ich, wie du in Zeremonien zu deinen eigenen Ahnen reisen kannst, um etwas über die Gaben, Stärken und Talente zu erfahren, die sie an dich weitergegeben haben. Diese Zeremonie ist besonders wichtig für Menschen, die ihre Vorfahren nicht kennen. Zahlreiche unserer Ahnen mussten in andere Länder auswandern, sich in fremde Kulturen integrieren und ihre Familiengeschichten und familiären Wurzeln hinter sich zurücklassen. Andere wurden adoptiert und haben keinen Zugang zu ihrer Ursprungsfamilie.

Wenn du dir gern alte Familienfotos ansiehst oder mehr darüber erfahren möchtest, wie sie gelebt haben, dann hast du es leichter, mit ihnen Kontakt aufzunehmen. Du könntest solche Fotos beispielsweise auf deinen Altar stellen oder sogar einen eigenen Bereich einrichten, in dem du alle deine Vorfahren ehrst.

Im Schamanismus wird der Tod als Übergang begriffen, nicht als Ende. In vielen Kulturen glaubt man, dass man nach dem Tod zu einem Helfergeist werden und geliebte Personen oder fremde Menschen unterstützen kann.

Für viele kann die Arbeit mit den Ahnen eine Herausforderung darstellen. Vielleicht wissen wir von Vorfahren, deren Verhalten verletzend war oder die zu einem zerstörerischen Ereignis beigetragen haben, das kein gutes Licht auf sie wirft. Doch sobald unsere Vorfahren den Vorhang durchschritten haben, der die Welten voneinander trennt, haben sie sich in formlose Wesen verwandelt. Sie haben ihr Ich beziehungsweise ihre Persönlichkeit mit ihrem Körper abgelegt und sind nun mitfühlende Geister. Starke Heilung kann erfolgen, wenn man sich entscheidet, ihnen auf einer Reise oder bei einer Meditation zu begegnen. Ob du das willst, musst du selbst entscheiden. Wir alle haben das letzte Wort darüber, ob und welchen Ahnen wir begegnen und ob wir sie ehren wollen.

Wenn Schamanen ihre Heilzeremonien für Klienten oder für eine Gemeinschaft vollführen, dann achten sie darauf, ob es unharmonische persönliche Verbindungen mit nahen Vorfahren oder in der Abfolge der Ahnenreihe gibt. Falls ja, dann beraten sie sich mit ihren Helfergeistern, ob der Frieden mittels einer Zeremonie wiederhergestellt werden soll.

Heutige Schamanen halten unser Abgeschnittensein von unseren Vorfahren für eine der Hauptursachen für emotionale und physische Krankheiten. Viele Menschen heilen die Abgetrenntheit von ihren Ahnen, indem sie eine Zeremonie abhalten und um heilsame Harmonie mit ihren persönlichen Vorfahren oder in der gesamten Ahnenreihe bitten. Unsere Vorfahren helfen uns, unseren Weg durch die Herausforderungen des Lebens zu finden, und feiern unsere Erfolge mit uns.

Die spirituellen Vorfahren grüßen

Außer zu unserer persönlichen Ahnenreihe fühlen sich viele von uns darüber hinaus mit einer besonderen spirituellen Ahnenreihe verbunden. Ich kenne viele, die sich stark zu den schamanischen Traditionen von Afrika, Australien, Irland, Ägypten, Korea, Mittelamerika, Peru, Sibirien oder noch ganz anderen Kulturen hingezogen fühlen, obgleich sie keinerlei genetische Vorfahren aus diesen Regionen haben. Sie fühlen sich in ihrem Herzen und in ihrer Seele zutiefst verbunden mit diesen alten Zivilisationen.

Es kann sich sehr kraftvoll anfühlen, wenn wir eine Tradition finden, in der wir uns »zu Hause« fühlen. Eine solche spirituelle Ahnenreihe kann uns ebenso ausmachen wie unsere biologischen Wurzeln.

Wenn du schamanisch reist, dann möchtest du vielleicht etwas über deine spirituelle Heimat herausfinden. Die alten Traditionen beschenken uns mit Antworten, Mysterien, Mitteln und Wegen, die uns dabei unterstützen, zu Gleichgewicht und Harmonie zu finden. Sie unterweisen uns auch anhand ihrer Fehler oder der Gründe für ihr Aussterben. Wenn dich die Geister einer anderen Tradition akzeptieren und mit Liebe annehmen und wie ein Familienmitglied behandeln, dann teilen sie mit dir faszinierende Zeremonien für Heilung, die Segnung deiner Wünsche und Intentionen und für die Wiederherstellung des Gleichgewichts in deiner inneren wie in deiner äußeren Welt.

Bevor du also mit deiner Zeremonie beginnst, nimm dir genug Zeit, um dich durch Rasseln, Trommeln, Singen, Tanzen und Dankopfer an deine spirituellen Ahnen vorzubereiten. Mit der Zeit wirst du feststellen, dass sie dir einige ihrer eigenen Zeremonien beibringen, und im Laufe deiner Arbeit wirst du Wege finden, diese Ideen oder Teile davon in deine Zeremonien einzuarbeiten. Woran auch immer sie dich Anteil nehmen lassen, es ist bereits eine unglaubliche Erfahrung, sie im Verlauf deiner Zeremonie an deiner Seite zu wissen.

Wenn schamanisches Reisen für dich nicht das Richtige ist, dann kannst du diese Art Erforschung auch leisten, indem du Zeit in der Natur verbringst oder über deine Intention meditierst.

Übung für die Begrüßung deiner Helfergeister

Schließ deine Augen, und leg deine Hände auf dein Herz. Spüre, wie dein Herz schlägt und wie dankbar du für dein Leben bist. Oder du spürst eine Verletzung, einen Schmerz oder etwas anderes, das dein Herz mit Trauer erfüllt, wenn du an die Intention der Heilzeremonie, auf die du dich vorbereitest, denkst.

Während du atmest und dich auf die Intention der Zeremonie konzentrierst, überlegst du, wen du gern aus den ungesehenen Welten hinzuziehen würdest. Welche Helfergeister, Vorfahren, religiösen Engelkräfte oder mystischen Wesen trösten deine Seele, wenn du daran denkst, unsichtbare Verbündete um ihre Unterstützung bei der vor dir liegenden Arbeit zu bitten?

Nimm dir Zeit, und denk einfach über die Frage nach. Währenddessen möchtest du vielleicht sitzen und trommeln oder deine Rassel schütteln. Oder aber du machst einen Spaziergang in der Natur. Lass dich von spiritueller Musik beruhigen, und reflektiere darüber, welche unsichtbaren Wesen du als Unterstützer zu deiner Zeremonie einladen möchtest.

Wenn du mit der Zeremonie beginnst, begrüße diese Wesen hörbar. Auch hier kannst du wieder ein Instrument zu Hilfe nehmen, sei es eine Trommel, Rasse oder Flöte, Gitarre, tibetische Klangschale, Glocken, Glockenspiel oder was immer dich in den heiligen Raum führt. Denke daran: In der Anrufung geht es vor allem darum, einen geheiligten Raum zu schaffen.

In manchen schamanischen Kulturen werden Helfergeister mit Bitten eingeladen. »Bitte hilf mir, die Intention meiner Heilzeremonie zu manifestieren«, ist ein gutes Beispiel.

Manche Schamanen und Mitglieder von Gemeinschaften nutzen die Macht der Anordnung. Statt um Unterstützung zu bitten, gehen sie mit ihrer Anrufung davon aus, dass die Hilfe der Geister bereits gegenwärtig ist. »Danke, dass du an dieser Zeremonie teilnimmst und dass du deine Kraft und Stärke einbringst, um meine Intention auf elegante Weise zu manifestieren«, könnte ein Beispiel lauten.

Die Haupthimmelsrichtungen begrüßen

Die Begrüßung der vier Himmelsrichtungen ist in schamanischen Kulturen eine weitverbreitete Praxis. Es gibt dafür keine ausschließlich richtige Methode. Die Ehrung der Himmelsrichtungen gründete häufig in den örtlichen Wettermustern, insbesondere darauf, welche die Hauptwindrichtung ist.

Du solltest diese Zeremonie nach deinen eigenen Vorstellungen gestalten. Wir alle wissen, dass die Sonne im Osten auf- und im Westen untergeht. Norden lässt uns an den Winter und an Kälte denken und Süden an Sommer und an Wärme.

Im Kapitel »Deine Materialien sammeln« habe ich bereits vom Medizinrad gesprochen, das manche anlegen und in dessen Mitte sie stehen, wenn sie Zeremonien abhalten. Du kannst dafür Materialien in der Natur sammeln wie Federn, Steine und Ähnliches. Oder du zündest eine Kerze an, stellst eine Schale mit Wasser auf oder suchst dir andere Objekte, die deiner Meinung nach für die einzelnen Himmelsrichtungen stehen.

Das Einstimmen auf die Himmelsrichtungen

Wie du es bereits beim Herbeirufen der Helfergeister getan hast, nimm dir auch jetzt genug Zeit, um im Vorfeld über die Himmelsrichtungen nachzudenken.

Steh dann mit dem Gesicht nach Osten. Schließ deine Augen, und leg die Hände auf dein Herz. Wenn du deine Vorstellungskraft auf den Osten und die aufgehende Sonne konzentrierst, welche Gefühle steigen dann in dir auf?

Wende dich nach Süden, und lass dein Vorstellungsvermögen die Eigenschaften hervorholen, die dir im Zusammenhang mit dem Süden einfallen.

Drehe dich nach Westen, und atme tief ein und aus. Welche Assoziationen hast du hier?

Zuletzt wende dich nach Norden, und beobachte die Gefühle in deinem Herzen. Welche Bedeutung hat der Norden für dich?

In manchen Kulturen wird das Unten zu Ehren der Erde und das Oben als Wertschätzung des Himmels begrüßt. Zuletzt erfolgt eine Würdigung des Innen und damit der Macht des Geistes und des göttlichen Lichts, das in einem jeden von uns wohnt.

Folge deinem Herzen

Im Schamanismus gibt es keine Vorschriften dafür und keine Übereinkunft darüber, wie du deine Anrufung durchführen sollst. Jede Kultur hat dafür ihren eigenen Weg gefunden, der von den Vorfahren weitergegeben wurde.

Viele Menschen in den entwickelten Ländern haben nichts über die Macht der ungesehenen Welten vermittelt bekommen. Wir müssen neue Mittel und Wege »erfinden«, um unsere Herzen und Seelen zum Ausdruck zu bringen. Dann passen wir unsere Zeremoniearbeit unseren Bedürfnissen an und vermeiden es, die Zeremonien anderer Kulturen, die uns dazu ja auch nicht die Erlaubnis gegeben haben, zu kopieren. Ihre Zeremonien wurden für die konkreten Bedürfnisse ihrer Gemeinschaften entwickelt.

Wie willst du arbeiten? Nimm dir genug Zeit für die stille Reflexion dieser Frage. Hierbei handelt es sich nicht um einen rationalen Prozess, denn den Helfergeistern der ungesehenen Welten sind unsere Bedürfnisse wichtig. Solange du dem folgst, wozu dein Herz dich ruft, werden deine Anrufungen erfolgreich sein.

Arbeite in Gemeinschaft und zusammen mit deinen Helfergeistern. Komm nicht auf den Gedanken, sie jemals manipulieren zu wollen. Verhalte dich ehrenvoll und respektvoll gegenüber den mitfühlenden Ahnen des Landes. Wenn du dich an diesen Rat hältst, können im Verlauf deiner Zeremoniearbeit Wunder geschehen.

Bereite die Gegenstände vor, die du zur Begrüßung der Helfergeister verwenden willst. Ich beginne, indem ich pfeife, denn so rufen viele Schamanen ihre Helfergeister.

Ich rufe die Macht von Liebe und Licht. So bin ich bei meiner Arbeit nur umgeben von den höchsten Wesen, und so halte ich es auch, wenn ich Zeremoniearbeit für Gruppen leiste. Bei der Gruppenarbeit sage ich: »Dies ist ein Kreis der Kraft. Dies ist ein Kreis der Macht. Wir versammeln uns hier in Liebe und Licht, um einander zu unterstützen bei dieser wichtigen Aufgabe, uns selbst, das Netz des Lebens und die Erde zu heilen. Wir verbinden unsere Herzen in Liebe. Und nur das Lichtvolle ist in unserem Kreis willkommen.«

Sobald du deine Anrufung vollzogen hast, solltest du folgende Worte sprechen: »Jetzt beginnt die Arbeit.« Auf diese Weise zeigst du der anwesenden Gemeinschaft und den Helfergeistern, dass du die Vorbereitungen abgeschlossen hast und dass du nun mit der nächsten Phase, der eigentlichen Zeremonie, beginnst.

Eine erfolgreiche Zeremonie kreieren

Für eine erfolgreiche Zeremonie gibt es Schlüsselelemente. Von zentraler Bedeutung ist, dass du während deiner heiligen Arbeit deine Konzentration und deinen Fokus aufrechterhältst. Wie sollst du ein positives Ergebnis erreichen, wenn dein Verstand sich schon damit beschäftigt, was du als Nächstes tust, sobald die Zeremonie vorüber ist? Dann fehlt dir die fokussierte Energie, die deine Zeremoniearbeit überhaupt erst ermöglicht.

Um positive Ergebnisse zu erzielen, ist außerdem der Einsatz deiner Vorstellungskraft erforderlich. Du musst dir vorstellen können, dass dein Wunsch erfüllt ist. Die Öffnung deines Herzens erschafft einen mächtigen Kanal, über den sich die spirituellen Kräfte während der Zeremonie mit dir in Partnerschaft verbinden können.

Ob du nun allein oder gemeinsam mit einer Gruppe arbeitest, halte die Zeremonie einfach, und denke im Vorfeld über das Timing nach. In schamanischen Kulturen beginnen Zeremonien häufig bei Sonnenuntergang und enden bei Sonnenaufgang. Wenn du die Dauer deiner Zeremonie jedoch zu lang ansetzt, dann kann dein Verstand ins Wandern geraten. Wir sind heute nicht mehr daran gewöhnt, unseren Fokus so lange aufrechtzuerhalten. Dauert die Zeremonie zu lange, fangen die Teilnehmer an sich zu langweilen, lassen sich ablenken und ziehen damit ihre Energie aus der Zeremonie ab. Diese Zusammenhänge musst du bei der Planung in Betracht ziehen.

Es ist eine wunderbare Erfahrung, eine Zeremonie gemeinsam mit Freunden abzuhalten. Es wird euch einander unendlich näherbringen. Dabei ist es jedoch wichtig, dass jeder von euch eine Aufgabe hat, wie etwa bei der spirituellen Reinigung der Gruppe mitzuhelfen, den Raum, in dem die Zeremonie abgehalten werden soll, durch Reinigung mit vorzubereiten, die Helfergeister zu rufen, beim Herbeischaffen der Opfergaben zur Vorbereitung des geheiligten Raums zu helfen und beim Sammeln der Materialien. Möglicherweise möchtet ihr auch ein zeremonielles Feuer in Betracht ziehen und könntet alle gemeinsam die Feuerstelle errichten.

Ihr könnt die Helfergeister grüßen und ihnen für ihre Unterstützung beim Herbeiführen des erwünschten Ergebnisses danken. Oder, falls ihr nicht mit Helfergeistern arbeiten wollt, könnt ihr gemeinsam eure Gebete sprechen und eure Wünsche formulieren, mit denen ihr euch an die kreativen Kräfte des Universums, Gott, die Göttin oder an die spirituelle Macht in eurem Leben wendet.

Eine mir bekannte schamanische Lehrerin ließ ein zweiwöchiges Treffen, bei dem Autoren Vorträge hielten und über Erfahrungen im Umgang mit schwierigen Zeiten referierten, von Gebeten durch freiwillige Feuerbewahrer begleiten. Was für eine wunderschöne Idee, um eine Zeremonie in Liebe abzuhalten, ganz egal, ob sie ein einmaliges Ereignis ist oder über Wochen oder Monate fortdauert.

Deine Zeremonie abhalten

Du wirst feststellen, dass es eine Vielzahl von Möglichkeiten für den Ablauf einer Zeremonie gibt. Am besten fängst du damit an, für dich persönlich eine Zeremonie zu entwerfen. Mit der Zeit wirst du dich dann wohl damit fühlen, Freunde und geliebte Menschen dazuzubitten, und die gesteigerte Kraft der Gruppe nutzen wollen. Und dann wird dich deine Leidenschaft vielleicht eines Tages dazu veranlassen, deine Zeremonienarbeit in deine Gemeinschaft zu tragen und mit Heilungs- und Segnungszeremonien das Leben aller – in deiner Gemeinschaft und in der Welt – zu bereichern.

Sich auf eine Intention festlegen

Deine Intention setzt Prozesse in Gang. Es ist sehr wichtig, dir im Klaren darüber zu sein, worum du bei der Durchführung deiner Zeremonie bittest. Intentionen kommen bewusst und unbewusst zustande. Wenn du dir die Zeit nimmst, über wichtige Veränderungen in deinem Leben nachzudenken, dann stellst du vielleicht fest, dass du diese Veränderungen doch schon im Vorfeld erwogen hast.

Um die Wahrheit zu sagen: Das Leben ist eine Zeremonie. Je länger du dich mit Zeremonien beschäftigst, umso mehr stellst du fest, dass sich deine Alltagswünsche und Intentionen auf irgendeiner Ebene irgendwann zu manifestieren beginnen – vielleicht auf eine Weise, die dich überrascht. Möglicherweise beschäftigst du dich in Tagträumen mit der Heilung irgendeines Problems. Und plötzlich treten die richtigen Leute in dein Leben und zeigen dir den passenden Weg, auf dem du die Schritte machen kannst, die zur Heilung führen. Es könnte sein, dass du eine schamanische Reise in Betracht ziehst, und dann stellst du fest, dass alle Stückchen ganz wie von selbst an ihren Platz fallen, damit dein Traum wahr werden kann. Oft können wir zurückverfolgen, wie unser Leben sich entfaltet hat, indem wir unsere früheren Intentionen reflektieren.

Je bewusster du dir deine Intentionen machst, umso deutlicher nimmst du wahr, wie sie Prozesse in Gang setzen und dazu beitragen, dass sich deine Ziele in der Gegenwart und in der Zukunft manifestieren. Indem du dich an ein diszipliniertes Entwickeln deiner Intentionen gewöhnst, rufst du eine Partnerschaft mit Helfergeistern, Gott, der Göttin und den kreativen Kräften des Universums ins Leben, um deine Träume zu manifestieren.

Nimm dir vor einer Zeremonie Zeit, um darüber nachzudenken, worum du eigentlich bittest. Wenn du das schamanische Reisen praktizierst, besprich deine Intention mit deinen Helfergeistern. Sie werden dich zu den richtigen Formulierungen anleiten, damit du auch wirklich um etwas bittest, was du manifestiert sehen möchtest. Ich selbst unternehme schamanische Reisen und bespreche die Intention, die ich vorbringen möchte, mit meinem Hauptkrafttier. Es hilft mir, die richtigen Worte für meine Intention zu finden. Es zeigt mir die Schwingung, die durch meine Worte erschaffen wird. Und es fordert mich auf, bei jedem Wort innezuhalten und über es nachzudenken. Ich stelle mir bei jedem Wort vor, ob es ein Segen für mein erwünschtes Ergebnis ist.

Nimm dir Zeit für eine stille Reflexion, ob durch schamanisches Reisen, Meditation, Gebet oder Kontemplation. Es ist hilfreich, dazu in der Natur spazieren zu gehen oder dort zu sitzen. Lass dich an einem stillen Ort nieder, und übe dich in konzentriertem Lauschen. Blicke in ein Gewässer oder auf eine Landschaft, sitze und beobachte die Flammen eines Feuers, oder lausche den Botschaften des Windes. So findest du in einen schamanischen und meditativen Bewusstseinszustand, in dem du Mitteilungen empfangen kannst oder ein intuitives Wissen davon, auf welche Intention du dich festlegen musst.

Falls dir außer dem schamanischem Reisen noch eine andere Weissagungspraxis zur Verfügung steht, nutze sie, um deine Intention festzusetzen. Ich ziehe gern eine Tarotkarte, die für etwas steht, wovon ich mich während der Zeremonie befreien muss, oder für eine positive Qualität, die ich in mein Leben holen soll. Manche Menschen nutzen ein Pendel, um sich über ihre Intention Klarheit zu verschaffen.

Schamanen erlernen die unterschiedlichsten Weissagungstechniken. Mit der Zeit wirst auch du die Methoden herausfinden, die sich für dich am besten eignen. Eines meiner liebsten Mittel ist es, morgens, wenn mein Verstand noch ruhig ist und mein inneres spirituelles Wissen mit Leichtigkeit hervortritt, eine Tasse Tee zu trinken und auf die Tendenzen in mir zu lauschen.

Von unkonkreten Intentionen rate ich ab. Es könnte dir eine große Überraschung bevorstehen, wenn du beispielsweise eine Intention verbalisierst wie: »Bitte schick mir die Lektion, die ich noch zu lernen habe.« Möglicherweise steht dir eine Tragödie bevor oder eine Lektion, die dir aus Schmerz oder Krankheit zuwächst.

Steuere ein wenig mehr Information bei über das, worum du die Helfergeister und das Universum bittest. Statt wie in diesem Beispiel allgemein um eine Wachstumssituation zu bitten, könntest du die Begegnung mit sanften und unterstützenden Personen erbitten, die dir etwas über die Macht der Liebe beibringen, um die Manifestation einer freudigen Beziehung oder um einen wunderbaren Arbeitsplatz, der dein Leben mit Sinn erfüllt. Je länger du deine Zeremoniearbeit fortsetzt, umso mutiger wirst du bei der Formulierung deiner Intention in Verbindung mit deinen authentischen Wünschen werden. Wie immer kann dich dein Herz bei jeder Zeremonie, die du veranstaltest, zur richtigen Intention führen.

Manche schreiben ihre zeremoniellen Intentionen in ein Tagebuch und verfolgen die erzielten Ergebnisse jeder gefeierten Zeremonie. Solche Aufzeichnungen können als Wegweiser auf deinem spirituellen Weg dienen. Auf der negativen Seite können sich dich aber auch zu sehr auf die Ergebnisse schielen lassen.

Ein Teil dessen, was wir mit unserer Arbeit mit schamanischen Zeremonien entwickeln wollen, ist, in der Gegenwart zu bleiben, die Arbeit zu tun und das Ergebnis loszulassen – keine leichte Aufgabe für uns Menschen, die Ergebnisse immer sofort und in aller Deutlichkeit sehen wollen. Hier ist die Erkenntnis erforderlich, dass Schamanismus auf einer spirituellen Ebene funktioniert, die eine zeitlose Dimension ist. Die Helfergeister sehen ein umfassenderes Bild, als wir durch die Augen des Ichs wahrnehmen können. Es ist unsere eigentliche Herausforderung und zugleich unser Geschenk, dass wir lernen müssen, unsere Wünsche auszudrücken, um uns dann frei zu machen von allen Erwartungen an das Wann und Wie der Manifestation.

Unser Ich vermag es nicht immer richtig zu beurteilen, ob eine Zeremonie ein Erfolg oder ein Misserfolg war, denn das Ich erzeugt eine mentale Erwartung dessen, was eintreten sollte. Um die Wahrheit zu sagen: Die Helfergeister und die Macht des Universums haben ein anderes Bild vor Augen als das, was wir mit unseren Augen sehen können. Zeremonien, die ihren Ausgangspunkt in Liebe, Ehrerbietung und Respekt haben, sind erfolgreich – vielleicht nicht immer so, wie unser Ich sich das vorstellt, aber dennoch manifestieren sie das, was unsere Seele, unsere Essenz, unsere innere Weisheit erbittet. In unserer gegenwärtigen Kultur versuchen wir die natürlichen Veränderungen, die das Leben mit sich bringt, unter Kontrolle zu bekommen. Doch indem wir unseren »Griff lockern«, lassen wir voller Anmut den organischen Fluss des Lebens zu.

Die Helfergeister und die göttlichen Kräfte des Universums gehören zu unserem Team. Die von ihnen bewirkten Ergebnisse bringen uns nicht selten Geschenke, die wir uns im Augenblick höchster Not gar nicht hätten vorstellen können, auch wenn das Timing vielleicht nicht den Vorstellungen entspricht, auf die das Ich gehofft hatte. In unserer Kultur sind wir meistens zu sehr darauf konzentriert, einen unmittelbaren »Gewinn« einstreichen zu wollen. Eine Zeremonie hat jedoch mehr Ähnlichkeit mit dem langsamen Kochen eines delikaten Mahls oder dem Pflanzen eines Setzlings: Für die Hege und Pflege müssen wir uns Zeit nehmen und das Werden beobachten. Das Ergebnis unserer Zeremonie entsteht in einem organischen Prozess.

Andererseits habe ich Zeremonien beigewohnt, die sofort in dem Ergebnis resultierten, um das jemand gebeten hatte. Der Grund für eine solche Entwicklung ist nicht, dass die Person ein wunderbares Ergebnis irgendwie »wert« ist – es zeigt lediglich, dass die Zeremonie zur rechten Zeit abgehalten wurde.

Alles ist Bestandteil des großen Mysteriums. Wir alle müssen lernen, uns hinzugeben und unseren Frieden damit zu finden.

Wenn du dich auf eine schamanische Reise begibst, tief in die Natur hineinlauschst oder verwandte andere Mittel einsetzt, dann fließt du in einen heiligen Raum, in dem du Zugang zu dem hast, was dein Herz und deine Seele brauchen, statt dich nur auf das zu stützen, was dein Ich will. Es kommt oft genug vor, dass unser Ich etwas begehrt, was gar nicht in unserem besten Interesse ist. Hingegen bedeutet die Manifestierung der Wünsche und Sehnsüchte unserer Seele immer, dass wir das Gute in unser Leben holen oder einen Schmerz abbauen beziehungsweise eine Verletzung loslassen, die uns hindert, ein gesundes Leben erfüllt von Freude und Frieden zu führen. Selbstverständlich versorgt uns das Leben mit Gelegenheiten, um zu wachsen, uns zu strecken und zu entwickeln. Da wir hier auf der Erde leben, bekommen wir wie alles Lebendige fortwährend Herausforderungen zugeteilt, die uns beim Wachsen helfen.

Man kann in einer Zeremonie immer darum bitten, dass die äußeren Umstände abgemildert werden, damit wir die anstehenden Wachstumsaufgabe etwas leichter bewältigen. Wenn dich etwa das Leben in eine Phase geführt hat, in der sich alles vor deinen Augen aufzulösen scheint – du hast Probleme bei der Arbeit, du musst umziehen, deine Beziehung geht in die Brüche –, dann kannst du in einer Zeremonie um eine Einstellung der Schwierigkeiten bitten. Du akzeptierst dennoch die Aufforderung, dich zu verändern und dein Leben gesünder zu gestalten, aber du darfst darum bitten, dass die Aufforderungen etwas weniger drastisch an dich herangetragen werden.

Du musst akzeptieren, dass du keine Kontrolle über das Ergebnis deiner Zeremonie hast. Als Menschen ist es uns oft bestimmt, durchs Feuer zu gehen, um zu einem ausgeglicheneren und gesünderen Leben zu finden. Die Tatsache, dass du Zeremonien abhältst, stellt dich nicht frei von den Stürmen des Lebens, doch die zeremonielle Arbeit ist für dich ein wirkungsvolles Mittel, um sie zu überstehen.

Typische Fragen zur Intention

Wenn wir anfangen, eine Zeremonie zu planen, dann nehmen Intention und Erregung in uns zu. Manchmal stellt sich unser rationaler Verstand dieser anfänglichen Erregung entgegen. Wir zweifeln an der Berechtigung unserer Intention oder machen uns Sorgen über das Ergebnis der Zeremonie.

Woher kannst du wissen, ob dein alltäglicher, denkender Verstand deine Intention bestimmt oder ob sie ihren Ursprung in deinem weiten Herzraum hat und zu deinem Besten ist? Ich werde oft gefragt, ob es mein »kleines Ich« oder mein »höheres Selbst« ist, das meine Intentionen ausgewählt hat.

Ich bin davon überzeugt, dass wir erst einmal irgendwo anfangen müssen. Indem wir mit einer Intention beginnen, öffnen wir die Tore zu den unsichtbaren Welten, in denen Veränderungen anberaumt werden. Auch wenn deine Intention nicht wiedergibt, was deine Seele ersehnt, dann anerkennt das Universum doch deinen Wunsch nach Heilung, Segnung und Veränderung. Das Ergebnis sind erfolgreiche Zeremonien. Mit der Zeit lernst du, in die größeren Tiefen deiner Innenwelt vorzudringen, wo deine Intentionen die Tiefe deiner Seele besser reflektieren. Hab keine Angst davor, mit deiner Zeremoniearbeit einfach anzufangen. Gib deiner Arbeit eine Chance, sich mit dem Lauf der Zeit zu entwickeln.

Beispielsweise leite ich eine große Anzahl von Feuerzeremonien, um Überzeugungen abzubauen, die Menschen daran hindern, ihre Kreativität auszuleben. Viele meiner Schüler machen sich Sorgen, dass sich die eigentliche Blockierung in ihrem Unbewussten befinden könnte – und wenn sie nicht wissen, welche unbewussten Überzeugungen sie haben, wie können sie sie dann abbauen? Mein Rat lautet, dass es ausreicht, mit irgendeiner Überzeugung anzufangen, derer du dir bewusst bist. Die Zeremonie wird zumindest die Tore öffnen, damit die Heilung beginnen kann.

Ich bin davon überzeugt, dass die Helfergeister, Gott, die Göttin, die kreative Kraft des Universums und die Elemente (Erde, Luft, Wasser, Feuer), mit denen wir beim Abhalten unserer Zeremonien zusammenarbeiten, auf einer spirituellen Ebene wissen, worum wir bitten, auch wenn unser bewusster Geist es nicht weiß.

Ein Teil unserer Aufgabe ist die ständige Wiederholung der Frage: »Welche meiner Wünsche haben ihren

Ursprung in meinem Ich und welche in meiner Seele?« Deine Seele oder dein höheres Selbst weiß, was zu deinem besten Wohl manifestiert werden muss. Um die Leidenschaft deiner Seele zu ergründen, brauchst du Zeit und Hingabe.

Irgendwo musst du mit deiner Erforschung beginnen. Mit der Zeit und zunehmender Erfahrung im Ausrichten von Zeremonien entwickelst du deine Fähigkeit, zwischen den Wünschen deines Ichs und dem großen Gesamtbild zu unterscheiden. Ein größeres Gesamtbild entwickelt sich jetzt gerade in der Gemeinschaft. Wir brauchen eine Intention, müssen an unserer Vision festhalten, während der Zeremonie unsere Konzentration aufrechterhalten, uns unseren Fokus bewahren und uns zugleich vom Festhalten am Ergebnis befreien.

Du kannst dir vorstellen, dass das keine leichte Aufgabe ist. Niemand ist gern enttäuscht vom Ergebnis seiner Zeremoniearbeit. Wir alle haben es mit ein und demselben Paradox zu tun: Als Menschen kennen wir das große Gesamtbild nicht. Dennoch ist es unsere Aufgabe, uns ohne Rückhalt am Spiel des Lebens zu beteiligen, unsere Kreativität beizusteuern und mit unserer Herzenergie um positive Veränderungen in unserem eigenen Leben und in der Welt zu bitten.

Es ist eine schwere Aufgabe, die eigenen Erwartungen an das Ergebnis und das Timing einer Zeremonie aufzugeben. Das Universum hilft uns mit dem richtigen Timing, Veränderungen in Gang zu setzen, doch dieses Timing ist vielleicht nicht das unsere. An dieser Stelle kommt Vertrauen ins Spiel. Und Vertrauen basiert auf Erfahrung. Dein Vertrauen in die Intelligenz des Universums wird wachsen, indem du deine Zeremoniearbeit aufrechterhältst.

Bist du Beobachter oder Ausführender deiner Zeremonie?

Eines Tages saß ich mit meinem Mann in unserem Wohnzimmer. Wir haben große Fenster, durch die wir auf Berge, Bäume und eine Vielzahl von Vögeln blicken können, die kommen, um Wasser zu trinken und zu essen. Als ich da saß und die Schönheit der Natur betrachtete, wurde mir plötzlich klar, dass ich mich verhielt wie ein Fernsehzuschauer: Alles, was ich draußen sah, war irgendwie zweidimensional.

Wenn ich hinausgehe und mit dem Land interagiere, indem ich alle meine Sinne einbringe, dann mache ich eine dreidimensionale Erfahrung. Wenn ich dann die Vögel beobachte, dann bin ich Bestandteil der Landschaft, in der sie sich aufhalten. Das vollständige Eintreten mit all meinen Sinnen, geschärft und wach, ermöglicht mir eine vollkommen andere Erfahrung, als nur wie ein Beobachter auf dem Sofa zu sitzen und die Natur nur von innen nach außen zu betrachten.

Das Gleiche gilt für Zeremonien. Wenn wir sie als virtuelle meditative Reisen betrachten, dann müssen wir meistens feststellen, dass wir sie lediglich beobachten, statt sie zu erleben.

Gelegentlich ist es nicht möglich, hinauszugehen und eine Zeremonie wirklich physisch abzuhalten. Etwa wenn wir mit einer Gruppe von Fachleuten kooperieren, die sich zu diesem Zweck von überall auf der Welt dazu verabredet haben. Dann ist eine virtuelle Zeremonie eine gute Sache. Auch in sie kann man mit allen Sinnen einsteigen und in den ungesehenen Welten sehen, hören, fühlen, riechen und schmecken.

Statt jedoch deine virtuelle Zeremonie wie einen Film anzusehen, nutze deine Vorstellungskraft, um eine Szene zu entwickeln, in der du dich gegenwärtig fühlst, und rieche die Düfte deiner Umgebung, spüre, was du mit deinen Fingern berührst, schmecke die Speisen, die du isst, und höre die Klänge der Natur um dich her. Du willst wirklich dabei sein, dich selbst in der Zeremonie voll und ganz erleben, so als würdest du sie in der alltäglichen Welt wirklich erfahren.

Wenn du etwa eine virtuelle Feuerzeremonie erlebst, dann sieh die Flammen, rieche den Rauch und höre das Feuer knistern. Registriere die Erde, auf der du stehst, mit allen Sinnen und rieche die Düfte in der Luft. Betrachte die Schönheit des Himmels, und spüre, wie die Sonne dich belebt, oder sieh mit Staunen in den Nachthimmel.

Hältst du eine virtuelle Zeremonie am Strand ab, dann rieche das Salz in der Luft, lausche den Wellen, spüre den Wind im Gesicht und die Kälte auf deiner Haut.

Das Entscheidende bei der Teilnahme an einer virtuellen Zeremonie ist es, in den ungesehenen Welten und in der Landschaft, in der sie stattfindet, voll und ganz und mit jeder Faser anwesend zu sein.

Deine Zeremonie beschließen

Sobald deine Zeremonie vollständig ist, überlege, ob du ein Dankopfer zurücklassen möchtest. Ich gebe dem Feuer Zedernholz und hinterlasse für das Land wie auch für die Helfergeister noch andere Gaben. Wie bereits an früherer Stelle beschrieben, kannst du Speisen, Getränke und Kräuter zurücklassen, die der Umwelt nicht schaden. Vergiss nicht, hinterher alles wieder sauber zu machen und nichts liegen zu lassen, was nicht als Opfergabe für das Land, auf dem deine Zeremonie stattgefunden hat, gemeint ist.

Erdung

Gut möglich, dass du dir dessen während der Zeremonie nicht bewusst bist, doch dein Bewusstseinszustand verändert sich. Möglicherweise empfindest du Glückseligkeit und Freude, weil du diese heilige Arbeit tust. Es ist sehr wichtig, sich nach der Zeremonie zu erden. Du möchtest dich nicht umnebelt fühlen, unter Schwindelgefühlen leiden oder beim Autofahren abgelenkt sein. Nach der Zeremonie möchtest du ganz und gar bei dir und fest verankert auf der Erde sein.

Ich stelle mir mich als Baum vor, der mit seinen Wurzeln tief in die Erde greift. Falls ich mich im Freien aufhalte, setze ich mich vielleicht für eine Zeit lang zu einem Baum oder konzentriere mich einfach auf die Verbindung zu meinem Körper und zur Erde.

Manche Menschen machen nach einer Zeremonie eine Bruchlandung. Sie vernachlässigen eine angemessene Erdung. Am nächsten Tag fühlen sie sich dann wie weggetreten oder krank. Um also deine Zeremonie mit einem ansprechenden Abschluss zu versehen, musst du dich erden.

Übung für die Erdung

Deine Zeremonie ist beendet – gratuliere dir und deiner Gruppe für eine gut gemachte Arbeit. Das ist auch eine gute Einleitung für die anschließende Erdung, denn du sagst dir und deinem Unbewussten, dass deine Aufgabe erst einmal abgeschlossen ist.

Steh auf und streck deine Arme in den Himmel. Spüre, wie fest deine Füße auf der Erde stehen. Schüttle als Nächstes deine Arme und Hände, um sie von jeglicher spirituellen Energie zu entladen, die möglicherweise freigesetzt werden muss. Lass liebevolle spirituelle Energien durch dich hindurchfließen, deinen Körper hinunter bis in deine Füße und in die Erde hinein. Leg deine Hände auf die Erde, und sende von Licht erfüllte spirituelle Energien in sie hinein.

Dann stellst du dir lange Wurzeln vor, die aus deinen Füßen tief in die Erde wachsen wie bei einem Baum. Spüre die Festigkeit deines Körpers. Hole die Menschen in dein Herz, die dir etwas bedeuten und die dir Freude machen. Auch wenn deine Zeremonie in dir Tränen ausgelöst haben sollte, denk daran, wen und was du liebst.

Leg deine Hände auf dein Herz, und spüre deinen Herzschlag. Erkenne, wie sehr du dich liebst, auch wenn du es anfangs vortäuschen musst. In unserer Kultur sind wir nicht besonders gut darin, uns selbst zu lieben. Falls deine Augen bisher geschlossen waren, dann öffne sie jetzt, du solltest dich nun ausreichend geerdet fühlen.

Eine andere gute Form der Erdung ist eine gesunde Mahlzeit. Oder lehn dich an einen Baum, der dir hilft, dich neu in deinem Körper zu verwurzeln, so wie ein Baum im Boden verwurzelt ist. Du kannst dies entweder in Form einer Meditation tun und dir vorstellen, dass du bei einem Baum sitzt, oder du gehst tatsächlich hinaus in die Natur. Einen Stein in der Hand zu halten, während du dich auf die Verbindung zu deinem Körper konzentrierst, kann auch sehr erdend sein. Manche Leute haben hierzu einen Lieblingskristall, den sie nur für ihre Erdung verwenden, oder einen anderen besonderen Stein.

Ob du nun deine Erdung im Freien machst oder mittels einer schamanischen Reise oder einer Meditation, spielt keine Rolle. Du willst lediglich dafür sorgen, dass du dich ganz und gar in deinem Körper präsent fühlst. Du wirst noch immer dieses spirituelle Strahlen haben – das hoffe ich jedenfalls. Dieses Strahlen wird dich erfüllen und zu einer Brücke zwischen Himmel und Erde werden lassen, wobei dein Herz und deine geerdete Gegenwart sich hier auf dieser Erde befinden.

Diese Techniken sind lediglich Vorschläge; experimentiere und finde heraus, was für dich am besten funktioniert.

Wenn etwas schiefläuft

Du bist mitten in einer Zeremonie, und mit einem Mal klingelt das Handy eines Teilnehmers, ein Unbekannter stört euch bei der Arbeit, oder jemand aus deinem Kreis wird plötzlich krank. Alles, was während einer Zeremonie geschieht, gehört zu ihrem göttlichen Spiel dazu. Manchmal passieren Dinge, die uns zum Lachen oder zum Weinen bringen. Entscheidend ist, in der eigenen Mitte zu bleiben und die Person zu unterstützen, die Unterstützung braucht. Du kannst den Störfaktor behutsam aus dem zeremoniellen Raum entfernen, aber die Zeremonie trotzdem fortsetzen. Was auch geschieht, es ist Bestandteil des magischen Augenblicks. Die Gruppe wird dir folgen, wenn du selbst ruhig bleibst, die Nerven behältst und weiter in deiner Mitte verharrst.

Gelegentlich kann es vorkommen, dass ein Teilnehmer während oder nach der Zeremonie unter Übelkeit leidet. Aus der schamanischen Perspektive ist Übelkeit stecken gebliebene Energie, die nicht fließen kann. Durch Tanzen oder Singen kann sie freigesetzt werden. Wenn du deine Hände auf die Erde legst, wird sie leicht in Fluss gebracht.

Anfang der 1990er-Jahre leitete ich in Tennessee einen Kurs zur Seelenrückholung, während der Wirbelsturm »Opal« über das Land fegte. Am letzten Abend machte die Gruppe eine Feuerzeremonie, um sich von alten Verletzungen zu befreien, die ihnen nicht mehr dienten. Alle Teilnehmer stellten Stellvertreter für diese Energien (Effigies) her, die ins Feuer verabschiedet werden sollten.

Der Regen und der Wind waren so stark, dass wir nicht draußen arbeiten konnten. In einem kleinen Zimmer gab es zwar einen kleinen offenen Kamin, den wir nutzen konnten, doch würden wir uns dazu zusammendrängen müssen wie Sardinen in der Büchse. Ich war mir sicher, dass es funktionieren würde, weil wir für einen geheiligten Raum sorgen würden. Den Raum kann man überall herstellen, das Zimmer oder der äußere Rahmen muss dafür nicht perfekt sein.

Wir hatten gerade angefangen, unser Feuer vorzubereiten, als jemand in das Zimmer gestürzt kam mit der Mitteilung, dass es zu regnen aufgehört hatte. Ich rief: »Jeder schnappt sich ein Stück Feuerholz und läuft auf die Wiese zu dem großen Feuerplatz.«

Wir liefen los, alle mit ihren Effigies und je einem Stück Feuerholz in den Händen. Ich rief die Helfergeister herbei, dankte den Wettergeistern für ihre Kooperation, und dann entzündeten wir unser heiliges Feuer. Wir trommelten, rasselten, sangen und tanzten, während jeder sich von seinen alten Verletzungen und Lasten befreite, indem er die selbst hergestellten Effigies ins Feuer warf.

Nachdem auch der letzte Teilnehmer fertig war, beendete ich rasch die Zeremonie, indem ich den Helfergeistern, den Ahnen des Landes und den Wettergeistern dankte. Dann zollte ich den Teilnehmern Anerkennung für ihre Unterstützung und beglückwünschte sie zu ihrer Heilarbeit. Mit den Worten: »Unsere Arbeit ist jetzt beendet« beschloss ich die Zeremonie.

Während meiner Schlussworte kehrte der Wirbelsturm mit voller Kraft zurück, und wir rannten zurück ins Gebäude, nass, aber lachend und so dankbar für die Mithilfe der Helfergeister.

Bei einem anderen fünftägigen Kurs zur Seelenrückholung in New Mexico hatten wir nicht so viel Glück. An dem Tag, der für unsere Feuerzeremonie vorgesehen war, bekamen wir so heftige monsunartige Regenfälle, dass wir daran zweifelten, am Abend ein Feuer in Gang zu bekommen. Doch wir hatten engagierte Feuerbewahrer, die es auf jeden Fall versuchen wollten. Zu unser aller Erstaunen waren sie tatsächlich erfolgreich.

Wir zogen unsere Regencapes an und gingen feierlich zum Feuerplatz. Wir beschränkten uns auf die Verwendung unserer Rasseln, damit unsere Trommeln durch den Regen keinen Schaden nahmen, und wir tanzten und sangen und riefen die Helfergeister herbei. Dem Regen dankten wir dafür, dass er unsere Arbeit segnete. Wir schlossen unsere Zeremonie ab und legten uns schlafen.

Am nächsten Morgen sprachen wir darüber, wie sehr es zur Magie der Erfahrung beigetragen hatte, dass wir alle in Ponchos waren und niemand des anderen Gesicht sehen konnte. Wir konnten nicht erkennen, wer gerade mit dem Feuer arbeitete. Wir alle hatten ein starkes Gefühl der Verbundenheit empfunden, und die Anonymität hatte die Magie der Zeremonie noch gesteigert. Wir waren nicht Individuen, die an ihren persönlichen Verletzungen arbeiteten, sondern Teile eines Kollektivs, die an unterschiedlichen Aspekten der Verletzungen arbeiteten, die wir als Menschen gemeinsam haben. Die Arbeit jedes Einzelnen wirkte sich auf die ganze Gruppe aus.

Ich könnte ganze Bände mit den erstaunlichen Begebenheiten füllen, deren Zeugin ich in den vielen Jahren, in denen ich Zeremonien leite, wurde. Einmal mussten wir ein Gulligitter verwenden, um auf der Straße ein Feuer zu errichten, und ein andermal konnten wir nur einen winzigen Teil unserer Effigies ins Feuer geben, weil uns extreme Brandgefahr verbot, ein für die Veranstaltung angemessenes Feuer zu entzünden – die Reste unserer Effigies vergruben wir im Anschluss in der Erde. Diese beiden Zeremonien gehörten zu den stärksten, an denen ich je teilgenommen habe, denn die Umstände hatten uns zu Kreativität und Flexibilität gezwungen.

Im Laufe der Jahre habe ich gelernt, dass es keine Fehler gibt. Wenn du mit dem Fluss gehst und deine Zeremonie anpasst, dann siehst du rasch, dass alles so, wie es war, richtig war und genau so sein sollte. Es ist wichtig, flexibel zu sein und die Struktur der Zeremonie erforderlichenfalls zu verändern.

Sobald du die Helfergeister herbeigerufen oder deine Intention klar zum Ausdruck gebracht hast, kannst du sicher sein, dass sich deine Zeremonie auf vollkommene Weise entfaltet. Manchmal bringen dich die Ereignisse zum Lachen. In schamanischen Kulturen werden Zeremonien von der Gemeinschaft nicht bewertet oder miteinander verglichen. Am Ende wird immer nur darüber gesprochen, wie schön jede einzelne Zeremonie war.

Wie oft muss eine Zeremonie wiederholt werden?

Es gibt Zeremonien, die man nur ein einziges Mal macht. Wenn du eine Mondphase oder Jahreszeit würdigen willst, dann brauchst du die Zeremonie nur einmal abzuhalten, bis du das nächste Mal wieder das Bedürfnis hast, einen Zykluswechsel zu feiern. Wenn du ein neugeborenes Kind segnest oder ein Haus, dann reicht eine einzige Zeremonie aus. Das sind nur ein paar Beispiele.

Wenn du eine Last abarbeitest oder eine Verletzung, die dich seit Jahren belastet, dann musst du die Zeremonie im Laufe der Zeit wiederholen, bis du spürst, dass die Heilung erfolgt ist. Du wirst feststellen: Indem du immer wieder Befreiungszeremonien abhältst, gelangen nach und nach weitere alte Schichten von Verletzungen, die der Heilung bedürfen, an die Oberfläche. Auf diese Weise baust du fortgesetzt Probleme ab, die dich daran hindern, dein Leben so zu führen, wie du es dir wünschst, und dein kreatives Potenzial voll auszuschöpfen.

So könntest du etwa eine Segnungszeremonie abhalten für das, was dir das Leben an Gutem bringt. Hinterher hast du vielleicht das Gefühl, dass du dieses Gute gar nicht verdienst. Dieses Gefühl ist ein Signal, das dir helfen kann herauszufinden, was du vielleicht sonst noch freisetzen musst, damit du Liebe und Segnungen durch deine Mitmenschen und das Universum annehmen kannst.

In schamanischen Kulturen können Zeremonien Minuten, Wochen oder Monate dauern, aufeinander aufbauen oder Wiederholungen erforderlich machen.

Du selbst spürst am besten, wann eine Zeremonie abgeschlossen ist oder ob du dich einer weiteren Schicht zuwenden musst. Lass dich von deiner Intuition leiten.

Eine erfolgreiche Zeremonie gestalten

Nachfolgend eine Liste von Elementen, die bei der Entwicklung einer Zeremonie eine Rolle spielen. Bestandteil dieser Zusammenfassung ist es auch, dass du deine Freunde, geliebte Menschen und die Gemeinschaft in deine Arbeit einbeziehst.

1. **In der Kürze liegt die Würze** – Die wirkungsvollsten Zeremonien sind jene, bei denen du die Tore zu den unsichtbaren Welten öffnest, deine Intention mitteilst und während des Zeremonieverlaufs bei der Sache bleibst. Konzentration und Fokus sind der Schlüssel für eine erfolgreiche Zeremonie. Ist deine Zeremonie lang und kompliziert, dann verlieren die Teilnehmer möglicherweise das Interesse und ihren Fokus und schweifen ab. Dann verliert die Zeremonie an Kraft.

2. **Bereite vor** – Achte darauf, deine mitfühlenden Helfergeister ebenso wie die helfenden Ahnen-

geister des Landes herbeizurufen. Bedanke dich bei den Helfergeistern dafür, dass sie dich bei beim Sprechen in deiner Wortwahl und beim Leiten einer wirkungsvollen und heilenden Zeremonie unterstützen.

3. **Klare Intention** – Überleg dir genau, welche Absicht du mit deiner Zeremonie verfolgst. Durch die Zeremonie wird deine Intention von den Helfergeistern und der Macht des Universums wahrgenommen. Diese helfenden spirituellen Kräfte arbeiten gemeinsam mit dir an der Verwirklichung deines Wunsches. Berate dich mit deinen Helfergeistern, damit deine Formulierung auch wirklich eine Intention bezeichnet, die zu deinem Besten ist.

4. **Errichte einen Altar** – Wie beschrieben ist ein Altar sowohl in der Natur wie auch im Inneren eines Gebäudes denkbar. Blumen zu bringen reicht vielleicht schon aus. Du kannst andere einladen, ihre Gaben beizusteuern. Erinnere sie daran, dass sie nichts am Zeremonieplatz zurücklassen sollen, es sei denn, es handelt sich eigens um eine Gabe an das Land oder die Geister. Ein heiliger Raum oder Altar kann entweder aufwendig geschmückt sein oder dir in aller Einfachheit aus dem Herzen sprechen.

5. **Begrüße die Teilnehmer** – Wenn du in einer Gruppe arbeitest, dann heiße jeden Teilnehmer einzeln und persönlich im Kreis willkommen. Auf diese Weise trägst du zur Entspannung bei und sorgst dafür, dass sich alle gut aufgenommen

fühlen, da sie sich ja vielleicht auf etwas eingelassen haben, was ihnen wenig vertraut und für sie deshalb ein wenig beängstigend sein könnte. Der einfache Akt, jeden mit einem Lächeln zu begrüßen, beseitigt Vorbehalte.

6. **Sprich deine einführenden Worte zuversichtlich** – Wenn du eine Gruppenzeremonie leitest, dann bereite deine Einführungssätze vor. Sobald du deine Einführung gesprochen hast, wirst du feststellen, dass dein innerer Geist durch dich spricht. Achte auf eine selbstbewusste Ausstrahlung, auch wenn du nervös bist. Bist du nicht von dir überzeugt, dann fühlen sich die Gruppenmitglieder mit dir nicht sicher und lassen sich nicht voll auf die Zeremonie ein. Sie werden zusehen, statt sich zu beteiligen.

7. **Die Eingangsanrufung** – Führe die Gruppe durch eine anfängliche Anrufung, damit sich alle im Kreis willkommen fühlen und ihre Energie von ihrem denkenden Verstand in ihr Herz verschieben. Fordere sie auf, ein paar tiefe Atemzüge zu nehmen und dabei ihre Hände auf ihr Herz zu legen, während du jeden einzeln begrüßt und den Wunsch ausdrückst, dass allen Beteiligten das für sie beste Ergebnis der Zeremonie zuteilwerden möge. Am Ende deiner Eingangsanrufung muss der Hinweis stehen, dass die eigentliche Arbeit jetzt beginnt.

8. **Entlasse belastende Gedanken** – Lade die Teilnehmer dazu ein, ihre Alltagsgedanken und -sorgen hinter sich zurückzulassen und aktiv mitzu-

wirken, statt nur zu beobachten. Du kannst die Anwesenden in die richtige Stimmung versetzen, indem du inspirierende Lieder anstimmst oder Instrumente spielst, die ihre Herzen öffnen. In manchen Zeremonien setze ich eine große Schale oder eine umgedrehte Trommel in die Mitte und fordere die Teilnehmer auf, etwas hineinzulegen, das stellvertretend für etwas steht, was sie im Alltag festhält und freigesetzt werden muss, bevor sie den zeremoniellen Raum betreten können. Dabei kann es sich um ein Schmuckstück handeln, um eine Uhr, ein Handy oder um einen Zettel, auf dem die Last festgehalten wurde. Die Teilnehmer erhalten ihre Gegenstände nach dem Ende der Zeremonie zurück.

9. **Gib klare Anweisungen** – Erkläre die einzelnen Schritte der Zeremonie, die du leiten wirst. So wissen die Teilnehmer, was sie zu erwarten haben, und es fällt ihnen leichter, fokussiert zu bleiben.

10. **Lade die Teilnehmer zum Beten ein** – Öffne, bevor du die Zeremonie beschließt, einen Raum für die Teilnehmer, in dem sie gemeinsam beten und darum bitten können, dass sich das Gute der Zeremonie auf andere Menschen und auf die Welt auswirken möge. Das ist außerdem der richtige Zeitpunkt, um allen zu danken, die teilgenommen und bei der Durchführung der Zeremonie mitgeholfen haben.

11. **Inspiriere deine Gemeinschaft** – Schließe, indem du den Helfergeistern dankst und deiner Gemeinschaft ein paar inspirierende Worte mit auf den Weg

gibst. Deine Helfergeister werden dir die heilenden Worte eingeben, mit denen du enden kannst, höre beim Sprechen auf ihre Führung. Sorge am Ende dafür, dass alle gut geerdet sind.

12. **Teilhabe an den empfangenen Botschaften** – Plane Zeit ein, damit die Teilnehmer einander die Botschaften mitteilen können, die sie während der Zeremonie von den Helfergeistern empfangen haben, oder miteinander über die Omen sprechen können, die möglicherweise gesehen wurden. Ein mitfühlender Geist könnte Mitteilungen wie die folgenden gemacht haben: »Lerne, dich selbst zu lieben«, »Du musst vertrauen«, »Wir lieben dich«, »Du bist beschützt«, »Vergiss nicht, dein Licht hochzuhalten«, »Verliere die Hoffnung nicht«, »Wunder sind möglich«, »Vertraue deiner Intuition«, »Konzentriere dich auf die Schönheit deines Lebens«, »Würdige und respektiere alles Leben«, »Lass deine Tränen fließen« und so weiter. Die Teilnehmer möchten vielleicht außerdem miteinander über hochgekommene Gefühle sprechen.

13. **Feiere** – Arbeitest du mit einer Gruppe, dann kannst du nach der Zeremonie Erfrischungen reichen, damit die Teilnehmer miteinander in Kontakt treten und sich über die Arbeit austauschen können. Außerdem ist das der perfekte Zeitpunkt, um eine Übung für die Erdung folgen zu lassen.

Dass man seinen Alltag hinter sich zurücklassen und einen heiligen Raum betreten kann, ist das Magische an einer Zeremonie. In diesem geheiligten Raum kannst du dein Innerstes wirklich mit anderen teilen, die gemeinsam mit dir ihre Herzen geöffnet haben, um positive Veränderung zu bewirken und die geäußerte Intention zu manifestieren.

Achte darauf, dass die Intentionen für deine Zeremonien von Liebe, Ehrerbietung und Respekt getragen sind. Bitte halte keine Zeremonie ab, um Rache zu nehmen oder jemanden zu verfluchen. Das ist eine Entwicklung, die der Schamanismus nicht vorsieht. Zeremonien sollten ausschließlich für Heilung und Segnung abgehalten werden, für das Teilen von Liebe, Licht und Unterstützung oder aus Ehrerbietung und Respekt.

In den nächsten Kapiteln wirst du mehr über die unterschiedlichen Zeremonien erfahren. Diese Informationen werden dir zeigen, wie du den Mittelteil deiner Zeremonie strukturieren kannst. Mit der Zeit wirst du feststellen, dass die wirkungsvollsten Zeremonien jene sind, für die du improvisieren und dir etwas ausdenken musstest.

Zusätzliche Richtlinien für deine Zeremoniearbeit

Der überleitende Aspekt der Zeremonien

Wenn wir aus einer Zeremonie erneuert wiedergeboren werden wollen, dann müssen wir bereit sein, etwas in uns sterben zu lassen. Darüber hinaus können Zeremonien eine Art natürlichen Entgiftungsprozess in Gang setzen und Körper, Emotionen und Geist von Unreinheiten befreien.

Am Ende des Lebens musst du natürlich den großen Tod durchlaufen, doch bis dahin sind da all die kleinen Tode, in denen dir etwas genommen wird – ob du nun deinen Arbeitsplatz verlierst, krank wirst, dich von einem Partner trennst oder in einer Katastrophe dein Zuhause verlierst. Diese Verluste sind eine Form von Initiation – einen Teil von dir lässt du los, und etwas Neues wird geboren. Eine gravierende Veränderung im Leben stellt eine Initiation dar.

Jedes Mal, wenn wir eine Zeremonie abhalten, egal ob sie groß oder klein ist, gehen wir aus ihr verändert hervor, auf eine positive Art. Auch wenn wir gar nicht genau benennen können, was sich so anders anfühlt, unser Ich wird weggemeißelt, und das spirituelle Licht tritt aus dem Inneren hervor. Göttliche Kräfte tun sich mit dem

Göttlichen in uns zusammen, um unser Leben und unseren Lebensstil umzuformen, zu erneuern und neu zu gestalten und um uns in einen tiefer liegenden spirituellen Raum zu führen, wo unser Geist uns voranbringt, uns Lösungen für Herausforderungen präsentiert, die zu nutzen uns kaum je eingefallen wäre, und uns heilt. Wir fühlen uns erfüllt von spirituellen Energien und verbunden mit unserer authentischen Identität, während wir uns zugleich von Eigenschaften befreien, die andere auf uns projiziert haben.

Manchmal vermögen diese initiatorischen Erfahrungen unsere unsichtbaren Sinne zu wecken. Der eine wird vielleicht hellsichtig und öffnet seine unsichtbaren Augen, um die ungesehenen Welten zu sehen. Der andere entwickelt Hellhörigkeit und empfängt verbale Botschaften von den Helfergeistern. Ein Dritter eine übersinnliche Empfindungsfähigkeit, durch die er Mitteilungen auf der Ebene der Körperempfindungen erhält – was wir umschreiben, wenn wir sagen, dass wir etwas »in den Knochen« spüren.

Was immer sich auch zuträgt, wir müssen lernen, uns hinzugeben und das anzunehmen, was das Leben uns vorsetzt. Das ist es, worum es bei der Initiation geht. Wenn du gerade mitten bei einem Feuerlauf bist, kannst du nicht darüber nachdenken, ob du diesen Feuerlauf abbrechen möchtest, weil du gerade über glühend heiße Kohlen gehst. Tust du es doch, wirst du dich verbrennen. Es ist dein innerer Geist, der dich durch eine Initiation wie den Feuerlauf und durch alle anderen herausfordernden Initiationen des Lebens trägt.

Wenn wir eine durch eine Zeremonie herbeigeführte Initiation durchlaufen, müssen wir uns von allen Erwartungen verabschieden. Es handelt sich um einen Prozess, den wir getragen vom Geist durchlaufen müssen. Das ist nicht immer leicht, vor allem dann nicht, wenn wir uns das Gesamtbild mit unserem rationalen Verstand nicht erschließen können.

Hingabe und Hinnahme sind zwei wichtige Aspekte der Befähigung zu einer vollständigen Teilhabe an den Veränderungen des Lebens, zu Initiation, Zerstückelung und Zusammenfügung, die uns erneuern und erfrischen und unser spirituelles Licht durchscheinen lassen. Wir durchlaufen einen Prozess, der uns zur Erleuchtung führt.

Unabhängig davon, ob du in der Folge einer Zeremonie das erwünschte Ergebnis erlebst oder nicht, es ist auf jeden Fall wichtig, dich auf deine Intention festzulegen, deine Vorbereitungen zu treffen, einen heiligen Raum zu schaffen und deine zeremonielle Arbeit zu tun.

Bei einer Zeremonie nutzt du die Gelegenheit und bittest um Heilung und um die Manifestation deiner individuellen Intention – folglich musst du auch hinnehmen, dass es ein größeres, sich deiner Vorstellung entziehendes Gesamtbild gibt. Nach mehr als 35 Jahren Zeremoniearbeit allein und in Gruppen kann ich dir versichern, dass es zu wunderbaren Manifestationen der Heilung, Segnung und Veränderung kommen kann.

Das Abhalten von Zeremonien kann im positivsten Sinn des Wortes zur Gewohnheit werden.

Der Unterschied zwischen Willens- und Geisteskraft

Stehen wir vor einer schwierigen Situation, dann verlassen wir uns meist auf unsere Willenskraft und unseren denkenden Verstand. Doch eigentlich ist es die Kraft unseres inneren Geistes, die uns durch eine solche Initiation trägt.

Vor einigen Jahren ließ mich einer meiner Helfergeister wissen, dass der Einsatz von Willenskraft nichts mit Stärke zu tun hat. Echte Stärke zeigt sich dann, wenn man sich den Kräften des Seins ergibt.

In unserer zeitgenössischen Kultur konzentrieren wir uns darauf, unsere Willenskraft einzusetzen und unseren rationalen Verstand zu schärfen. In schamanischen Kulturen verdanken die Menschen ihr Überleben ihrer spirituellen Kraft – womit ihre schamanische Lebensweise gemeint ist. Angehörige der Gemeinschaft lernen, ihr negatives Denken zu transformieren, die Entfaltung des Guten im Leben zuzulassen, mitfühlend zu sein, ihre gegenseitige Verbundenheit zu wertschätzen, das Netz des Lebens zu respektieren und in Harmonie mit der Natur zu leben.

Sie begreifen, dass das, was wir in der äußeren Welt sehen, ein Spiegelbild unserer inneren Landschaft ist. Sie betreiben ihre innere Gartenarbeit, um einen Sinn für das Schöne zu entwickeln, und sie hegen ihr spirituelles Licht, damit es in die Welt strahlt und von dort zu ihnen zurückgespiegelt wird.

In schamanischen Kulturen stellt sich die Kraft des Willens in den Dienst der Macht des Geistes. In unserer Kultur, und das ist typisch, erzwingen wir uns einen Weg mit der Kraft unseres Willens. In einer Zeremonie irgendetwas erzwingen zu wollen kann jedoch nicht zum Erfolg führen. Nur wenn wir uns in unserer spirituellen Macht behaupten, kann uns die Zeremonie mit den erwünschten Ergebnissen versorgen.

Während ich an diesem Buch schrieb, teilten mir meine spirituelle Lehrerin Isis und andere mitfühlende Geister mit, dass unser gesamter Planet gerade eine Initiation durchläuft. Wir alle müssen umgeformt werden, damit wir auf dieser Erde gesünder leben können und etwas über die Macht von Liebe, Licht, Ehrbarkeit und Respekt lernen. Meine Helfergeister machten mir klar, dass die Stärkung unseres Geists in der kommenden Zeit die wichtigste Voraussetzung für unser Gedeihen ist.

Ein gesundes Leben zu führen heißt, Praktiken zu integrieren, die alle Aspekte von Körper, Verstand und Geist stärken. In der westlichen Welt konzentrieren wir uns darauf, Körper und Denken zu stärken. Wir füttern unseren rationalen Verstand, indem wir immer mehr intellektuelles Material sammeln, und lassen uns auf diese Weise vom Eigentlichen ablenken. Und viele von uns setzen alles daran, möglichst starke Muskeln zu entwickeln.

Indem wir uns in spirituellen Praktiken üben und Zeremoniearbeit leisten, lernen wir, uns dem natürlichen Fluss und dem Prozess von Tod und Wiedergeburt hinzugeben. Das sind keine voneinander getrennten Prozesse, sondern ein fließender Übergang. Das Leben ist ein Fluss.

Die Initiation, der wir unterworfen sind, ist von klassisch schamanischer Art, und wir können uns aus ihr weder »herausdenken« noch irgendetwas mit unseren Muskeln physisch »erzwingen«.

Eine Initiation kann gefährlich sein. Wenn du dich nicht durch Denken herauswinden kannst und auch Muskelkraft nicht hilft, dann kann dich die Initiation so mürbe machen, dass dein Verstand verzweifelt aufgibt und keinen Ausweg findet, um dich aus der Herausforderung, vor der du stehst, zu retten. Dein Körper gibt ebenfalls auf, weil du zu erschöpft bist, um weiterzumachen. Dann erwacht dein inneres spirituelles Feuer, und du ergibst dich der wahren Kraft innerer spiritueller Macht, die keine Hindernisse kennt, keinen Schmerz und kein Leiden auf irgendeiner Ebene.

Ich schreibe nicht über die Initiationen, die ich durchgemacht habe. Ich habe von meiner Nahtodeserfahrung berichtet, aber, um die Wahrheit zu sagen, sie verblasst im Vergleich mit den lebenslangen Initiationen, die ich durchlaufe und in denen ich mich fühle, als sei ich mit verbundenen Augen aus einem Flugzeug gesprungen – ohne Landkarte, die mir helfen würde, mich in dem fremden Terrain zurechtzufinden. Bisher, in meinem 65. initiatorischen Jahr, hat mich mein innerer Geist getragen, auch wenn es oft so aussah, als hätte ich keine Kraft mehr, um es bis zum Ende durchzustehen.

Ich schreibe über Initiationen aus der Perspektive meines schamanischen Wissens, aber auch auf der Basis meiner eigenen Lebenserfahrung. In der heutigen Welt fordern uns die göttlichen Kräfte auf, unseren inneren Geist zu wecken und unsere spirituelle Muskulatur so weit zu entwickeln, dass wir durch tiefes, dunkles Wasser schwimmen, bis wir schließlich, endlich verbunden mit unserer authentischen spirituellen Identität und unserem Licht, reines Leuchten erreichen.

Virtuelle Zeremonien

Das Abhalten von Zeremonien in einem heiligen Raum zu Hause oder in der Natur ist ohne Zweifel eine große Energiequelle. Du entwirfst die Zeremonie, sammelst die erforderlichen Materialien und arbeitest mit den Elementen. Und wenn die Zeremonie für eine Gruppe ist, dann kann es zu wertvollen Gesprächen kommen, Nähe kann entstehen, es wird getanzt und gesungen, und gemeinsam wird der Abschluss der Zeremonie gefeiert.

Andererseits leben wir in einer Zeit, in der die Technologie uns hilft, uns weltweit mit Menschen zusammenzutun, ohne dass sie tatsächlich vor Ort sein müssen. Auch auf die virtuelle Weise sind Zeremonien für persönliche Heilung, Segnung und die Heilung der Erde möglich. Konferenzschaltungen, Webinare und e-Learning haben es mir ermöglicht, virtuelle Zeremonien gleichzeitig mit Hunderten von Menschen überall auf der Welt abzuhalten, die alle zusammenarbeiten und einander, das Leben und die Erde unterstützen.

Stell dir die exponentielle Energie vor, die entsteht, wenn man auf diese Art und Weise zusammenarbeitet. Derartige virtuelle Zeremonien werden in der Regel aufgezeichnet, um den Menschen, die an der Live-Zeremonie nicht teilnehmen konnten, die Gelegenheit zu geben, sie später nachzuholen. Alles Handeln im Schamanismus findet außer der Zeit statt, es ist also in keiner Weise abträglich für das Ergebnis, wenn sich die Menschen in einer virtuellen Zeremonie zusammentun – die Energie baut sich einfach immer weiter auf, je mehr Menschen sich im Laufe der Zeit beteiligen.

Heutzutage leben unsere Familienmitglieder und Freunde vielleicht nicht einmal mehr im gleichen Staat. Es ist eine wunderbare Aufgabe, eine Zeremonie zu entwickeln, die einen eigens zu diesem Zweck in den ungesehenen Welten eingerichteten heiligen Altar nutzt, an dem die Menschen sich treffen, beten und gemeinsam Zeremonien abhalten können. Ein solcher Altar erfüllt auch die Bedürfnisse einer Gruppe, die sich regelmäßig treffen möchte, es aber aus praktischen Gründen nicht kann, indem er ihr einen Ort in den unsichtbaren Welten zur Verfügung stellt.

Vielleicht findest du heraus, dass du Freunde und Angehörige hast, die sich gern mit dir zu Heilungs- oder Segnungszeremonien zusammentun möchten, es aber nicht können, weil sie zu weit entfernt wohnen. Die virtuelle Zeremoniearbeit ist dann eine wirkungsvolle Methode, um unabhängig davon, wo die Teilnehmer wohnen, mit anderen Menschen zusammenzukommen.

Ein Altar in der nicht alltäglichen Wirklichkeit

Es folgt eine schamanische Meditation, mit der ein Altar in den nicht alltäglichen Welten eingerichtet wird.

Beginne mit deinen Vorbereitungen, um dich von deinen Alltagssorgen zu entfernen, und rufe deine geistigen Verbündeten herbei, damit sie deine Zeremonie unterstützen. Auf die gleiche Weise kannst du natürlich auch Gott, die Göttin oder ein anderes göttliches Wesen anrufen, mit dem du zusammenarbeitest.

Wenn du eine Zeremonie gemeinsam mit Personen abhältst, die in unterschiedlichen Regionen leben oder auch einfach nur der virtuellen Versammlung den Vorzug geben, dann richte einen geheiligten Platz ein, an den du und andere nach Bedarf immer wieder zurückkehren können. An diesem geheiligten Platz kannst du dich auch zwischen euren spirituellen Versammlungen jederzeit aufhalten, um dort etwa deine privaten Zeremonien abzuhalten, um zu beten oder Trost zu finden.

Nutze während deiner schamanischen Reise oder der Meditation deine Vorstellungskraft, um besondere Objekte an diesem virtuellen Altar auszulegen, die ihn energetisch aufladen, und bete dort für dich, deine Mitmenschen und den Planeten. Dein virtueller Altar wird von helfenden Schutzgeistern spirituell rein gehalten.

Die nachfolgende Meditation ist ein Beispiel dafür, wie man in den unsichtbaren Welten einen Altar einrichtet. Es steht dir immer frei, diese Meditation deinen Bedürfnissen anzupassen und die Landschaften, in denen du dich während deiner virtuellen Zeremonie aufhalten möchtest, oder die symbolischen Gegenstände, die dir auf deinem Altar wichtig sind, nach Bedarf hinzuzunehmen. Das nachfolgende Beispiel führt dich zu einem heiligen Platz auf einer Wiese. Möglicherweise ziehst du es vor, wenn sich dein Altar an einem Fluss oder am Strand befindet. Deine Entscheidung wird auf deinem Lebensraum und auf deiner spirituellen Führung beruhen. In der Ausbildung, die ich anbiete, führe ich meine Schüler in ein heiliges Zimmer in der nicht alltäglichen Wirklichkeit, und wir bezeichnen es als unseren Altarraum.

Geführte Meditation zum Errichten eines Altars in den ungesehenen Welten

Höre Trommeln oder andere schamanische Musik, oder leg deine liebste CD mit Meditationsmusik ein. Fasse den Vorsatz, den Schleier zwischen der sichtbaren und den unsichtbaren Welten zu heben. Dein Ausgangspunkt ist der Raum, in dem du deine schamanische Reise oder deine Meditation abhältst.

Nimm ein paar tiefe Atemzüge. Schließ deine Augen, und atme tief ein und aus, während du dich in einen zentrierten und friedlichen Zustand begibst. Stell dir vor, wie du zur Tür deines Hauses oder deiner Wohnung gehst; dann malst du dir aus, wie du sie öffnest und durch einen Schleier hindurch einen Weg betrittst, der dich in die Natur führt.

Folge dem Weg, und wecke deine Sinne. Nimm die Schönheit der Natur wahr. Vielleicht bist du umgeben von Bäumen oder grünem Strauchwerk. Betrachte ausführlich den Himmel. Spüre, wie sich deine Füße mit der Erde verbinden, während du den Weg entlanggehst. Öffne deine Ohren, und lausche bewundernd den Klängen der Natur. Hole tief Luft, und rieche die Düfte der Erde, der Pflanzen und der Bäume, während du dem Weg durch diese einzigartige Schönheit folgst. Spüre, wie der Lufthauch zart dein Gesicht liebkost. Sieh die Steine, Vögel, Insekten, Tiere, Blumen und andere Geschöpfe der Natur an. Es gibt so viele bemerkenswerte Naturwesen, die uns meist entgehen, da wir uns nicht die Zeit nehmen, auch die kleinsten von ihnen zu beachten. Da sind so zahlreiche erstaunliche Geschöpfe wie Moose, Pilze und Insekten, die so klein sind, dass wir langsam gehen müssen, um sie zu entdecken.

Während du weiter dem Weg folgst, sieh das Gebäude, das in einiger Entfernung mitten auf einer Wiese steht und zu glühen scheint. Sobald du herangekommen bist, öffne die Tür und betritt das Gebäude, in dem dich ein Schutzgeist erwartet, um dich zu reinigen. Lass es zu, dass dieser Schutzgeist dich reinigt, damit du nichts als Frieden, Liebe und Licht in deinen neuen Altarraum hineinträgst. Vielleicht verwendet der Schutzgeist eine Feder, um mit ihr dein Energiefeld zu reinigen, vielleicht aber auch Räucherwerk. Oder aber der mitfühlende Geist tropft etwas Wasser auf deine Stirn oder deinen Scheitel, während du alle Lasten ablegst und dich von aller unerwünschten Energie befreist. Möglicherweise flüstert dir der Schutzgeist eine Botschaft ins Ohr. Bleib aufgeschlossen für die einzigartige Reinigungsmethode, die der Helfergeist an dir vollzieht. Bedenke, dass dies geschieht, damit du in deinem Altarraum ein klares Energiefeld schaffen kannst, in dem sich alle sicher genug fühlen, um sich der Zusammenarbeit mit den Mächten der ungesehenen Welten vollständig zu öffnen.

Sobald du rein bist, betritt das Zimmer. Sieh das hinreißende Altartuch vor dir auf dem Boden. Es befindet sich in der Mitte des Zimmers und ist so groß, dass deine Gemeinschaft darauf stehen oder am Rand davon sitzen kann. Das Altartuch ist aus zahlreichen leuchtenden Farben gewebt. Manche von ihnen sind alltägliche Farben, andere hingegen sind durchscheinend und nicht alltäglich. Du spürst die Magie der Energie, die von ihnen ausgeht. Fäden aller nur denkbaren Farben und Strukturen sind miteinander verwoben. Dieses Gewebe kann dich an das Netz des Lebens erinnern. Betrachte lange und ausführlich dieses einzigartige Altartuch. Beachte außerdem die Nachbildung der Erde aus Kristall, die sich auf dem Altar befindet.

Du bemerkst das brennende Räucherwerk wie auch die brennenden Kerzen in allen nur denkbaren kräftigen Farben: Grün, Rot, Gelb, Blau, Purpurn, Lila, Silbern und Golden. Die brennenden Kerzen erinnern dich an die Schönheit deines

Geistes. Auf dem Boden stehen Opferschalen, die gefüllt sind mit Maismehl, verschiedenen Heilkräutern, Rosenblütenblättern und Lavendel. Außerdem gibt es Kraftobjekte wie Steine, Zweige, Blumen, Kristalle und auserlesene Opfergaben, die die Natur ebenso würdigen wie deine Verbindung zu allem Lebendigen. Manche befinden sich in eigenen Schalen, andere sind über das Altartuch verteilt.

Da du deinen Altarraum im Laufe der kommenden Wochen oder Jahre weiterhin aufsuchen wirst (denn dieser Altarraum wird dir für alle Zeiten außerhalb der Zeit zur Verfügung stehen), kannst du deine eigenen Dankgeschenke mitbringen. Manche deponieren dort besonderen Schmuck, Blumen, Steine und Kristalle.

Deinen Altarraum kannst du jederzeit, auch allein, aufsuchen, ohne dass du deinen Freunden, Angehörigen oder den Mitgliedern deiner Gemeinschaft etwas davon sagen musst. Diesen Ort kannst du jederzeit im Rahmen einer schamanischen Reise oder einer Meditation besuchen, um dort Trost zu finden, zu beten oder deine ganz persönlichen Zeremonien in den unsichtbaren Welten abzuhalten. Wenn es einen Bedarf dafür gibt oder einen entsprechenden Wunsch, dann wird es auch vorkommen, dass du ihn mit deiner Gruppe aufsuchst, um dort Zeremonien zu feiern.

Du könntest Anregungen für eine Zeremonie an die Mitglieder deiner Familie oder Gemeinschaft ausgeben, damit sie den Altarraum zu den für sie passenden Zeiten aufsuchen können, falls ein gemeinsamer Besuch einmal nicht möglich sein sollte.

Mach dir deinen Herzschlag bewusst, und konzentriere dich auf segnende Worte, die du jetzt an deinem Altar sprichst. Es ist ein Segen für die Liebe zu dir selbst, zu deiner Gemeinschaft und zum Leben allgemein. Oder du sprichst laut Worte der Dankbarkeit und der Kraft, um deinen Kreis zu stärken.

Oder du schreibst segnende Worte wie »Gnade«, »Frieden«, »Liebe«, »Vertrauen« und »Dankbarkeit« auf Zettel und legst sie in die Schalen auf dem Altar.

Du hast jetzt deinen eigenen Altarraum geschaffen, und es ist an der Zeit, wieder aufzubrechen. Nimm das Licht deines Kreises, falls du mit einer Gruppe gekommen bist, noch ein letztes Mal in dich auf. Dieser Altarraum ist nun für euch alle ein spirituelles Zuhause und ein heiliger Zufluchtsort. Achtet bei eurem Aufbruch auf die Schutzgeister, die euch segnen.

Kehre zurück auf dem Weg, den du gekommen bist. Jetzt befindet sich das strahlende Gebäude in deinem Rücken. Nimm deine Umgebung wahr, die Düfte, die Gefühle in dir und die Klänge. Tritt zurück durch den Schleier, durch den du die ungesehenen Welten betreten hast, zurück in dein Zuhause und in das Zimmer, in dem du arbeitest. Nimm ein paar tiefe, erdende Atemzüge. Öffne deine Augen. Spüre deine Gegenwart.

Während du in die Gegenwart zurückkehrst, spüre, ob in dir ein inneres Lächeln ist, das dein Aufenthalt in deinem besonderen Altarraum und die Gemeinschaft im Kreis deiner Gruppe bewirkt hat. Empfinde deine Dankbarkeit. In deinem Herzen und in deiner Seele weißt du, dass du reich an Liebe, Macht und Heilung sein wirst, während du weiterhin an deinem Kreis teilhast. Du persönlich wirst mit Heilkraft bedacht werden, und du kannst die Erde und alles Leben daran teilhaben lassen. Lass die Helfergeister, die du herbeigerufen hast, wissen, dass eure Arbeit für heute beendet ist. Es ist nur höflich, den mitfühlenden Geistern mitzuteilen, dass auch sie jetzt Abschied nehmen können.

HEILIGE WANDLUNGEN

Wendepunkte und Übergangsriten

Schon immer hatten Zeremonien die Aufgabe, Veränderungen im Leben eines Menschen zu kennzeichnen. In schamanischen Kulturen spielt jeder Einzelne eine wichtige Rolle dabei, die Gemeinschaft als Ganzes gesund zu erhalten. Jede Person erfährt Wertschätzung für die Gaben und Stärken, die sie in die Gemeinschaft einbringt, und wenn ein Einzelner eine Veränderung im Leben durchmacht, dann kann er bald neue Stärken, Gaben und Talente beitragen. Die Gemeinschaft würdigt jeden, der in eine neue Lebensphase eintritt, und heißt ihn bei seiner Rückkehr aus der Initiationsphase willkommen.

In unserer modernen Kultur vergessen wir gern, dass wir alle mit etwas Größerem verbunden sind – mit der Erde und der Natur, mit dem Netz des Lebens und unserer Gemeinschaft. Wir erleben mit, wie die Gesundheit unserer Gemeinschaften versagt, weil wir vergessen haben, wie viel Kraft es gibt, den jeweiligen Beitrag des Einzelnen zu würdigen. Wenn wir die Energie, die für die Gesundheit der Gemeinschaft nötig ist, nicht investieren, dann überlasten wir das Immunsystem der Gemeinschaft, das Netz des Lebens und die Erde.

Ein liebevoller Helfergeist hat mir einmal gezeigt, dass wir uns in unserer heutigen Welt wie voneinander abgeschnittene Körperteile verhalten. Aber eine Hand kann nicht für sich allein existieren. Wir verhalten uns so, als seien wir alle voneinander abgelöste isolierte Einheiten, aber so funktioniert es einfach nicht.

Natürlich kann man eine Wandlung, eine Initiation oder einen Übergang von einer Lebensphase in die nächste allein feiern. Aber es liegt große Kraft darin, Menschen zusammenzubringen, um gemeinsam mit ihnen eine Zeremonie abzuhalten, in der man eine Veränderung im Leben würdigt, wie etwa eine Geburt und die beiden Menschen, die dadurch zu Eltern werden. Initiationen werden mit großer Kraft erfüllt, wenn Freunde und Angehörige den Übergang eines jungen Menschen vom Kind zum Erwachsenen bezeugen und unterstützen.

Andere einzuladen, um solche wichtigen Veränderungen im Leben zu würdigen, stellt für das Individuum, das Paar oder die Familie, die einen solchen bedeutenden Übergang erlebt, eine große Wertschätzung dar. Wenn wir aufhören könnten, uns zu isolieren, dann würden wir unsere Kraft wiederfinden, um in gesunden Gemeinschaften zu leben, zu arbeiten und zu gestalten.

Das Leben in einer Gemeinschaft bringt natürlich auch Sorgen mit sich. In manchen Gesellschaften suchen Mitglieder nach einem starken Anführer, der für sie entscheidet, was sie tun sollen, und übertragen die Rolle der »schützenden Eltern« auf dieses Mitglied der Gemeinschaft. Die zunehmenden Veränderungen in der Welt veranlassen Menschen, Angstzustände zu kultivieren und sich um Menschen zu sammeln, die Überzeugungen der Spaltung, des Hasses und der Angst vertreten. Solche Gemeinschaften zerreißen das Kollektiv, statt ihm Kraft zu geben.

Ich habe dieses Buch für Gemeinschaften geschrieben, die sich im Geist von Liebe und Einheit versammeln, um einander und dem Leben als Ganzes zu dienen. Es stimmt, in einer Gemeinschaft entsteht eine Gruppendynamik. Für die gemeinsame Zeremoniearbeit muss man entweder mit den unharmonischen Beziehungen im Kreis fertigwerden oder die Beteiligten bitten, ihre Differenzen für den Augenblick zurückzustellen und sich erst einmal ganz auf den göttlichen und heiligen Bewusstseinsraum einzulassen, in dem Liebe, Licht und Frieden die tragenden Energien sind.

Es war schon immer die Aufgabe von Schamanen, Zeremonien abzuhalten, damit einzelne Menschen ihre Beziehungsprobleme heilen und auf diese Weise die Gemeinschaft zur Harmonie zurückfinden kann. Wenn du dieses Buch durchgelesen hast, bist du dazu in der Lage, eine Zeremonie zu gestalten, mit deren Hilfe du schwierige Gruppendynamiken in einem Kreis von Menschen, die sich zur Zusammenarbeit versammelt haben, beilegen kannst.

Wenn ich Onlinekurse abhalte, dann zeigen mir die Kommentare und das Feedback, wie viel Erneuerung und Heilung selbst online durch das Zusammensein mit anderen entsteht, die gemeinsam eine virtuelle Zeremonie abhalten wollen. Die Unterstützung und Liebe im Kreis macht sie zu einem kostbaren Ereignis. Vielen Menschen wird bewusst, dass diese Art Unterstützung ihr fehlendes Puzzlestück für ein glückliches Leben ist. Zu einer Gemeinschaft von Menschen zu gehören, die während einer Zeremonie füreinander beten und dafür einen geheiligten Raum wahren, allein das reicht schon aus, um Heilung zu bewirken, ganz egal, um welche Art Zeremonie es sich handelt.

Ich habe festgestellt, dass sich viele der Menschen, die mit mir an diesen globalen nicht alltäglichen Zeremonien teilnehmen, als Nächstes eine Gruppe vor Ort suchen, mit der sie ihre Arbeit fortsetzen können. So wunderbar es auch sein mag, von Hunderten von Menschen aus der Ferne unterstützt zu werden, nichts kann die Bindungen ersetzen, die entstehen, wenn man sich physisch mit Freunden und in örtlichen Gemeinschaften zusammenfindet. Beide Arbeitsweisen führen deinem Leben und der Welt Schönheit und Gnade zu.

Wenn du Zeremonien abhältst, zu denen du Freunde, geliebte Menschen und andere Mitglieder deiner Gemeinschaft einlädst, dann ist es immer es wichtig, die Vorbereitungen zu leisten, die eine machtvolle Zeremonie zur Würdigung eines Übergangs von einer reinen sozialen Zusammenkunft unterscheidbar machen. In den meisten Fällen wird nicht jeder Anwesende gleich die Praktiken des Schamanismus für sich übernehmen. Führe daher Elemente ein, die einen heiligen Raum schaffen, damit die Macht des Universums an der Zeremonie teilhat. Auf diese Weise können sich alle Anwesenden, egal welcher Glaubensrichtung sie sich zugehörig fühlen, auf die spirituelle Intention des Ereignisses, zu dem sie sich versammeln, einlassen. Die Intention ist immer der Schlüssel, wenn man sich für eine Heilungs- oder Segnungszeremonie die Beteiligung der Macht des Universums wünscht.

Wenn wir eine Zeit der Veränderung feiern – eine Geburt, eine Hochzeit, einen Geburtstag und so weiter –, dann bringen wir gern ein Geschenk mit. Geschenke sind etwas Wunderbares und versorgen die Menschen mit Kleidung, Einrichtungsgegenständen oder Küchenutensilien oder verringern die finanzielle Belastung, die meist mit dem Übergang in eine neue Lebensphase einhergeht.

Doch ist es wichtig, sich darüber im Klaren zu sein, dass Zeremonien weit über das Geschenkemachen hinausgehen. In unserer gegenwärtigen Zeit konzentrieren sich Zeremonien leicht auf das Materielle und lassen die ungesehenen Kräfte dessen, was Übergang und Transformation wirklich bedeuten, außer Acht. Indem wir neue Wege finden, um Zeiten der Veränderung zu würdigen, helfen wir den Betroffenen und ihren Familien, leichter in die neue Rolle in ihrem Leben hineinzufinden.

Im Jahr 2004 hatte ich die bemerkenswerte Gelegenheit, an einer Pilotstudie des Programms für integrative Medizin der University of Michigan teilzunehmen. Wir wollten herausfinden, ob und wie Bestandteile meiner schamanischen Arbeit Herzinfarktpatienten helfen konnten. Ich leitete kraftvolle Zeremonien, obgleich die meisten der Gruppe fundamentale Christen waren. Natürlich durfte ich auf keinen Fall über Schamanismus oder Helfergeister sprechen. Viele der Teilnehmer saßen mit der Bibel in der Hand in meinem Workshop.

Ich erklärte ihnen, dass das Trommeln und der Rhythmus die Ausschüttung Stress lindernder Hormone fördere und dass gemeinsames Singen und Tanzen sorgenvolle Gedanken abbaue. Ganz egal welche religiösen oder spirituellen Überzeugungen wir auch haben, wir alle spüren, dass uns das fortgesetzte mentale Geplapper in unserem Kopf davon abhält, an einer spirituellen Zeremonie mit ganzem Herzen teilzunehmen. Und jeder von uns weiß außerdem, dass es für unsere Gesundheit förderlich ist, wenn wir Mittel und Wege finden, um unseren Geist zu beruhigen und Stress abzubauen.

Wir hielten Feuerzeremonien ab, um uns von alten Verletzungen zu befreien, und Segnungszeremonien für die gute Gesundheit aller. Und wir hielten die Umwandlungszeremonie ab, mit der ich dieses Buch beschließen werde. Zwei wunderbare Heilungen ergaben sich aus dem Feiern dieser Zeremonie. Am erstaunlichsten war es mitzuerleben, wie sich alle in die Zeremonie einbrachten, als befänden sie sich in einem schamanischen Kreis. Ich habe über die Umwandlungszeremonie für andere in meinem Buch *Lichtvoll leben* geschrieben.

Leitest du selbst eine Zeremonie, dann ist es wichtig, erst deine eigene Vorbereitung zu absolvieren, bevor du deine Arbeit mit der Gruppe beginnst. Überleg dir einfache Einleitungen wie etwa ein Gebet oder ein Lied, um die Teilnehmer in den geheiligten Raum zu holen. Das Feiern kann stattfinden, sobald die Zeremonie abgeschlossen und gelungen ist.

Für die Vorbereitungen auf Zeremonien, die ich leite, bespreche ich mich gern mit meinen mitfühlenden Helfergeistern, um das Timing und die Struktur gut hinzubekommen. Wenn du schamanisches Reisen praktizierst, dann empfehle ich dir sehr, es für die Gestaltung deiner Zeremonien zu nutzen. Oft lasse ich mich aber auch einfach von meinem Herzen und meiner Intuition leiten. Solange du die für eine Zeremonie bedeutsamen Elemente verwendest und deine Intention klar zum Ausdruck bringst, kann dich deine eigene Intuition mit guten Ideen für eine erfolgreiche Zeremonie versorgen.

Ein Baby in der Welt willkommen heißen

Ein neugeborenes Kind in der Welt willkommen zu heißen und die Eltern zu segnen ist eine kraftvolle Initiation. Es gibt viele Möglichkeiten, um diese besondere Zeit im Familienleben und auch für die Gemeinschaft durch eine Zeremonie zu würdigen. Hierzu gehören Zeremonien für die schwangere Frau, die Geburt des Kindes und für die geliebten Menschen, die sich versammeln und das Kind in der Welt willkommen heißen.

Hier einige Richtlinien für Zeremonien zur Unterstützung einer Schwangeren. Lade andere Frauen ein, die mithelfen, die Mutter auf den Übergang in ihrem Leben vorzubereiten: Frauen jeden Alters, die ihre Erfahrungen mit wichtigen Veränderungen im Leben einbringen und die Mutter in ihrer neuen Rolle unterstützen können. Die Ältesten berichten vielleicht davon, wie wichtig und herausfordernd die neue Rolle als Mutter sein kann. Dabei massieren sie die Hände und Füße der Schwangeren, um es ihr leichter zu machen, die Liebe und die Unterstützung der sie umgebenden Frauen zu spüren.

Nachfolgend das Beispiel einer Zeremonie für eine Schwangere:

Unterstützung für Maria bei ihrer ersten Schwangerschaft

Als Maria schwanger wurde, fürchtete sie sich ein wenig davor, in diesen für unseren Planeten so stürmischen Zeiten ein Kind auf die Welt zu bringen. Sie hatte noch keine richtige Vorstellung davon, welchen Einfluss das Kind auf ihr Leben nehmen würde. Deshalb fühlte sie sich sehr getröstet, als ihre Freunde und Verwandten eine würdigende Zeremonie für sie abhielten.

Helena, die seit vielen Jahren Schamanismus praktiziert, lud Frauen aus Marias Freundeskreis ein, die ihr zur Seite stehen wollten, wenn sie sich darauf vorbereitete, ihr Kind auf der Welt willkommen zu heißen. Alle kamen in dem Bestreben zusammen, herzerwärmende Geschichten über das Kinderkriegen und die Kindererziehung miteinander zu teilen. Sie brachten Geschenke, die von tiefer Bedeutung waren. Sie waren alle von Liebe inspiriert, von guten Wünschen für eine leichte Geburt und von Wertschätzung für das Kind, das auf unsere einzigartige Erde kommen würde.

Einige von Marias Freundinnen brachten Räucherwerk und Massageöl mit. Andere hatten, als die großartigen Handwerkerinnen, die sie waren, Weidenkörbe zu Nestern geflochten, sie mit weichem Moos ausgepolstert und mit farbenfrohen Zuckereiern gefüllt, die den natürlichen Prozess der Geburt symbolisieren sollten.

Sobald Helena die Anrufung abhielt, um die Aufmerksamkeit der Helfergeister auf die Zeremonie zu lenken, nahm diese ein Eigenleben an. Helena begrüßte die helfenden Vorfahren der Familie und betete um ihre Unterstützung für eine anmutige und gesunde Geburt. Maria fühlte sich gehalten und umgeben von einer Fülle von Fürsorge, Liebe und Unterstützung – sie vergoss Tränen des Glücks. Zusammen mit den anwesenden Frauen verarbeitete sie die Vorfreude auf und ihre Ängste vor ihrer nächsten Lebensphase. Die Frauen fanden liebevolle Worte für das Baby, als sie alle gemeinsam ihre Hände auf Marias Bauch legten.

Die dabei gespielte Musik machte deutlich, dass es sich um ein heiliges Ereignis und nicht um eine Party handelte. Die Gruppe feierte mit Marias Lieblingsspeisen und -getränken, aber auch dies geschah auf eine heiligende und würdigende Weise.

Die mitgebrachten Geschenke waren durchdrungen von Gebeten für die Gesundheit und die Freude des erwarteten Kindes.

Nach der Geburt versammelte Helena männliche und weibliche Familienangehörige und Freunde, um in einer weiteren Zeremonie das Baby und seine Eltern zu ehren. Sie sprach darüber, wie man früher glaubte, dass jedes Neugeborene kreative Kräfte in die Gemeinschaft einbringe, die zu einem harmonischen Zusammenleben beitrügen. Sie machte den Anwesenden bewusst, welchen Verlust wir heute in Kauf nehmen, indem wir uns von der Gemeinschaft abwenden, und wie wichtig es ist, in Zeiten der Freude, Veränderung und Not zusammenzukommen und einander zu unterstützen.

Helena erwähnte außerdem, welchen Segen Gesellschaften in der Vergangenheit in der Geburt eines Kindes sahen und wie wichtig es ist, dieses in der Welt von ganzem Herzen willkommen zu heißen.

Obwohl Babys und andere Lebensformen der Natur nicht sprechen, sind sie dennoch psychisch empfänglich für das, was in ihrem Umfeld geschieht. Helena formulierte deshalb die Vorstellung, dass viele Menschen, die sich in der Welt irgendwie fehl am Platze fühlen, diese Abgeschnittenheit vielleicht deshalb so empfinden, weil sie bei ihrer Geburt nicht aufrichtig willkommen geheißen wurden. Dieser Mangel an heiliger Würdigung und Wertschätzung bewirke möglicherweise einen Eindruck von Wertlosigkeit, rufe das Gefühl hervor, das Beste des Lebens nicht zu verdienen, und löse eine Bindungsunfähigkeit aus.

Marias Begrüßungszeremonie für ihre Tochter war so beschaffen, dass sie sich wirklich und wahrhaftig gewürdigt und angenommen fühlen konnte. Sie war verbunden mit der Intention, ihr Baby mit einem starken Fundament für die Beziehung zu anderen Menschen und mit dem Anspruch auf ein gutes Leben auszurüsten.

Helena ergänzte noch eine einfache Zeremonie, in der jeder Anwesende dem Kind die Stärken und Gaben wünschen konnte, die er für besonders wichtig hielt. Jeder bekam außerdem die Gelegenheit, eine Segnung aussprechen, um das neue Leben und die Eltern zu unterstützen.

Maria und ihr Mann Roy waren so gerührt von allen diesen Segenswünschen für Gesundheit, Freude, Liebe und Kraft, dass sie strahlten. Sie spürten die volle Unterstützung der von ihnen geliebten Menschen beim Aufziehen dieses kostbaren Kindes, das die Gemeinschaft durch seine einzigartigen Gaben weiter voranbringen wird.

Als Nächstes folgte das Übergangsritual von Maria und Roy in ihrer neuen Rolle. Indem sie ein Kind in die Welt gebracht hatten, würden sie für immer verändert sein. Für alle, die einen solchen Übergang erleben, ist die Wiederaufnahme in die Gemeinschaft der entscheidende Teil einer Initiation, denn sie sind nun andere und verkörpern neue Weisheit.

Helena beendete die Zeremonie, indem sie allen Anwesenden dankte, ebenso den spirituellen Kräften, die gekommen waren, um dieses heilige Ereignis mitzuerleben. Dann war die Zeit zum Feiern gekommen – es wurden Geschenke verteilt, man aß und trank und führte gute Gespräche.

Zeremonien zur Namensgebung

In schamanischen Kulturen werden Worte als magisch begriffen und tragen die Schwingung unserer Intention in die Welt. Unsere Selbstgespräche haben die gleiche Macht, unser Innenleben zu beeinflussen.

Das schamanische Verständnis von der Macht der Worte trifft für unseren eigenen Namen und den Namen zu, den wir unserem Kind geben. In meinem eigenen Fall haben mich die Ältesten veranlasst, meinen tatsächlichen Namen – Sandra – zu benutzen statt meines Spitznamens Sandy. Denn die Frequenz dieser beiden Namen unterscheidet sich.

In einer Zeremonie zur Namensgebung geht es in der Vorbereitung wieder zentral um die Begrüßung und das Willkommenheißen deiner helfenden Ahnengeister. Sie achten auf das Kind von seiner Geburt bis zu seinem Tod. Während der Zeremonie wird der Name des Kindes gewürdigt. Der Leiter der Zeremonie spricht den Namen vor der Gemeinschaft kraftvoll und laut aus, damit jeder die Kraft der neuen Energie spüren kann.

Die Namensgebung eines Kindes kann gut Bestandteil einer Begrüßungszeremonie sein, wie ich sie eben beschrieben habe, oder aber eine eigenständige Zeremonie.

In schamanischen Kulturen werden auch eigene spirituelle Name vergeben. Bei einem Kind steht dieser für die Gaben und Talente, die es in die Gemeinschaft einbringen wird, wie etwa »Die, die strahlt«, »Der, der fertigt«, »Der, der träumt« oder »Sie, die weiß«.

Spirituelle Namen kommen in vielerlei Formen vor und können jederzeit im Verlauf des Lebens angenommen werden, um einen Übergang oder eine neu eingeschlagene Richtung zu dokumentieren. Manche meiner Schüler nehmen einen spirituellen Namen an wie etwa »Flusskraft«, »Baumfrau« oder »Sonnenschein«, nachdem sie sich für eine bestimmte spirituelle Praxis entschieden haben. Die Zeremonie, in der ein neuer Name angenommen wird, würdigt die neue Energie, die zu einem leitenden Teil deiner neuen Identität werden wird.

In den 1980er-Jahren nahm ich an einer Visionssuche und Schwitzhüttenzeremonie teil, die von einem indianischen Ältesten geleitet wurde. Im Verlauf des Beisammenseins hatte ich über meine Liebe zu Bäumen gesprochen. Bei Sonnenaufgang fielen Sonnenstrahlen durch die offene Tür der Schwitzhütte direkt auf meine Brust. Der Älteste sah, dass mich die Sonne segnete, stand auf und gab mir den Namen »kleine Schwester«, um meine tiefe Beziehung zu den Bäumen zum Ausdruck zu bringen und um meine stark empfundene Verbundenheit mit ihnen als Teil meiner Familie zu ehren.

Am einfachsten vollzieht man eine solche Zeremonie, indem man andere dazu veranlasst, den neuen Namen zu würdigen, den man sich selbst gegeben hat. Denkbar ist auch eine Zeremonie der Namensgebung, bei der du Zeit für dich allein in der Natur verbringst. Bereite dich vor, und rufe die Helfergeister. Vielleicht beginnst du, indem du trommelst oder rasselst. Bring deine Intention laut zum Ausdruck, damit alle Naturwesen und die Geister der verborgenen Welten dich sagen hören: »Mein Name lautet ab sofort ›Die, die Frieden bringt‹.« Nachdem du deinen Namen laut ausgesprochen hast, denkst du schweigend über die neue Energie nach, die du nun mit der Welt, deiner Gemeinschaft und allem Leben teilst. Steh voller Selbstvertrauen zu deinem neuen Namen und den Gaben, die du nun in das Netz des Lebens einbringst.

Hinterlasse Opfergaben an das Land und sage dann laut: »Für heute ist meine Arbeit abgeschlossen.« Du befindest dich nun in einer neuen Lebensphase, in der du dich verpflichtet hast, ein Mensch zu sein, der wichtige Eigenschaften spiegelt, die für die Gesundheit aller im

Netz des Lebens erforderlich sind. (Wie immer gilt, dass du die hier vorgestellte Zeremonie deinen Bedürfnissen anpassen solltest.)

Übergangsriten

In schamanischen Kulturen gehört es zum Gemeinschaftsleben dazu, für ein Kind, das erst zum Jugendlichen und dann zum Erwachsenen geworden ist, entsprechende Übergangszeremonien abzuhalten. Wir bestätigen solche Übergänge durch Feste, Debütantenbälle, Jugendweihe oder Konfirmation, die anzeigen, dass aus einem Jungen ein Mann und aus einem Mädchen eine Frau geworden ist. In den verschiedenen religiösen und spirituellen Kulturen gibt es die unterschiedlichsten Namen für das Feiern solcher Übergänge.

Es ist wichtig, den Wechsel ins Erwachsenenalter durch heilige Zeremonien zu würdigen, denn so fällt jungen Menschen der Weg vom Kind zum Jugendlichen und vom Jugendlichen zum Erwachsenen leichter, und sie finden sich mit weniger Mühe in ihren jeweiligen Rollen zurecht.

In schamanischen Kulturen haben die Ältesten die Aufsicht über die Übergangsriten. Für gewöhnlich beinhaltet der Übergang eine Phase, in der das Kind oder eine Gruppe von Kindern von der Gemeinschaft abgesondert und von den Ältesten darüber aufgeklärt wird, wie wichtig der Schritt zum verantwortungsbewussten Erwachsenen ist, der mit zum Wohlergehen der Gemeinschaft beiträgt. Die Ältesten bereiten die Kinder auf ihre Initiation vor.

Oft müssen die Kinder dabei eine physische Prüfung bestehen. Sie unterwerfen sich einer Visionssuche, fasten und beten um eine Vision, die sie auf ihre Initiation vorbereitet. In manchen Kulturen waren oder sind die Tests recht heftig oder sogar gefährlich. Initianten müssen durch das Feuer gehen, werden in der Erde begraben oder sitzen tagelang in abgedunkelten Höhlen. Solche Prüfungen sorgen dafür, dass die Initianten der Kraft ihres Geistes mehr zu vertrauen lernen als ihrem Willen, um lebensverändernde Ereignisse zu überstehen. Sobald das Kind Bekanntschaft mit der Kraft seines eigenen spirituellen Wesens gemacht hat, wurde es für reif gehalten, um in die Rolle des Erwachsenen zu schlüpfen.

Ohne die althergebrachten Überganszeremonien suchen Jugendliche gern Anschluss an Jugendgangs oder bringen ihr Leben in Gefahr. Sie tun dies, weil sie sich wie Erwachsene fühlen und zu einer Gemeinschaft gehören wollen, die versteht, was sie erleben.

Auch das große Mobbingproblem in den Schulen zeigt, wie notwendig solche Übergangszeremonien sind, in denen jedes Kind gewürdigt wird und deshalb seinen Platz in der Gemeinschaft kennt. Ohne eine Zeremonie, die sie ins Jugendalter hinübergeleitet, fühlen sich manche Kinder verloren, unbehaglich und wissen nicht, wohin sie gehören. Möglicherweise wenden sie sich Drogen oder Alkohol zu. Im schlimmsten Fall werden sie selbstmordgefährdet oder gewalttätig gegenüber anderen, weil ihnen der Blick auf die Kostbarkeit des Lebens verstellt ist. Solche Zustände wirken sich auf das Kind, seine Familie und allgemein auf die Gesellschaft aus. Die Zahl von Teenagern, die sich das Leben nehmen, ist beunruhigend hoch. Es ist an der Zeit, unseren jungen

Menschen wieder beizubringen, dass es die Kraft ihres Geistes ist, die sie durch die Herausforderungen des Lebens trägt, statt sie nur darin zu schulen, wie man etwas mit Gewalt erzwingen kann. Es ist an der Zeit, dass unsere Kinder etwas über ihre authentische Identität erfahren.

Heutzutage gibt es wieder einige angesehene Organisationen, die Visionssuchen für junge Erwachsene anbieten. Bei einer Visionssuche sitzen die Teilnehmer in der Natur, fasten und beten um eine Vision. Andere Organisationen haben verantwortungsbewusste und für die heutige Zeit angemessene Überlebenserfahrungen entwickelt. Sobald die Jugendlichen allein in der Natur sind, selbst für sich einen Unterstand bauen und Wasser und Nahrung finden müssen, verändert sich etwas in ihnen. Sie entwickeln das Zutrauen, das ein gesunder Erwachsener zu seiner inneren Stärke hat. Dieser Prozess hat sich bei Teens, die in eine Schieflage geraten sind, als sehr erfolgreich erwiesen.

Es ist notwendig, traditionelle Zeremonien so anzupassen, dass sie in unsere Zeit und zu unserer Kultur passen. Kinder und Jugendliche müssen bei allen Initiationen an Leib und Leben in Sicherheit sein. Wenn die Transformation des Jugendlichen zum Erwachsenen in einer Initiation gewürdigt wird, dann erfährt sein Selbstwertgefühl eine große Steigerung. In der Initiation wird es dem jungen Menschen ermöglicht, seine spirituelle Stärke zu finden, die Kraft, die ihn durch die Schwierigkeiten und Turbulenzen trägt, die zum Leben nun einmal dazugehören.

Visionssuchen und Überlebenserfahrungen sind jenseits der Möglichkeiten dieses Buches, aber natürlich ist es möglich, eine angemessene Übergangszeremonie zu entwickeln. Eine lange Rucksacktour zu arrangieren könnte genau das sein, was deinem Kind hilft, um zu reifen. Andere Abenteuer in der Natur wie etwa Bergsteigen oder Wildwasserrafting könnten ebenfalls ein neues Verständnis für das Leben als Erwachsener bewirken und den Wunsch, Verantwortung zu übernehmen. In Betracht käme auch eine Pilgerreise oder eine selbstständige Reise ins Ausland, um einem Teenager den Übergang ins Erwachsenenalter zu erleichtern.

Ihnen in diesem Alter vermehrt Geschichten über ihre Vorfahren zu erzählen hilft ihnen ebenfalls, sich zugehörig zu fühlen und als Teil einer Abstammungslinie zu begreifen.

Rose' Initiation

Jacqueline wollte für ihre Tochter Rose eine Übergangszeremonie gestalten. An Rose' 13. Geburtstag lud Jacqueline Freunde, Familien- und Gemeindemitglieder ein, damit sie miterleben konnten, wie Rose in die nächste Phase ihres Lebens geleitet würde.

Jacqueline errichtete in ihrem Garten einen großen Laubenbogen aus langen Zweigen, den sie zu Ehren des Namens ihrer Tochter mit duftenden Rosen schmückte. Angehörige ihrer Gemeinschaft halfen Jacqueline, die Materialien für den Laubenbogen zu sammeln. Sie brachten außerdem Speisen und Getränke für die anschließende Feier mit.

Als der Tag für die Initiation herankam, war Jacqueline recht nervös. Sie absolvierte ihre Vorbereitungen, legte sich auf ihre Intention fest und hieß ihre Ahnengeister bei der Zeremonie willkommen. Sie hatte sich eine Anrufung aufgeschrieben, weil sie fürchtete, in der Aufregung nicht die richtigen Sätze zu finden. Doch nachdem alle ihre Plätze eingenommen hatten und Rose in einem besonders schönen Kleid in den Kreis getreten war, stellte Jacqueline rasch fest, dass die passenden Worte ganz von allein zu ihr kamen.

Nach der Anrufung erzählten die anwesenden Frauen Rose von ihrem Leben und wie sie die Pubertät erlebt hatten. Sie berichteten von der Verunsicherung durch die Veränderungen ihrer Körper und erzählten lustige Geschichten von ihren ersten Begegnungen mit Jungen. Sie sprachen über das, was sie im Alter von 13 gern schon gewusst hätten.

Rose saß in der Mitte des Kreises und saugte all die Liebe und die Geschichten mit einem Lächeln in ihrem Gesicht auf. Der Raum war erfüllt von Freude und Lachen.

Sobald die Geschichten erzählt waren, trat Jacqueline zu Rose und küsste sie auf die Wange. Sie erzählte Rose, welche Freude es für sie gewesen war, sie aufzuziehen. Jetzt freue sie sich darauf, Rose als Frau neu willkommen zu heißen, sie dabei zu begleiten, wenn sie sich zum ersten Mal verlieben, ihre ersten Verabredungen treffen, sich für einen Beruf entscheiden, ihre eigene Hochzeit feiern und Kinder haben würde – natürlich nur dann, wenn Rose selbst auch tatsächlich heiraten und Kinder haben wollte.

Rose wurde durch den Laubenbogen geführt, den Jacqueline mit großer Sorgfalt und Liebe errichtet hatte. Alle versammelten Frauen standen vor dem Laubenbogen.

Jacqueline küsste ihre Tochter ein zweites Mal auf die Wange und verkündete laut: »Jetzt gehst du los und verwandelst dich von einem Kind in eine wunderschöne Frau.« Rose schritt durch den Bogen, der den Übergang von einer Lebensphase in die nächste symbolisierte. Während sie ging, riefen ihr die Frauen Worte der Kraft und Ermutigung zu. Als Rose auf der anderen Seite des Laubenbogens herauskam, hießen die Frauen sie als Gleichberechtigte willkommen. Rose strahlte.

Jacqueline dankte den Helfergeistern dafür, dass sie bei dieser wirkungsvollen Initiation zu Ehren ihrer Tochter anwesend gewesen waren. Sie verkündete das Ende der Zeremonie und lud alle zum Feiern ein.

Rose war sichtlich gerührt. Sie fühlte sich anders. Sie begriff, dass sie sich nun in einer anderen Lebensphase befand. Außerdem war ihr bewusst, dass sie Zeit brauchen würde, um das Vorgefallene zu verarbeiten. Sie war dankbar für die Zeremonie, weil sie spürte, dass sie ihr beim Übergang von der Kindheit ins Erwachsenenalter half.

Jasons Initiation

Jason hatte Schwierigkeiten in der Schule. Sein Übergang in die Pubertät lief alles andere als problemlos. Er konnte sich nicht auf die Schule konzentrieren und fühlte sich in sozialen Situationen unbehaglich. Seine Eltern machten sich Sorgen, weil er kein Zugehörigkeitsgefühl zu seinen Klassenkameraden entwickelte und sich innerlich zurückzog.

Jasons Vater Steve konnte erkennen, wie wichtig eine angemessene Übergangszeremonie für seinen Sohn war. Er war davon überzeugt, dass sie Jason helfen würde, aus sich herauszugehen. Jason erklärte sich zu einer fünftägigen Rucksacktour mit seinem Vater bereit. Steve übertrug ihm die Verantwortung für das Aufschlagen des Lagers und die Zubereitung der Mahlzeiten. Steve würde bei Jason sitzen, während dieser seine Pflichten erledigte.

Vater und Sohn verlangten ihren Körpern mehr ab, als sie es sich bisher im Alltag zugetraut hatten, und entdeckten ihre inneren Kraftreserven. Sie waren in der Wildnis unterwegs und hatten auf elektronische Geräte und alles verzichtet, was sie in ihrem Alltag festgehalten hätte.

Abends am Lagerfeuer führten sie lange tiefgehende Gespräche. Dabei erzählte Steve davon, wie ungelenk er sich in der Pubertät gefühlt hatte und dass sein Vater und Großvater ihm mit ihrem Verständnis und ihren Geschichten geholfen hatten, diese Herausforderung zu meistern. Er sprach offen und ohne Zurückhaltung darüber, wie es sich für ihn angefühlt hatte, seine schwierige Kindheit hinter sich zu lassen und schließlich ein erfolgreicher Geschäftsmann, liebevoller Ehemann und Vater und ein engagiertes Mitglied der Gemeinschaft zu werden.

Diese Aufrichtigkeit ermöglichte es Jason, sich ebenfalls zu öffnen und seinem Vater wie von einem Mann zum anderen von seinen Herausforderungen zu berichten. Und am Ende zeigte der Vater dem Sohn, wie man sich rasiert.

Steve beendete die Zeremonie, indem er Jason mit der Asche ihres Lagerfeuers, an dem sie die ganze Nacht gesessen hatten, salbte. Es war ein symbolischer Akt, der anzeigte, dass Jason nun in eine neue Lebensphase eingetreten war.

Auch wenn es in ihrer Initiation kein Trommeln und Rasseln gegeben hatte, handelte es sich dennoch um eine klassische Zeremonie für einen Jungen. Wenn man wollte, könnte man das Trommeln in der Natur als Begrüßung des zum Mann gewordenen Jungen leicht in diese Zeremonie einbauen.

Für Jason war nach der Zeremonie tatsächlich alles anders. Er hatte erfahren, dass er über mehr Überlebensfertigkeiten verfügte, als er erwartet hatte, und das stärkte sein Selbstvertrauen. Jason merkte, dass er mehr Verantwortung übernehmen konnte, dass er es wert war, Freunde zu haben und von seinen Schulkameraden akzeptiert zu werden – schon auf dem langen Rückweg durch die Wildnis hatte er eine Veränderung seines Auftretens und seiner Haltung erlebt.

Nicht zu vergessen ist, dass die Wiederaufnahme in die Gemeinschaft als Erwachsene ein äußerst wichtiger Aspekt der Initiation ist. Deshalb wurde Jason bei seiner Rückkehr von Freunden und Angehörigen empfangen, die sich zu seiner Begrüßung im Garten in einem Halbkreis aufgebaut hatten. Jeder hieß Jason mit ein paar inspirierenden Worten willkommen. Die Zeremonie endete damit, dass Steve sich auf der Gitarre zu einem Lied begleitete, das er ausgewählt hatte, um Jason damit in den Kreis der Erwachsenen aufzunehmen. Danach schloss sich eine Feier mit einem vorzüglichen Essen an.

Weitere Initiationen

Zeremonien eignen sich nicht nur, um die mit der Pubertät einhergehenden Veränderungen zu würdigen. Lass deine Fantasie spielen, und denk dir Zeremonien aus, um die bestandene Führerscheinprüfung, den Schulabschluss, eine absolvierte Ausbildung, den Einstieg in den ersten Job und so weiter zu feiern. Es gibt Übergangszeremonien für den Wechsel vom Mädchen zur Frau, von der Frau zur Mutter, von der Mutter zur weisen Ältesten. Auch in der Mitte des Lebens durchlaufen wir einen wichtigen Übergang.

Ein weiterer Zeitpunkt tiefer innerer Veränderungen ist der Verlust unserer Eltern. Manchmal fühlen wir uns dann als »Waisen« und haben erst danach das Gefühl, so richtig erwachsen geworden zu sein. Wenn wir in das letzte Lebensdrittel eintreten, dann durchlaufen wir eine Initiation in eine Zeit, in der wir uns zunehmend von materiellen Gütern trennen und uns zurückziehen, um uns mehr mit unserem Innenleben zu beschäftigen. Dein eigener Einfallsreichtum in Verbindung mit den im ersten Teil dieses Buches vorgestellten Zeremonien gibt dir die Mittel an die Hand, um wertvolle Zeremonien für die Würdigung dieser Übergänge zu schaffen.

Heilige Hochzeit

Unsere Kultur setzt Paare stark unter Druck. Das Maß ihrer Liebe soll in der Opulenz einer perfekten Hochzeit zum Ausdruck kommen. Eine große Hochzeit kann ein Paar oder dessen Familien mit der finanziellen Belastung überfordern. Es muss entschieden werden, wer eingeladen, welches Menü gereicht und welche Kleidung getragen werden soll – und die Liste der schwierigen Entscheidungen ließe sich noch beliebig verlängern. Nicht nur deshalb entscheiden sich heute viele für eine einfachere Hochzeitsfeier, die sich stattdessen mehr auf den eigentlichen Sinn der Zeremonie konzentriert.

Mein Mann Woods und ich lebten jahrelang zusammen, bevor wir uns zur Hochzeit entschlossen. Wir wollten unsere eigene schamanische Zeremonie veranstalten und alles Rechtliche außen vor lassen. Wir waren der Meinung, dass unsere Verbindung mit der Macht des Geistes als unserem Zeugen mehr bedeutet als alle bindenden Verträge.

Wir leben ländlich und gingen hinaus auf unser Land. Es war ein kalter, verschneiter Wintertag. In dicken Winterstiefeln wanderten wir hinunter zu einer artesischen

Quelle, die von Schnee bedeckt war. Der weiße Schnee auf den grünen Kiefern, Wacholdern und Ponderosakiefern schuf eine magische Atmosphäre. Hinzu kam die absolute Stille der verschneiten Landschaft.

Ich schüttelte die Rassel, um den Geist des Landes zu rufen, zu begrüßen und willkommen zu heißen und mit ihm die helfenden Ahnen, den Geist von Santa Fe, unsere Helfergeister und unsere Vorfahren. Ich sprach laut meine Anrufung an die Elemente Erde, Luft Wasser und Feuer (in Form der Sonne) und an alle Wesen der Natur, um sie als Zeugen unserer Bindungszeremonie einzuladen. Woods und ich wechselten uns dabei ab, uns unserer Liebe zu versichern, und dann tauschten wir Ringe. Wir legten jeder eine rote Rose auf die schneebedeckte Quelle. Wir dankten den Geistern und beendeten unsere Zeremonie. Es war für uns beide eine wertvolle Erfahrung, und wir fühlten uns von ganzem Herzen miteinander verbunden.

Wir machten Fotos voneinander und von den Bäumen, die unsere Trauzeugen bei diesem heiligen Ereignis gewesen waren. Auf den Fotos waren durchscheinend blaue Halbkreise in den Wacholderbüschen zu sehen. Wir nahmen es als Zeichen dafür, dass wir wahrhaft gesegnet waren und unterstützt wurden.

Etliche Jahre später hatten wir uns entschieden, nun doch auch gesetzlich zu heiraten. Ich bat eine Freundin, die sich dem Schamanismus zugehörig fühlte, unsere Priesterin zu sein. Wir luden eine kleine Gruppe sehr enger Freunde ein, um an unserer Initiation in den gesetzlichen Ehestand teilzunehmen. Wieder wählten wir den Winter als die Jahreszeit für unsere Zeremonie. Und wieder schneite es, also baten wir unsere Gäste, sich entsprechend für Kälte und Schnee anzuziehen.

Katherine, unsere Priesterin, fand wunderbare Worte, um die Geister herbeizurufen. Wir standen in einem Kreis auf unserer verschneiten Terrasse, genossen die Schönheit des gleißenden Sonnenlichts, das den Schnee zum Glitzern brachte. Katherine forderte jeden Teilnehmer auf, eine lustige oder berührende Geschichte über Woods und mich zu erzählen. Wir hatten viel zu lachen. Unsere Freunde öffneten ihre Herzen und erzählten Geschichten, die ihre Liebe und ihre Unterstützung zum Ausdruck brachten.

Nachdem jeder an der Reihe gewesen war, wendeten Woods und ich uns aneinander, bestätigten einander unsere herzliche Liebe und sagten einander, was unsere Beziehung für uns bedeutete. Dann tauschten wir noch einmal dieselben Ringe, und Katherine erklärte uns zu Mann und Frau. Nachdem Katherine die Zeremonie abgeschlossen hatte, teilten wir miteinander Speisen und Getränke.

Es war eine wunderbare, zu Herzen gehende und innige Zeremonie. Alle verabschiedeten sich mit dem Gefühl, an einer kostbaren spirituellen Erfahrung beteiligt gewesen zu sein.

Ich berichte dir von meiner persönlichen Erfahrung, damit du dir eine Vorstellung davon machen kannst, wie du eine Hochzeitszeremonie gestalten kannst, wenn du nicht wie üblich eine Riesenveranstaltung mit hundert und mehr Gästen daraus machen möchtest.

Es gibt Paare und Familien, die sich eine große Feier wünschen, bei der möglichst viele ihre Liebe und Hingabe aneinander bezeugen. Auch eine große Hochzeit kann natürlich eine heilige Zeremonie sein, bei der du die mitfühlenden Helfergeister grüßen und alle Anwesenden auf die Heiligung der Verbindung einstimmen kannst. Mach dir bewusst, dass deine Hochzeit mehr ist als eine fröhliche Party – es ist ein heiliges Ereignis mit tiefer Bedeutung. Ob eine Zeremonie genutzt wird, um eine gegengeschlechtliche oder eine gleichgeschlechtliche heilige Verbindung zu würdigen, ist bei einer schamanischen Hochzeitszeremonie ohne Belang.

Bei einer Hochzeit werden Liebe und Hingabe geehrt. Es ist wunderschön, wenn ein Paar im Kreis seiner liebsten Menschen, seiner Helfergeister und des Göttlichen dasteht und alle Anwesenden die Intention der Zeremonie bezeugen und unterstützen.

Hierzu einen Priester mit schamanischer Weltsicht einzuladen kann eine kraftvolle Art und Weise sein, um eine spirituelle Anrufung einfließen zu lassen, die das Göttliche veranlasst, das Eheversprechen zu bezeugen. Bitte deine Gäste während Anrufung und Zeremonie um Würdigung und Respekt. Bitte sie, dem Paar gute Wünsche für Gesundheit und fortgesetzte Liebe in guten wie in schlechten Zeiten mit auf den Weg zu geben. Solche Inhalte erst machen eine Hochzeitszeremonie zu einer wertvollen spirituellen Veranstaltung.

Fordere Freunde und Verwandte auf, auf eine wertschätzende Weise kurze lustige Geschichten über das Paar zu erzählen. Der ganze Reichtum an Gästen kann sich durch Segnung, Liebe und Lachen einbringen.

Stell eine Schale mit Kristallherzen auf einen Tisch, und bitte die Gäste, ihre guten Wünsche für das Paar in die Kristalle zu blasen. Die Schale kann später in der Wohnung des Paares stehen und die förderlichen Wünsche für das Gute des Lebens ausstrahlen. Statt Kristallen kannst du natürliche auch einfache Flusskiesel oder Rosenblütenblätter in einer Schale sammeln. Bitte alle, eine aus einem Wort bestehende Segnung zu rufen, während alle gemeinsam ihr Glas erheben, um auf die Liebe des Paares zu trinken. Solche einfachen, aber heiligen Ergänzungen sorgen dafür, dass die üblichen Trinksprüche zu Ehren des Paares einen tieferen Sinn erhalten.

Bei einer Hochzeit im Freien, etwa in einem Park oder an einem Strand, kannst du für die Zeremonie einen Laubenbogen aufstellen. Er kann einfachster Art sein, aber vielleicht geschmückt mit Kerzen, Ranken, Blüten oder anderer Dekoration. Führe eine Anrufung durch, und lade dann das Paar ein, durch den Laubenbogen hindurch von einem Platz des Getrenntseins zu einem Ort des Verbundenseins zu gehen. Ein solches kraftvolles zeremonielles Element passt in jede Hochzeit, egal ob sie groß oder klein angelegt ist.

Entscheidend ist es, spirituelle Aussagen, Anrufungen und Handlungen zu Ehren und zum Segen des Paars einzufügen. Jede Hochzeitszeremonie lässt sich leicht von einer Party in eine spirituelle Feier verwandeln.

Falls du der Meinung bist, dass es eurer ursprünglichen Hochzeit an kraftvoller heiliger Energie mangelte: Es ist nie zu spät, um gemeinsam mit deinem Lebenspartner in einer Zeremonie eine »erneuerte Verbindung« zu feiern. Denkbar ist eine solche »zweite« Hochzeit sogar an einem Jahrestag der ursprünglichen Hochzeit. Diese Feier kann eine Ehe neu beleben und die Tiefe der gegenseitigen Hingabe und der Liebe stärken.

Ehrenvolle Abschlüsse

Wir alle durchlaufen Wandlungen, in denen es um das Ende einer Liebesbeziehung, den Wechsel eines Arbeitsplatzes, einen Umzug oder die Verabschiedung eines geliebten Menschen geht.

Anfang der 1980er-Jahre beschäftigte ich mich, unterstützt von Angeles Arrien, mit dem Tarot. Angeles Arrien war eine einzigartige interkulturelle Anthropologin. Ich quälte mich gerade mit einer Beziehung herum, die sich für mich nicht mehr richtig anfühlte. Das Ende dieser Beziehung entsprach nicht seinem Wunsch, und es fiel mir schwer, die Verbindung zu meinem Partner zu lösen.

Ich sprach darüber mit Angeles, und sie brachte mir bei, wie wichtig in einer solchen Situation eine Zeremonie des ehrenvollen Abschlusses ist. In dieser Zeremonie sagen beide, was sie einander sagen müssen, und danach ist die Tür für zukünftige Gespräche geschlossen, sodass beide ihren jeweiligen Weg, nun aber voneinander getrennt, fortsetzen können. Falls ein Gespräch oder eine Begegnung mit dem anderen nicht möglich sein sollte, dann wird aus der Zeremonie ein Selbstgespräch. Die Zeremonie löst die fesselnden energetischen Bindungen der Beziehung auf.

Über ehrenvolle Abschlüsse habe ich im Laufe der Jahre viel gelernt. Manchmal ist eine Zeremonie erforderlich, um die Tür für zukünftige Gespräche zu verschließen. Doch Menschen, die sich trennen, können gute Freunde werden, wenn sie die ungesunden energetischen Fesseln abstreifen, die sie aneinanderbinden. Eine Zeremonie kann ihnen auch helfen, ihre Liebesbeziehung auf würdevolle Weise in eine Freundschaft zu überführen.

Die meisten von uns tragen in sich Verletzungen aus der Kindheit. Diese Verletzungen sind wie Samenkörner, die in unserem inneren Garten ausgesät wurden und wachsen, wenn wir älter werden. Wenn wir uns dieser Verletzungen nicht bewusst sind, dann ziehen wir möglicherweise Menschen an, die uns eine Eigenschaft oder Verletzung spiegeln, die wir erst noch heilen müssen. Indem wir uns entscheiden, durch eine spirituelle Praxis und entsprechende Zeremonien an uns zu arbeiten, können wir uns entwickeln und Heilung bewirken. Wir versetzen uns in die Lage, Bindungen zu Menschen, die unsere Verletzungen spiegeln, aufzulösen und stattdessen Menschen anzuziehen, die einen Zustand emotionaler Gesundheit in unser Leben tragen. Bestandteil dieses Prozesses kann es sein, energetische Verbindungen zu Personen zu lösen, von denen wir uns entfernt haben. Oder aber ihr arbeitet beide daran, eine neue, starke und gesunde Beziehung zu erschaffen, in der ihr einander eure Stärken und eure Selbstliebe spiegelt.

In einer ungesunden Beziehung auszuharren ist so, als verankere man sich in der Vergangenheit. Derartige Beziehungen hindern dich daran, vorwärtszukommen, neue Situationen und Beziehungen anzuziehen, die zu dem Menschen passen, zu dem du dich entwickelt hast. In schamanischen Kulturen wird hier eine Notwendigkeit gesehen, die Nabelschnur zu durchtrennen, die Ketten abzustreifen oder die Bänder zu lösen, denn sie hindern dich daran, in eine neue Lebensphase einzutreten.

Es tut uns nicht gut, wenn wir unsere Vergangenheit weiterhin am Hals haben. Die Energie der Vergangenheit kann uns körperlich und emotional so belasten, dass es uns tatsächlich nicht mehr gelingt, eine gesunde Gegenwart und Zukunft zu schaffen. Sosehr wir uns auch gesunde und wertvolle Beziehungen wünschen, nicht selten finden wir uns schließlich in der immer gleichen Situation wieder. Die Gesichter mögen andere sein, aber die Geschichten bleiben die gleichen.

Es kommt eine Zeit in unserer Entwicklung, in der wir uns aus Bindungen lösen müssen, die uns an die Vergangenheit fesseln, ob das nun bedeutet, einen Arbeitsplatz, einen Wohnort oder eine Beziehung aufzugeben. Wir müssen das Alte hinter uns zurücklassen, dürfen aber die guten Erinnerungen daran und die gelernten Lektionen mitnehmen. Jeder Mensch sehnt sich nach der Freiheit, förderliche Beziehungen und Lebensumstände zu schaffen, die neue Gelegenheiten zu Wachstum und Entwicklung mit sich bringen. Doch solange wir uns an die Vergangenheit klammern, kann dies nicht gelingen. Deshalb sind Zeremonien, die uns die Gelegenheit eines ehrenvollen Abschlusses geben, so wirkungsvolle Heilwerkzeuge.

Ungesunde Beziehungen abschließen und transformieren

Im Folgenden erhältst du Anweisungen für eine Abschlusszeremonie, mit der du das Ende einer Liebesbeziehung, einer Freundschaft oder auch eines Arbeitsverhältnisses ehrenvoll besiegeln kannst.

Begib dich an einen Platz in der Natur, und verarbeite dort zunächst die Gefühle, die deine Beziehung in dir auslöst. Bereite dich dann auf deine Zeremonie vor, und begrüße die mitfühlenden Helfergeister oder spirituellen Kräfte, die du einbeziehen möchtest. Sprich laut aus oder sage still in dir, dass du dankbar bist für alle die Lektionen, die du in deiner Beziehung lernen durftest, und dass es jetzt jedoch für dich an der Zeit ist, deinen Weg allein fortzusetzen.

Gestatte es allen Emotionen, die zum Vorschein kommen, zu fließen, damit du nicht blind in Wut oder Schmerz tappst. Wenn du deine Wut, deinen Schmerz oder die aus der Beziehung resultierenden Traumata bewusst verarbeitest, dann gelangst du an einen Ort der Ermächtigung und wirst deine Zeremonie mit größerem Erfolg abhalten.

Lass dich von ein oder zwei Freuenden unterstützen oder erlebe die Kraft, die darin liegt, die Zeremonie allein abzuhalten. Entscheide, was du persönlich brauchst. Der eine fühlt sich unwohl, wenn er Gefühle im Beisein anderer verarbeitet, andere fühlen sich unterstützt. Wir alle haben unsere individuellen Bedürfnisse, und es ist wichtig, das zu würdigen, was sich für dich richtig anfühlt.

Sobald du Klarheit darüber gewonnen hast, dass du die Verbindung, die dich einengt, lösen möchtest, sammle dein Material und entwirf für dich eine entsprechende Zeremonie. Entscheide selbst, was du von den nachfolgenden Vorschlägen übernehmen und was du deinen Bedürfnissen anpassen möchtest.

Geh über das Land und finde einen Stock, den du in deiner Zeremonie verwenden kannst. Sorge dafür, dass sie einfach ist. Trommel, rassele, tanze und singe, und konzentriere dich dabei auf deine Intention, alle Bindungen zu deiner ungesunden Beziehung zu lösen. Wenn du spürst, dass du durch deine Vorbereitungen auf deiner Seelenebene angelangt bist und dass dir die Helfergeister und das Göttliche, mit denen du gewöhnlich zusammenarbeitest, zur Seite stehen, dann ist der Zeitpunkt gekommen, den Stock zu zerbrechen. Dieses Zerbrechen steht für den ehrenvollen Abschluss der Beziehung. Beende die Zeremonie, indem du eine Gabe für das Land zurücklässt und den Helfergeistern für ihre Anwesenheit dankst.

Diese Handlung kann auch als spontane Zeremonie auf einem Spaziergang in der Natur erfolgen, wenn du dich dabei angeregt fühlst, eine ungesunde energetische Verbindung aufzulösen.

Falls Freunde bei dir sind, dann danke ihnen für ihre Unterstützung. Nimm dir Zeit, um darüber zu reflektieren, wie du dich jetzt fühlst. Du wirst möglicherweise später Aspekte finden, die du noch verarbeiten musst, doch du solltest jetzt bereits eine gewisse Erleichterung verspüren, so als wäre dir eine Last von den Schultern genommen.

Die Beerdigung von Jeremiahs Ehering

Jeremiah wollte sich von seiner Frau scheiden lassen, weil er sich von ihr auf seinem spirituellen Weg nicht unterstützt fühlte und weil sie kein Zutrauen zu ihm aufbringen konnte. Ihre Ehe hatte sich in einen ungesunden Bereich hineinentwickelt, in dem es keine Liebe gab. Die Verbindung war ihnen beiden zur Pflicht und zur Gewohnheit geworden. Seine Frau wollte die Beziehung allerdings aufrechterhalten, obwohl sie nicht glücklich darin war. Sie fühlte sich jedoch sicher und wollte nicht allein leben.

Jeremiah kam zu mir als Klient, um seine Gefühle zu verarbeiten, und war bereit zu einem ehrenvollen Abschluss. Ich sprach mit ihm über die Macht der Zeremonie bei der Beendigung einer ungesunden Beziehung und gab ihm ein paar einfache Beispiele dafür, wie seine Zeremonie aussehen könnte.

Jeremiah wählte aus, was sich für ihn richtig anfühlte. Er bat mich, anwesend zu sein und für ihn zu trommeln.

Dann beerdigte er seinen Ehering in der Erde und sprach dabei mit fester Stimme über das Ende seiner Ehe. Er bat darum, von der Energie der Bindung an seine Frau befreit zu werden, jetzt und für den Rest seines Lebens.

Ich stand mit meiner Trommel hinter ihm und gab ihm den Raum, den er brauchte, um sich frei zu bewegen und eigenverantwortlich zu handeln, aber zugleich auch Halt und Unterstützung.

Als er fertig war, fühlte sich Jeremiah erleichtert. Er hatte es sich schon lange gewünscht, sich von seiner Frau zu befreien. Er schüttelte die Erde von seinen Händen und zog ein paar heilige Kräuter aus der Tasche, um sie als Gabe zurückzulassen.

Nachdem er sie abgelegt hatte, entfernte er sich von dem Begräbnisplatz unter einer majestätischen alten Pappel, die ihm auch als Zeuge seiner Heilungszeremonie gedient hatte. Ich dankte den Helfergeistern, die wir herbeigerufen hatten, und lief Jeremiah hinterher, der in großen Schritten davoneilte. Für ihn gehörte es zu seinem ehrenvollen Abschluss, dass er sich nach der Zeremonie nicht noch einmal umblickte.

Judys Zeremonie für eine freundliche Scheidung

In Judys Fall war es anders, sie war sich nämlich sicher, dass ihre Scheidung voller Konflikte sein würde. Auf der spirituellen Ebene konnte sie zwar einen Stock zerbrechen, einen Ring begraben oder die Energie ihrer Ehe in einen Stein blasen und ihn dann in einen Fluss oder in das Meer werfen, an dem sie lebte. Aber ihr war auch klar, dass ihr vor Gericht eine komplizierte Schlacht bevorstand, bei der es unter anderem um das Sorgerecht für ihre Kinder ging.

Judy brauchte eine Zeremonie, in der sie das Universum um Unterstützung und um eine freundliche Erfahrung vor Gericht bitten konnte. Sie wünschte, alle Betroffenen könnten aus ihren bitteren Gefühlen herausfinden und Entscheidungen zum Besten der beiden Partner und der Kinder treffen.

Ich besprach mich mit Judy, um ihr bei der Planung ihrer Zeremonie zu helfen. Judy wollte mit Feuer arbeiten, um ihre Emotionen zu transformieren und ihre Gebete hinauf zu den kreativen Kräften des Universums steigen zu lassen. Sie lud Freunde ein, um sich von ihnen beim Errichten eines kleinen Feuers am Strand in einer entlegenen Bucht helfen zu lassen. Sie entschieden, dass die Zeremonie in einer Nacht bei Vollmond stattfinden sollte. Der Gruppe gefiel die Vorstellung, im Mondlicht zu trommeln, zu rasseln, zu tanzen und zu singen.

Judy bereitete sich auf die Zeremonie vor, indem sie zwei Effigies herstellte. Die erste war durchdrungen von den Emotionen, die sie ins Feuer entlassen wollte. Die zweite symbolisierte die guten Entscheidungen des Scheidungsrichters, die für alle, insbesondere für die Kinder, das Beste wären. Judy fürchtete sich vor bitteren und hässlichen Szenen vor Gericht.

Es hatte einmal Liebe in der Ehe gegeben, und sie wünschte sich ein Ende, das alles, was ihr Ehemann und sie gemeinsam aufgebaut hatten, würdigte und respektierte.

Diese zweite Effigie stellte Judy mit besonderer Sorgfalt her. Sie ging mit Dankopfern durch den Park, um Objekte zu finden, die sie in der Natur verbrennen durfte. Immer, wenn sie eine Blume, einen Zweig oder Ast fand, bat sie um Erlaubnis, bevor sie den Gegenstand nahm. Mit Garn band sie die Objekte zu einem Bündel zusammen. Als die Effigie fertig war, sah sie aus wie ein kleines Zuhause, die für ihr altes Leben stand und bereit war, im Feuer aufgelöst und verwandelt zu werden. Während der Herstellung der Effigie hatte sich Judy auf ihre Intention für die Scheidungsanhörung konzentriert und dafür gebetet, dass bittere Gefühle keinen Vorrang vor gesunden Entscheidungen haben würden.

Als sich die Gruppe für die Zeremonie versammelte, fühlten sich alle durch das Feuer, den Ozean und den Mond gestärkt. Die Teilnehmer riefen liebevolle und mitfühlende spirituelle Kräfte zur Teilnahme herbei. Sie tanzten, sangen und trommelten.

Als die Zeit gekommen war, bat Judy um eine Tanzpause, um ihre erste Effigie ins Feuer zu geben, wobei ihre Freunde sie durch Zurufe anfeuerten. Nach weiterem Tanzen und Singen warf Judy auch die zweite Effigie ins Feuer und sagte dabei mit lauter, klarer Stimme, was sie sich für den Scheidungsprozess wünschte.

Nach der Zeremonie blieben Judy und ihre Freunde die ganze Nacht auf, sahen dem Feuer zu, betrachteten die Schönheit des Nachthimmels und lauschten dem beruhigenden und tröstlichen Rauschen der Meereswellen. Sie erzählten einander Geschichten von Liebe, weinten und lachten zusammen, sprachen über ihre Hoffnungen und Träume.

Die Geschichte nahm, anders als erwartet, ein gutes Ende. Bis zum Scheidungstermin hatten sich Judy und ihr Ehemann einigen können. Die Trennung verlief konziliant, und das Sorgerecht für die Kinder übernahmen beide gemeinsam, denn beide Eltern hielten es so für das Beste.

Constance' Heilungszeremonie für die Probleme mit ihrem Chef

Constance fühlte sich bei ihrer Arbeit nie von ihrem Chef unterstützt, stattdessen machte er ihr das Berufsleben zur Hölle. Als wir miteinander sprachen, bat ich sie, darüber nachzudenken, ob und wie die Menschen in ihrem Umfeld möglicherweise ihr unaufgelöstes Schattenmaterial spiegeln. Sie nahm sich die Zeit und reflektierte darüber, wie ihr Chef ihre Unfähigkeit, sich selbst zu lieben und ihre Entscheidungen zu vertreten, spiegelte, und entschloss sich zu einer Zeremonie, in der sie sich von den Energien befreien wollte, die sie auf ihren Chef projizierte.

Constance schrieb ihre Schatteneigenschaften auf Zettel, die sie verbrannte. Sie sah zu, wie die Asche mit dem Wind davonflog, was die Befreiung von ihren Projektionen darstellte. Sie dankte der Luft dafür, dass sie ihre losgelassene Energie in Liebe und Licht verwandelte, und sie dankte dem Wind dafür, dass er die Liebe über alles Leben und die Erde verteilte.

Bevor Constance an ihren Arbeitsplatz zurückkehrte, hielt sie bei sich zu Hause noch eine Zeremonie ab, in der sie dem Universum eine bessere Vision von ihrem Arbeitsleben präsentierte. Sie sammelte Material, fertigte Bilder von liebevollen und lächelnden Menschen an und platzierte sie auf ihrem Altar. Sie schrieb Geschichten, in denen ihr für die guten Entscheidungen, die sie zum Wohl der Firma traf, Respekt und Wertschätzung entgegengebracht wurde. Sie meditierte Stunde um Stunde, reiste in ihrer inneren Landschaft umher, um in ihre Mitte zu gelangen und dort Selbstliebe und Selbstrespekt zu mobilisieren, und sie malte sich aus, wie sie bei der Arbeit behandelt werden wollte.

Doch als sie an ihren Arbeitsplatz zurückkehrte, war sie sofort wieder mit dem mürrischen Gesichtsausdruck ihres Chefs konfrontiert. Constance legte ihre Hände auf ihr Herz und konzentrierte sich auf ihre Atmung. Plötzlich wurde der Gesichtsausdruck ihres Chefs weicher, und das Gespräch verlagerte sich weg von den üblichen Vorwürfen hin zu einem freundschaftlichen Austausch darüber, wie das Wochenende für beide gewesen war. Constance war von dieser plötzlichen Verhaltensänderung sehr überrascht. Sie freute sich und lernte, sich selbst, ihrer spirituellen Arbeit und der Unterstützung des Universums mehr zu vertrauen.

Indem Constance die Beziehung zu ihrem Chef transformierte, hatte sie ihre Probleme mit ihm ehrenvoll abgeschlossen und konnte mit einem guten Gefühl an ihrem Arbeitsplatz bleiben.

Diese Beispiele zeigen, wie man ehrenvolle Abschlüsse praktizieren kann. Unternimm schamanische Reisen, meditiere oder verbringe Zeit in der Natur, um entsprechende eigene Zeremonien zu entwerfen.

Zeremonien dieser Art liefern erstaunliche Ergebnisse. Eine ungesunde energetische Verbindung zu einem anderen Menschen veranlasst diesen vielleicht, mehr Raum für sich zu beanspruchen oder die Kommunikation abzubrechen. Dabei handelt es sich in der Regel um unbewusstes Verhalten, über dessen Ursachen sich die Menschen nicht im Klaren sind. Doch nachdem ein ehrenvoller Abschluss erfolgte, kann es sein, dass die Person, die sich bisher durch eine ungesunde energetische

Verbindung erstickt fühlte, die Verbindung nach Jahren des Schweigens wieder aufnimmt, zum Telefon greift und sagt: »Ich habe gerade an dich gedacht und hatte das Bedürfnis, dich anzurufen.« So etwas konnte ich in meiner Arbeit unzählige Male miterleben.

Der Tod ist nicht das Ende, sondern ein Übergang

Der Tod wird in schamanischen Kulturen als Initiation unserer Seele auf ihrer Reise in eine neue Phase begriffen. Deshalb gibt es keine Angst vor dem Tod, wie das in unserer Welt bei so vielen Menschen der Fall ist.

Der Verstorbene wird mit unterschiedlichsten Zeremonien geehrt, sein Leben gewürdigt und die Trauer der Zurückgebliebenen berücksichtigt.

Ich leite oft Gedenkfeiern. Mit der Zeit habe ich immer mehr Gefallen an ihnen gefunden. Sie können so sehr von Heilung und einem gesunden Abschließen erfüllt sein. Das heißt natürlich nicht, dass keine Trauerarbeit mehr zu leisten ist, doch ein ehrenvoller Abschluss und eine zeremonielle Auflösung bieten geliebten Menschen, Freunden und der Gemeinschaft die Chance loszulassen.

Aus der schamanischen Perspektive werden wir in dieses Leben auf der Erde hineingeboren, um in einem menschlichen Körper zu leben und um das Leben mit all unseren Sinnen zu erfahren; um etwas über Liebe zu erfahren, um Schönheit, Gesundheit und Frieden zu schaffen und um zahllose weitere Lektionen zu lernen. Die irdische Dimension ist für uns ein Ort, an dem wir uns entwickeln können.

Wenn ein Mensch stirbt, dann ist die Erde nicht mehr länger sein Zuhause. Der Verstorbene kehrt zur Quelle zurück.

Doch das bedeutet nicht, dass wir die Erinnerung an einen geliebten Menschen mit unserer Zeremonie auslöschen wollen. Ganz im Gegenteil wollen wir die spirituelle Verbindung aufrechterhalten. Ein verstorbener geliebter Mensch kann zu einem mitfühlenden Helfergeist für einen Nachfahren werden. Doch die Erde ist für die Lebenden, und die Reise zurück zur Quelle ist für die Verstorbenen. Diese Reise ist es, die wir mit einer Zeremonie zum ehrenvollen Abschluss würdigen.

Richtlinien für eine Gedenkzeremonie

Im Vorfeld einer Gedenkzeremonie stelle ich fest, ob ein Hinterbliebener individuelle Bedürfnisse hat. Manchmal möchte ein Trauernder eine erste lustige Geschichte über den Verstorbenen erzählen oder eine Erinnerung mitteilen oder einfach nur sein Herz öffnen. Oder die Trauernden wollen einfach nur all die Liebe in sich aufnehmen, ohne selbst zu sprechen. In meinen Zeremonien nehme ich Rücksicht auf solche individuellen Bedürfnisse.

Falls die Trauergemeinde für den Schamanismus offen ist, rufe ich die Helfergeister und ehre die vier Himmelsrichtungen. Bei Gruppen mit unterschiedlichen religiösen und spirituellen Überzeugungen verwende ich Worte, die für alle passend sind.

Alle Anwesenden stehen in einem Kreis. Jeder erzählt nacheinander eine kurze lustige oder bewegende Geschichte über den Verstorbenen. Bei großen Gruppen muss ich meine Zeitvorgaben restriktiver durchsetzen, denn wenn die Geschichten zu lang sind, dann werden die Teilnehmer müde, lassen sich ablenken, und die Kraft der Zeremonie nimmt ab. Eine oder zwei Minuten müssen dann ausreichen. Sobald diese Phase abgeschlossen ist, fange ich an zu trommeln und weise die Teilnehmer an, die Augen zu schließen und sich auf den Verstorbenen zu konzentrieren. Ich bitte sie, die Hände hoch in die Luft zu heben, sobald sie bereit sind, die energetische Verbindung zwischen sich und dem Verstorbenen zu trennen und den Verstorbenen gehen zu lassen. Dabei wünschen sie ihm eine würdevolle und gute Heimreise und nehmen die Hände dann wieder herunter. Ich trommle, bis alle ihre Hände wieder unten haben.

Ich habe diese Zeremonie viele Male mit schamanischen, aber auch mit Gruppen unterschiedlichen religiösen Hintergrunds abgehalten. Immer wird mir hinterher bescheinigt, wie sehr sich alle durch die Zeremonie berührt gefühlt haben und wie sehr sie genau ihre Bedürfnisse erfüllt hat. Die Zeremonie löst immer viel Lachen und Weinen aus, aber auch das Empfinden eines Abschlusses. Alle bewahren sich ihr liebevolles Angedenken an den Toten, lösen aber auch ihre energetische Verbindung zu ihm. Die Folge ist Heilung auf vielen Ebenen.

Gedenken an Rochelles Selbstmord

Ich leitete eine Zeremonie für eine Gruppe von fünf Freundinnen. Rochelle, eine gute Freundin, hatte sich das Leben genommen. Sie war eine der freundlichsten und großherzigsten Frauen, die wir kannten. Wir waren erschüttert und schockiert.

Wir wussten, dass sie sich gequält und viele Schmerzen zu erdulden gehabt hatte, aber sie hatte nie darüber gesprochen, sich das Leben nehmen zu wollen.

Ich brachte Wollknäuel mit, und wir schufen eine Effigie unserer Freundin. Jede von uns band sich mit Garn an diese Effigie. Nachdem wir in wunderbaren Geschichten unserer Freundin gedacht hatten, durchschnitten wir jeden Faden mit einer Schere, um zu zeigen, dass wir unsere Freundin ins Licht entließen. Dieses Beispiel zeigt, wie man energetische Verbindungen, die Personen auch nach dem Tod von einer von ihnen aneinanderbinden, auflösen kann.

Seifenblasen der Liebe

Mitunter verwende ich Seifenblasen aus dem Spielzeuggeschäft in Gruppenzeremonien, um einem geliebten Menschen eine würdige, von Anmut, Liebe und Licht erfüllte Heimreise zu bereiten. Bei einer Zeremonie, in der Menschen einen Verlust betrauern, kann ein Element der Freude sehr heilsam wirken.

So leitete ich eine Gedenkfeier für meine Mutter und eine entsprechende Zeremonie bei ihrer Beerdigung. Ich bemühte mich um größte Einfachheit. Ich sprach über meine Mutter und darüber, wie sehr ich sie liebte. Ich erzählte von ihrem Leben und davon, was sie durch ihre Gegenwart zu meinem Leben, zu ihrer Familie und zur Welt beigetragen hatte. Und dann bat ich alle Anwesenden, aufzustehen, die Arme zu heben und ihr eine gute Heimreise zu wünschen. Dabei bliesen wir Seifenblasen in den Himmel, während wir weiter unsere Gebete für sie sprachen und uns an die Freude erinnerten, die sie in unsere Leben getragen hatte.

Weitere Würdigungen des Todes

Die hier vorgestellten Zeremonien lassen sich ohne Weiteres an spezielle Bedürfnisse anpassen oder als Grundlage für Improvisationen nutzen. Du kannst sie beim Tod eines geliebten Haustiers verwenden, eines Wildtiers, für eine ausgestorbene Spezies, einen Baum, eine Pflanze und so fort. Jede lebendige Kreatur auf diesem Planeten sollte gewürdigt werden, solange sie lebt und wenn sie hinübergeht.

Ein Haustier beerdigen

Wenn du eine Beerdigungszeremonie für ein geliebtes Haustier abhältst, dann ist es angemessen, ein wenig Wasser oder Milch auf das Grab zu schütten. Sprich wertschätzende Worte für dieses Tier, das ein Mitglied deiner Familie war. Dann hebst du die Arme und wünschst deinem Tier eine gute Heimreise voller Licht, Liebe, Gnade und Leichtigkeit.

Pflanzenzeremonie

Ich bin keine besonders begabte Gärtnerin, aber ich liebe Pflanzen und habe viele, um die ich mich kümmere.

Tatsächlich habe ich in einer abgelegenen Ecke meines Gartens einen Friedhof für Pflanzen eingerichtet. Dorthin trage ich meine verstorbenen Pflanzen. Ich danke ihnen dafür, dass sie ihre Schönheit bei mir zu Hause und auf der Welt mit mir geteilt haben. Ich entschuldige mich bei ihnen für alles, womit ich ihnen das Leben schwer gemacht oder womit ich es unterlassen haben könnte, ihre Wachstumsbedingungen zu verbessern. Dann hinterlasse ich Maismehl als Opfergabe.

Ich besuche meine Pflanzen oft auf ihrem Friedhof, um ihnen meinen Respekt zu zollen. (Stimmt, ich bin ein klein wenig exzentrisch veranlagt.)

Bäume würdigen

Wenn ein Baum auf meinem Grundstück stirbt, dann rede ich mit ihm. Ich danke ihm für die Schönheit und die Anmut, die er mit allem Leben hier auf dieser wunderbaren Erde geteilt hat, und wünsche ihm eine gute Heimreise. Ich lasse eine aus Maismehl bestehende Opfergabe zurück, als Ausdruck der Wertschätzung für sein Leben.

Ich habe relativ viele Zuschriften von Menschen erhalten, die früher einmal Holzfäller waren. Sie litten unter großen Schuldgefühlen, weil sie stattliche und oftmals uralte Bäume fällen mussten. Ich erzähle ihnen dann von den Zeremonien, die ich für meine Bäume abhalte. Du kannst Ähnliches tun, wenn du Zeuge beim Abholzen von Wäldern oder einzelnen Bäumen wirst. Vielleicht ist es dir nicht möglich, dabei mit jedem einzelnen Baum zu sprechen, aber du kannst dich mitten in das betroffene Gebiet stellen.

Sobald du dich vorbereitet hast, sprich aus, was du aus deinem Herzen zu dem verstorbenen oder getöteten Baum sagen möchtest, auch dann, wenn er bereits abtransportiert wurde. Trommle, rassle, singe und/oder tanze, während du auf die für dich angemessene Weise betest, damit diesen Bäumen ein guter Heimweg beschert ist. Danke ihnen für ihre wunderschöne und kraftvolle Gegenwart auf der Erde. Hinterlasse eine tief empfundene Opfergabe. Die gleiche Zeremonie eignet sich auch für Bäume, die durch Trockenheit oder in Winterstürmen verloren gegangen sind.

Umweltschäden würdigen

Die Verschmutzung von Land, Luft und Wasser wie auch Umweltkatastrophen können viele Leben kosten. Klimawandel und Kriege haben tragische Situationen für Menschen und alle Lebewesen hervorgerufen. Überschwemmungen, Feuer, Erdbeben, Wirbelstürme und andere Katastrophen können Lebewesen zwingen, ihr Zuhause aufzugeben, oder sie ihr Leben kosten. Noch herzzerreißender ist das Aussterben so vieler kostbarer Arten, die in ihrer natürlichen Umgebung nicht mehr länger überleben können.

Es liegt so viel Kraft darin, würdevolle Zeremonien für Lebewesen abzuhalten, die eine solche Vernichtung erleiden mussten, ganz egal ob es sich dabei um menschliche Gemeinschaften, um Tiere, Pflanzenpopulationen oder um ausgestorbene Arten handelt.

Du kannst deine Zeremonie für die Toten im Freien oder im Inneren eines Hauses abhalten. Danke ihnen für die energetische Signatur, die sie mit dem Netz des Lebens geteilt haben, und für die Schönheit und Kostbarkeit, die sie der Erde hinzugefügt haben. Bring zum Ausdruck, was du in deinem Herzen für sie empfindest. Trommle, rassle, singe oder würdige schweigend die Lebewesen, die hinübergegangen sind.

Da dies eine Angelegenheit globaler Ausmaße ist, findest du möglicherweise Gleichgesinnte, die sich dir anschließen wollen. Örtliche oder virtuelle globale Zeremonien abzuhalten hilft uns, verlorene Leben zu würdigen und ihnen eine anmutige Rückreise zur Quelle zu ermöglichen.

Virtuelle Zeremonien des ehrenvollen Abschlusses

Die Arbeit mit Abschlusszeremonien kann man gut durch einen virtuellen Altar erweitern, wie ich ihn ich im Kapitel »Zusätzliche Richtlinien für deine zeremonielle Arbeit« beschrieben habe. Begib dich dazu allein oder mit einer Gruppe in deinen virtuellen Altarraum. Du kannst deine Gruppe über das Telefon oder online versammeln. Der Gruppenleiter sollte überwiegend das Sprechen während der Zeremonie übernehmen, da Wortwechsel auf elektronischem Weg noch störender wirken.

Führe die Gruppe auf einem Weg in den Altarraum, wie ich ihn in der geführten Meditation vorgeschlagen habe. Gestattet es einem Schutzgeist, euch zu reinigen, und lasst eure alltäglichen Gedanken und Sorgen zurück. Versammelt euch um das Altartuch, und begrüßt einander. Vielleicht möchtest du die Zeremonie mit einem schamanischen Instrument, Gesang und Tanz beginnen und später dann auch beenden.

Wechselt euch ab im Aussprechen von Gefühlen. Sobald diese Phase abgeschlossen ist, streckt eure Arme in den Himmel und wünscht den bemerkenswerten Kreaturen, die ihr hinübergeleitet habt, eine gute Heimreise. Dankt den Helfergeistern, und nehmt euch nachher noch Zeit, um miteinander über diese kraftvolle und herzerwärmende Arbeit zu sprechen. Manche Gruppenmitglieder haben vielleicht spirituelle Botschaften der Liebe von den gewürdigten Lebewesen erhalten, die sie weitergeben möchten.

Spontane Zeremonien

Es könnte sein, dass du einen Unfall oder irgendein anderes traumatisches Ereignis miterlebst oder auf den Körper eines toten Tiers stößt. Viele Schamanen tragen für einen solchen Fall Opfergaben bei sich oder haben einen entsprechenden kleinen Vorrat in ihrem Auto deponiert. Sprich am Schauplatz eines Unfalls ein Gebet für die Betroffenen, und hinterlass eine Opfergabe für das Land. Für ein totes Tier, auf das du bei einem Spaziergang stößt oder das du am Straßenrand findest, könntest du ein würdigendes Gebet sprechen, ihm Respekt zollen für sein Leben und für das Geschenk, das es der Erde damit gemacht hat, eine Opfergabe zurücklassen oder es sogar auf zeremonielle Weise beerdigen, wenn es die Situation gestattet.

In unserer Trauer über einen Verstorbenen sind wir oft tief unglücklich. Obwohl es schmerzhaft ist, gibt es unserem Herzen doch die Gelegenheit, sich zu öffnen, zu weiten und mehr Mitgefühl zu entwickeln.

Die Trauer würdigen

In schamanischen Kulturen werden Zeremonien abgehalten, um den Übergang eines Gemeinschaftsmitglieds zu ehren. Aber es gibt auch Zeremonien, mit denen die Trauer der Angehörigen gewürdigt wird. Trauer ist ein ganz eigener Prozess und kennt verschiedene Phasen. Zeremonien heilen die Trauer zwar nicht unmittelbar, aber sie können einen heilsamen Prozess in Gang setzen.

Alles Leben trauert. Auch Tiere, Bäume, Pflanzen, Vögel und andere Lebewesen betrauern den Tod eines

Gefährten. Jede individuelle Trauer hat ihren eigenen zeitlichen Rahmen. Ob es nun Tage, Monate oder Jahre dauert, um eine Trauer zu heilen, auf jeden Fall hilft es uns, den Prozess des Trauerns durch eine Zeremonie zu würdigen, um auf dem Weg voranzukommen.

Deborahs Tanz der Trauer

Deborah entschloss sich, mit einer Zeremonie den Verlust einer guten Freundin zu würdigen. Sie lud Freunde ein, um in der Nacht an einem Feuer diese Feier zu zelebrieren. Sie sammelten ihre Materialien, bereiteten sich vor und riefen zur Unterstützung ihres Trauertanzes die Energien der Göttin herbei. Sie wechselten sich beim Trommeln und Singen ab, um den Raum offen zu halten, während sich kleine Frauengruppen auf Reisen in ihr Inneres begaben, um dort dem herzzerreißenden Verlust ihrer Freundin nachzuspüren. Tänzerisch brachten sie die Gefühle zum Ausdruck, die in ihnen aufstiegen.

Stundenlang wechselten sie sich beim Tanzen ab, bis ihre Tränen versiegten. Sie alle fühlten sich in Liebe geborgen. Auch wenn jede von ihnen wusste, dass sie noch mehr zu trauern hatten, fühlten sie sich doch gestärkt und besser auf die kommenden Tage vorbereitet.

Über die Notwendigkeit starker Gemeinschaften

In schamanischen Kulturen kennen sich die Angehörigen der einzelnen Gemeinschaften gut. Sie wissen, wie wichtig es ist, denjenigen zuzuhören, die einen Krieg durchlitten, eine Tragödie oder einen mentalen beziehungsweise emotionalen Zusammenbruch erlebt haben. Die Gemeinschaft weiß, wie man zuhört, birgt das verletzte Mitglied in Liebe und heißt es nach einem erlittenen Trauma zu Hause willkommen.

In *Lichtvoll leben* spreche ich ausführlich über die Tragödien, mit denen wir aufgrund von fehlenden starken und unterstützenden Gemeinschaften konfrontiert sind. Wir müssen Kraft in unseren Gemeinschaften schaffen, damit wir unsere zurückkehrenden Initiierten wieder aufnehmen können und verhindern, dass sie sich entfremdet und isoliert fühlen. Die Macht der Zeremonie ermöglicht dies.

ZEREMONIEN FÜR EIN ENERGETISCHES GLEICHGEWICHT

Blockierte Energien freisetzen

Es obliegt uns, ob wir das Heilige in alle Bereiche des Lebens tragen. Manchmal müssen wir erst einen guten Zeitpunkt und einen passenden Ort für eine Zeremonie finden, die einen Übergang würdigt, ob er nun freudig oder schwierig ist. Wenn wir das Heilige von Zeremonien in unseren Alltag integrieren, dann ermöglichen wir eine echte Veränderung in unserem eigenen wie auch ganz allgemein im Leben.

Wie ich bereits gezeigt habe, tragen alle Wesen ihre eigene energetische Signatur zum Netz des Lebens bei. Wir mögen diese Zusammenhänge als reines gedankliches Konstrukt betrachten, aber wir können sie auch erfahren – indem wir uns ihnen öffnen und sie als eine Energiefrequenz empfinden, die wir mit allem Leben rings um uns her gemeinsam haben.

Das Netz des Lebens ist ein Organismus, der die Energie enthält, die du einbringst. Immer, wenn du Heilung anstößt, die Glückseligkeit und Kostbarkeit des Lebens spürst oder die Disziplin aufbringst, achtsam mit der Energie deiner Worte und Gedanken umzugehen, veränderst du die Schwingung des Netzes. Wer sich Zeit für schamanische Reisen und die Meditation nimmt, der spürt die Verbindung auf einer Ebene, die tiefer ist als jedes rationale Verstehen.

Übung zum Erspüren der Vibration des Lebensnetzes

Stell dir vor, wie du in deinem Körper umherreist und das schillernde Netz erlebst, das all deine Zellen, Organe und Körperteile miteinander verbindet. Die seidigen Fäden dieses Netzes sind fein gestimmt, ähnlich wie die eines besonders hochwertigen Saiteninstruments. Lass die Frequenz deines Lieblingsworts im ganzen inneren Netz vibrieren. Spüre, wie es sich anfühlt. Lass einen freudigen Gedanken das Netz zum Schwingen bringen, und achte darauf, wie es sich auf deine Zellen auswirkt.

Das Netz in dir ist das gleiche wie jenes, das alles Leben außerhalb von dir miteinander verbindet. Finde mehr darüber heraus, wie sich deine Gedanken und Worte auf dich und das Netz des Lebens auswirken.

Wir neigen dazu, unser spirituelles Tun von unserem alltäglichen Tun zu unterscheiden. So meditieren wir vielleicht morgens und machen außerdem irgendwelche körperlichen Übungen, um Körper, Geist und Seele in uns zu stärken – Walken, Joggen, Yoga, Tai Chi, Qigong und so weiter. Dann lassen wir all die dadurch erzeugte wunderbare Energie hinter uns zurück und tauchen ein in den Stress und die Ablenkungen des normalen Alltags. Wenn wir jedoch die aufgenommene spirituelle Energie integrieren, können wir für uns, für unsere liebsten Menschen, für unsere Gemeinschaft und für den Planeten zu einer Quelle des Lichts werden.

Loslassen

Es gibt bezaubernde Zeremonien, mit denen wir unser Zuhause, den Garten, das Land, unsere Liebsten und das Leben als Ganzes segnen können. Doch da die äußere Welt ein Spiegelbild unseres inneren Bewusstseinszustands ist, kann unsere Würdigung und Segnung der äußeren Welt nur erfolgreich sein, wenn wir uns zuvor von zerstörerischen Mustern wie den folgenden befreien:

- selbstsabotierende Gedanken
- alte Verletzungen
- Negativität und Verzweiflung
- Enttäuschung
- Schamgefühle
- Wertlosigkeitsgefühle
- Gefühle, verflucht zu sein
- Selbstvorwürfe für früheres Handeln
- Groll gegenüber Menschen, die uns verletzt haben

In vielen schamanischen Kulturen ist man davon überzeugt, dass wir zustimmen, uns im gegenwärtigen Leben zu inkarnieren, weil wir altes Karma und alte Herausforderungen aufzuarbeiten haben. Manche verwenden in diesem Zusammenhang das Wort »Schicksal«. Falls die Erfüllung dieser Verträge deine Lebensqualität schmälert, missbräuchliche Beziehungen schafft oder andere ungesunde Muster erzeugt, dann kannst du eine Zeremonie abhalten, um einen Vertrag, der dir nicht mehr länger nützt, aufzulösen oder abzuändern. Solche Verträge enthalten wichtige Seelenlektionen und sind nicht immer leicht zu erfüllen. Auch eine erfolgreiche Zeremonie löst einen Vertrag vielleicht nicht vollständig auf, aber er ruft in der Folge entspannte Lebenssituationen hervor, anhand derer die erforderliche Lektion ebenfalls gelernt werden kann. Ich habe viele wunderbare Veränderungen aufgrund von Zeremonien miterlebt, die abgehalten wurden, um einen Seelenvertrag leichter zu machen.

Alte Verletzungen aufrechtzuerhalten ist eine emotionale und eine physische Last. Fesseln an eine Vergangenheit zu lösen, die ansonsten abgeschlossen ist und dir nicht mehr nützt, kann es dir ermöglichen, für dich und die Erde das Leben deiner Träume zu erschaffen.

Bevor du irgendwelche Befreiungszeremonien abhältst, erinnere dich daran, erst die mitfühlenden Geister, deine Ahnen und die Ahnen des Landes, die du immer »im Rücken« hast, herbeizurufen.

Wenn du meinst, unter einem Fluch zu leiden

Nach schamanischem Verständnis sind Gedanken wie Dinge. Wie ich in der Einführung erklärte, gibt es einen Unterschied zwischen dem Ausdrücken und dem Senden von Energie. Wenn wir es nicht gewohnt sind, die unsichtbare Wirkung der Gedankenenergie zu erkennen und zu würdigen, dann ist uns oft auch nicht bewusst, dass wir einem Mitmenschen oder dem Kollektiv Zorn senden. In der Folge fühlen sich heute viele Menschen so, als seien sie verflucht worden. Andere fühlen sich vielleicht durch einen Generationenfluch ihrer Vorfahren belastet.

Wir sind alle eins. Welche Energie auch immer wir bewusst oder unbewusst einem Mitmenschen schicken, sie kommt stets auch zu uns selbst und zu unseren nächsten Menschen. Um uns selbst, unsere Liebsten und die Gesamtheit des Lebens vor giftigen Energien zu schützen, müssen wir unsere Gefühle diszipliniert zum Ausdruck bringen und ihre Energie transformieren. In den Zeremonien, die ich in diesem Kapitel beschreibe, geht es um das Loslassen unserer eigenen wie auch der negativen Energie, die wir von unseren Mitmenschen empfangen. Diese wichtige zeremonielle Heilarbeit wird dich befreien, damit du deine Bestimmung ausleben kannst.

Die Überprüfung deiner Vorbereitung

Um dich auf deine Zeremonie vorzubereiten, lies noch einmal »Sich auf eine Intention festlegen« im vierten Kapitel und entscheide, ob du allein oder lieber zusammen mit einer Gruppe arbeiten willst.

Heilige Heilung kann stattfinden, wenn du deinen Willen, deine Aufmerksamkeit und deinen Fokus auf das richtest, was geheilt werden soll. Allein schon, sich auf eine Intention festzulegen, kann eine heilende Wirkung haben. Die Absicht, sie mit einer Befreiungszeremonie zu untermauern, vergrößert die bereits entstandene Kraft in hohem Maße.

Falls du das schamanische Reisen praktizierst, kannst du dich mit deinen Helfergeistern beraten. Der Vorteil dieser Zusammenarbeit liegt darin, dass sie dich darauf aufmerksam machen können, wenn du Absichten formulierst, die nicht in deinem besten Interesse sind oder einfach nur deine Kindheitsmuster bekräftigen. Deine

Helfergeister werden ehrlich mit dir sein und dich ermutigen, dich mit allem zu befassen, was mit Vergebung zu tun hat, auch wenn du dich damit eigentlich nicht beschäftigen möchtest. Die Helfergeister sind deine Freunde und wollen, dass du Erfolg hast.

Wenn du das schamanische Reisen nicht gewohnt bist, dann gibt es noch viele andere Möglichkeiten, um Zugang zu deiner tiefen intuitiven Weisheit zu erlangen und herauszufinden, wovon du dich befreien solltest. Meditiere, bete, führe Tagebuch, zeichne oder reflektiere, während du still dasitzt oder in der Natur spazieren gehst, oder lass dich einfach still mit einer Tasse Tee irgendwo nieder. Manche Menschen erlangen durch Tanzen oder Singen Zugang zu ihrer tieferen Weisheit. Bediene dich der Praxis, die es dir am ehesten ermöglicht zu lernen, was du loslassen musst, um inneren Frieden zu finden und um in eine kreativere, gesündere Lebensphase zu gelangen.

Zeremonien, die man gemeinsam mit Freunden und Angehörigen abhält, sind besonders unterstützend. Wenn ich Befreiungszeremonien leite und dabei trommle und rassle, dann berührt es mich immer, wenn die Gruppe denjenigen, für den die Zeremonie abgehalten wird, anfeuert und darin unterstützt, alte Verletzungen, Schmerzen oder blockierende Überzeugungen loszulassen. Diese Art Unterstützung ist so liebevoll. Auch für die nicht betroffenen Teilnehmer und für mich ist eine solche Befreiungszeremonie transformierend und heilend. Wenn es dir möglich ist, dann lade Menschen aus deiner Gemeinschaft zu einem Lagerfeuer ein, bei dem jeder Symbole für oder Zettel mit darauf festgehaltenen alten Verletzungen verbrennt.

Aber natürlich gibt es auch Zeiten, in denen ich lieber allein bin, ein Feuer in meinem Kamin anzünde und einen Gebetsstock verbrenne, der für einen Schmerz steht, oder ein Stück Papier, auf dem ein paar Worte an den Schöpfer oder an jemanden, dem ich zu vergeben habe, stehen. Oder ich schreibe Überzeugungen, von denen ich mich verabschieden will, auf Zettel und verbrenne sie bei Kerzenschein und dem Duft von Räucherwerk mit Kräutern oder Holzschnitzeln in einer heiligen Schale. Meine Vorbereitungen hierzu mache ich gerne allein, dann arbeite ich mit dem Feuer, singe, während meine Zettel brennen, und bleibe dann stundenlang sitzen, um mit meinen Helfergeistern und dem Feuer selbst zu kommunizieren. Das Gefühl, das in mir durch die Schwingungen meines Singens und die Flammen entstehen, ist heilig.

Für viele meiner eigenen Befreiungszeremonien verwende ich Papier, das sich auflöst. Ich sitze vor meinem Altar, auf dem eine brennende Kerze und eine Schale mit warmem Wasser stehen, und schreibe auf ein Stück Papier eine Verletzung, eine Überzeugung oder eine Schwierigkeit, von der ich mich lösen will. Ich singe, während ich beobachte, wie sich das Papier im warmen Wasser vollständig auflöst. Dann trage ich die Schale zeremoniell ins Freie und begieße damit die Erde, erfüllt von Dankbarkeit dafür, dass sie mir meinen Schmerz abnimmt und zu Liebe und Licht kompostiert, die neues Wachstum in mir und in der Natur fördern. Manchmal schüttle ich meine Rassel, singe die Worte, die durch mich hindurchströmen, und wende mich damit an die Macht des Universums, den Geist von Santa Fe und die helfenden Ahnen des Landes.

Ich kenne Geschichten von Menschen, die in der Nähe ihres Zuhauses kleine Altäre aus Steinen in Parks errichten. Sie suchen diese Altäre am frühen Morgen auf, um dort ihre täglichen zeremoniellen Gebete für Frieden, Heilung und die Welt zu singen. Bei dieser Gelegenheit befreien sie sich von allem, was sie daran hindert, hoffnungsvoll auf den Tag zu blicken. Eine wunderschöne Art, den Tag zu beginnen.

Mit der Zeit lernst du, dir bei der Entscheidung zu vertrauen, ob du deine Zeremonie lieber allein für dich oder mit der Unterstützung einer Gruppe, die deine transformierende Arbeit begleitet und mit dir feiert, abhalten möchtest. Denke immer daran, dass du die Energie, die du freisetzt, in eine Energie der Liebe und des Lichts verwandelst, die die Elemente und das Gesamtkollektiv nährt.

Befreiende Feuerzeremonien

Feuerzeremonien sind eine wunderbare Erfahrung, und sie bringen die Beteiligten leicht in einen ekstatischen Zustand. Feuer ist von Natur aus energetisch und transformierend. Wir spüren schnell die belebende Wirkung, die Feuer auf uns hat. In schamanischen Kulturen überall auf der Welt wurden schon immer und werden noch immer Feuerzeremonien abgehalten. In manchen Kulturen dauern die Zeremonien die ganze Nacht, und die anschließende Feier wird bei Sonnenaufgang mit einer gemeinsamen Mahlzeit begangen.

Bevor du eine Feuerzeremonie mit einer Gruppe abhältst, lies noch einmal die Anleitungen unter »Deine

Materialien sammeln« aus dem zweiten Kapitel. Bitte die Teilnehmer, Effigies oder Kraftobjekte aus natürlichen Materialien herzustellen. Fordere sie auf, sich spirituell vorzubereiten, indem sie die Energie, die sie ins Feuer geben wollen, zuvor aus sich herausziehen und in ihrer Effigie oder ihr Kraftobjekt einschließen. Dann verkörpert es das, wovon sie sich befreien möchten.

Tue dich mit anderen zusammen, um den Platz zu schmücken. Egal ob die Feuerzeremonie im Freien oder im Inneren eines Gebäudes stattfindet, du brauchst Freiwillige, die dir helfen, einen geheiligten Raum zu schaffen, die Teilnehmer zu begrüßen, spirituell zu reinigen und im Kreis willkommen zu heißen. Eine oder mehrere Personen können eine Anrufung abhalten, und bei der Begrüßung der mitfühlenden Geister könnt ihr euch abwechseln.

Auch wenn es mir am liebsten ist, wenn die Leute während der Zeremonie stehen, halte ich immer Stühle bereit für diejenigen, die langes Stehen nicht aushalten. Ich bitte die Feuerbewahrer, den Platz vorzubereiten, indem sie ihn abkehren und von allem säubern, worüber man stolpern könnte. Wenn kein Mond am Himmel steht, dann bitte ich die Teilnehmer, Taschenlampen mitzubringen. Wir stellen sie im Kreis um das Feuer auf, damit die Teilnehmer sehen, wohin sie treten, und nicht fallen.

Um die Person, die gerade ihre Befreiungsarbeit leistet und ihre Effigie oder ihr Kraftobjekt ins Feuer wirft, zu unterstützen, können alle anderen trommeln und rasseln. Ich habe heilige Kräuter oder Zedernholz dabei, damit jeder eine Opfergabe für das Feuer hat. Von den Teilnehmern verlange ich, dass sie die Zeremonie nur im

Notfall und erst dann verlassen, wenn sie abgeschlossen ist. Es wäre gegenüber der Gruppe und den Helfergeistern respektlos, sich vor dem Abschluss zu entfernen.

Statt den Teilnehmern eine zuvor festgelegte Reihenfolge aufzuzwingen, sollen sie dann mit ihrem Kraftobjekt ans Feuer treten, wenn es sich für sie richtig anfühlt. Mir ist es lieber, sie treten nacheinander vor statt in Kleingruppen. Wenn viele zugleich um das Feuer stehen, um ihre Befreiungsarbeit zu leisten, wird die Energie unkontrolliert, und die Zeremonie ist nicht so kraftvoll.

Ich fordere die Teilnehmer auch auf, die Energie dessen, wovon sie sich befreien wollen, zu tanzen. Nach Abschluss ihrer Arbeit und wenn sie in den Kreis zurückgetreten sind, können sie außerdem tanzen, um zu feiern. Viele Menschen tanzen nicht gern vor anderen oder sind physisch nicht dazu in der Lage. Ich erkläre ihnen, dass sie einfach ans Feuer treten und hineinwerfen können, wovon sie sich befreien wollen. Manche müssen gestützt werden, damit sie es bis zum Feuer schaffen. Die Gruppe jubelt für jeden, der seine blockierenden Überzeugungen in die Flammen geworfen hat.

Achte darauf, dass die Teilnehmer zügig nacheinander ihre Arbeit tun. Ich habe Feuerzeremonien erlebt, bei denen jeder fünfzehn Minuten hatte, bis der Nächste an der Reihe war. Auf keinen Fall kann der Rest der Gruppe so lange konzentriert bleiben, wenn die Zeremonie so langsam und finster vonstattengeht. Auch wenn es in einer Zeremonie darum geht, Schmerzen und Verletzungen abzubauen, Heilung ist ein freudiger Akt.

Hab immer ein Augenmerk auf die Sicherheit, wenn du mit Feuer arbeitest. Feuerbewahrer schaffen den heiligen Platz, errichten das Feuer, heißen die Gruppe willkommen, sorgen für Nachschub an Feuerholz und bringen Teilnehmer zurück, die sich zu weit entfernen. Ihre letzte Aufgabe nach Abschluss der Zeremonie ist immer, dafür zu sorgen, dass das Feuer auch wirklich ausgelöscht ist.

Ich beende die Zeremonie immer damit, dass die Teilnehmer singend um das Feuer tanzen und zusehen dürfen, wie unsere Kraftobjekte verbrennen. Wenn der Geist, die Feuerbewahrer und die Teilnehmer ihren Dank erhalten haben und die Arbeit als abgeschlossen bezeichnet wurde, wollen manche noch länger dableiben, um zu singen oder zu beten; die anderen, die fertig sind und aufbrechen wollen, können dann natürlich gehen.

Mit Wasser arbeiten

Manchmal ist Feuer nicht das richtige Element. Die Energie, die bei der Arbeit mit Wasser entsteht, ist ihrem Wesen nach weiblich. Die Arbeit hat eine andere Qualität, wenn man zum Beispiel Papier in Wasser legt.

Die Gegenden unseres Planeten, die unter einem hohen Feuerrisiko leiden, sind zugleich auch diejenigen, die mit Dürren zu kämpfen haben. Die Arbeit mit löslichem Papier und Wasser ist dort sicher und als magische Praxis für Erwachsene und Kinder gleichermaßen geeignet.

Du kannst Schalen mit warmem Wasser aufstellen und den Raum nach deinen Vorstellungen schmücken. Begrüße während deiner Vorbereitung die Helfergeister und göttlichen Kräfte. Im Hintergrund kann Musik laufen, oder die Teilnehmer trommeln oder rasseln. Wenn es gewünscht ist, erzählen die Anwesenden nacheinander, was sie ins Wasser hinein freisetzen wollen. Das Zugehörigkeitsgefühl aller in der Gruppe verstärkt sich, wenn jeder erfährt, wovon sich die anderen befreien möchten. Ich selbst finde es kraftvoller, wenn die Teilnehmer ihre Geschichte erst dann erzählen, wenn sie ihr Papier bereits aufgelöst haben. So kann sich die Kraft im Körper aufbauen, bevor sie zu früh wieder abgeleitet wird.

Sobald die Zeremonie abgeschlossen und die Arbeit geleistet ist, kann die Gruppe die Schüsseln mit dem Wasser gemeinsam auf dem Land ausgießen und die Erde mit Liebe tränken.

Patricias Heilzeremonie

In dieser Zeremonie wird die Auflösung von Verletzungen mit der Bitte um die Segnung positiver Träume verbunden. Patricia hatte es mit gesundheitlichen Problemen zu tun. Sie entwarf eine Zeremonie, in der ihre Freunde sie unterstützen konnten. Sie bat sie, zu trommeln und zu rasseln, während sie arbeitete. Sie legte Streifen aus auflösbarem Papier ins Wasser und sprach dabei jede Angst und jede Schwierigkeit, von der sie sich befreien wollte, im Einzelnen an.

Die Zeremonie entwickelte rasch ein Eigenleben, weil Patricias Freunde sich gleichfalls von Lasten und Problemen befreien wollten. Einer nach dem anderen schrieben oder malten sie ihre Sorgen auf das auflösbare Papier, legten es ins Wasser und erzählten dann kurz von einer selbstzerstörerischen Überzeugung, jemandem, dem sie zu vergeben hatten, oder von einem alten quälenden Trauma. Die übrigen Gruppenmitglieder trommelten, rasselten oder sangen unterstützend weiter.

Nachdem jeder in der Gruppe die Gelegenheit gehabt hatte, ein Problem aufzulösen, machten sie weitere Durchgänge, bis jeder meinte, seine Liste von bremsenden oder quälenden emotionalen oder physischen Problemen abgearbeitet zu haben.

Als Nächstes ging es darum, den frei gewordenen Raum in jedem mit etwas Positivem zu füllen. Erst leerten sie die Schalen mit ihrem Schmerz und Leid über der Erde aus und versorgten sie auf diesem transformierenden Weg mit Licht und Liebe. Um die Zeremonie fortzusetzen, füllten sie frisches Wasser in die Schalen. Diesmal legte jeder einen Papierstreifen mit einem Segen darauf hinein und sprach ihn dabei laut aus. Nach jedem Segen hielt die Gruppe inne, atmete tief und stellte sich gemeinsam vor, wie der Segen sie mit guter Gesundheit, Freude und friedlichen Gedanken erfüllte. Am Ende leerten sie auch diese Schalen über der Erde aus.

Alle Anwesenden fühlten sich gestärkt, und keiner wollte, dass die Zeremonie endete. Die Gruppe feierte mit Trommeln, Rasseln und Tanzen. Der lange Abend endete mit Liedern. Patricia dankte den Helfergeistern und erklärte die Arbeit für beendet. Alle Anwesenden jubelten ihr zu.

Einige aus der Gruppe fühlten sich ein wenig ungeerdet, also leitete Donna, eine der Teilnehmerinnen, eine wunderschöne Erdungsmeditation an, und schließlich konnten alle erfüllt von guter, positiver Energie und tief verwurzelt in der Erde aufbrechen.

Bediene dich des kreativen Talents der Gruppe, mit der du zusammenarbeitest, um eine reiche, erfrischende und einzigartige Zeremonie zu gestalten. Es gibt so viele Möglichkeiten, um die Arbeit mit Wasser mit grenzenloser Kraft zu erfüllen. Kraftobjekte oder Bildnisse können aus einem unschädlichen Material angefertigt und einem Fluss, See oder dem Meer übergeben werden.

Einige meiner Schüler malen gern Mandalas in den Sand eines Strandes. Die Mandalas beinhalten Symbole für das, was losgelassen oder gesegnet werden soll. Die hereinkommende Flut wäscht die Bilder und Symbole fort und trägt die von Licht erfüllten Energien ins Meer, um von ihm transformiert und gesegnet zu werden. Solche Zeremonien sind eindrucksvoll, weil sie uns daran erinnern, dass nichts im Leben für die Dauer angelegt ist. Stell dir vor, wie es sich anfühlt, eine solche Zeremonie abzuhalten, zu singen und die Schönheit des Vollmonds zu betrachten, dessen Licht sich auf der Meeresoberfläche spiegelt. Seine Energie fügt sich zu der Zeremonie hinzu. Nutze deine Vorstellungskraft, und lass dich von deinem Herzen und deiner Intention führen.

In die Erde oder ins Wasser hinein auflösen

Mit deinem Atem kannst du alte Verletzungen oder sinnlos gewordene Überzeugungen in Objekte, die du in der Natur findest, hineinblasen. Bei einer Beerdigungszeremonie bieten sich hierzu Steine an. Begib dich in einen meditativen Zustand, und bitte den Stein, wie es Schamanen seit Jahrtausenden tun, um seine Erlaubnis, ihn bei der Zeremonie zu benutzen.

Statt ihn zu begraben, kannst du auch eine Befreiungszeremonie abhalten, bei der du den Stein oder ein anderes Objekt ins Meer, in einen See, einen Fluss oder auch in einen Wasserfall wirfst. Die oben beschriebene Strandmandalazeremonie ist eine einzigartige Methode, um alte Verletzungen zu beerdigen und dabei zugleich das Beste, was das Leben zu bieten hat, herbeizurufen.

Der Wind ist ein Verbündeter

Manche Menschen arbeiten liebend gern mit Feuer. Andere fühlen sich zur Arbeit mit Erde, Wasser oder Luft hingezogen. Es gibt viele, die eine tiefe Beziehung zum Wind haben. Ich kenne Menschen, die sich gern in einen stürmischen Wind stellen, um von ihm alle Verletzungen und alten Überzeugungen fortblasen zu lassen. Wind ist eine auf natürliche Weise reinigende Kraft und für viele ein mächtiger Verbündeter. Durch alle Kulturen hindurch werden seit Anbeginn der Zeit bemerkenswerte Windgeschichten weitergegeben. Der Wind ist auch mein Verbündeter. Ich brauche ihn als wichtigen Führer.

Sams Befreiungszeremonie für Kinder

Sam unterrichtete eine zweite Klasse. Eines Tages hatte er Seifenblasenflaschen für seine Schüler dabei. Er forderte sie auf, darüber nachzudenken, was sie quälte, und dann ging er mit ihnen nach draußen. Die Sonne schien, und es war absolut windstill. Als ein Kind nach dem anderen seine Sorgen in den Seifenblasen entließ, kam Wind auf und trug die Seifenblasen rasch davon. Sam hatte ihnen gesagt, die entlassenen Seifenblasen als Energie in Form von Licht und Liebe zu sehen. Die Kinder waren aufgekratzt und kicherten während der gesamten Zeremonie. Sam brachte ihnen Lieder über die Elemente bei und erklärte ihnen, wie sie uns heilen können und uns alles bringen, was wir zum Überleben brauchen. Die Kinder liebten das Singen und fingen immer wieder spontan an zu tanzen.

Sam erhielt von einigen der Eltern, deren Kinder an diesem Tag lachend, glücklich, gefestigt und im Frieden mit sich nach Hause kamen, ein begeistertes Feedback.

Gebetsbäume

Gebetsbäume zu gestalten ist ein wunderbares Mittel für die Arbeit allein, mit Familienmitgliedern, Kollegen und der Gemeinschaft. Als ich Gebetsbäume in Zentralasien kennenlernte, war ich sofort begeistert. Typischerweise wählt ein Schamane einen Wacholderbusch aus. Tagelang sind der Schamane und die Gemeinschaft mit Anrufungen beschäftigt und lassen Opfergaben bei dem Baum zurück. Sie binden Gebetsbänder an die Zweige, damit der Wind und der Baum die Gebete den kreativen Kräften des Universums zuführen.

In vielen Kulturen werden Bäume als heilige Mittler zwischen Himmel und Erde betrachtet. Auf Fotos von Gebetsbäumen in Asien kann man sehen, dass die Zweige bis fast auf den Boden hängen, weil sie so schwer mit bunten Gebetsbändern beladen sind. Gebetsbäume symbolisieren außerdem den Weltenbaum, der im Schamanismus die obere, mittlere und untere Welt miteinander verbindet. Auf der Erde gibt es Gebets-, Segnungs- und Wunschbäume, die seit Generationen ihren Dienst tun.

Stell dir vor, einen Gebetsbaum für deine Familie, deine Gemeinschaft oder auch an deinem Arbeitsplatz einzurichten, wo sich alle zusammenfinden, um einander mit jedem Band und jeder Schnur in ihrer Heilung und ihren Wünschen zu unterstützen.

Suche dir als Erstes einen Baum in der Natur, der bereit ist, deine Gebete zur göttlichen Kraft zu tragen. Halte deine Anrufungen ab, und hinterlasse Opfergaben, allein oder als Mitglied einer Gruppe. Sobald der Gebetsbaum als solcher geweiht ist, kannst du Menschen dazu einladen, ihre heilenden Gebete in Form von Bändern oder bunten Schnüren an seinen Zweigen zu befestigen. Wie man sich leicht vorstellen kann, lieben Kinder Gebetsbäume.

Es ist wichtig, den Baum mit Wasser-, Blumen-, Kräuter- oder sonstigen Gaben, die dir angemessen erscheinen, zu ehren. Bitte befestige deine Bänder oder Schnüre lose, um die Zweige nicht abzuschnüren, denn sie werden noch lange Zeit weiterwachsen.

Anns »unmögliche« Geschichte

Ich erhielt eine wunderbare E-Mail von Ann, die bei der Arbeit mit einem Gebetsbaum übernatürliche Ergebnisse erzielt hat, denn bereits in meinen Büchern *Lichtvoll leben* und *Der Weisheit der Natur lauschen* (gemeinsam mit Llyn Roberts) hatte ich über die Gestaltung von Gebetsbäumen geschrieben.

Ann hatte ihren Gebetsbaum geweiht, weil sie ihrem Cousin helfen wollte, der im Rollstuhl lebte und dabei lebensbedrohliche Wunden entlang des Rückgrats entwickelt hatte. Ann lud zahlreiche bunte Bänder mit ihrer konzentrierten Intention auf, die Wunden ihres Cousins zu heilen, und band sie dann in den Baum.

In weniger als zwei Wochen wurden die Wunden ihres Cousins erst kleiner und verschwanden dann vollständig. Seine Pflegerin war vollkommen überrascht, weil in den sechs vorhergehenden Monaten kein konventionelles Heilmittel angeschlagen hatte.

In der Welt der Medizin betrachtet man eine derart schnelle Heilung als »unmöglich«. Die Heilung schien sogar über die physische Einschränkung von Anns Cousin hinauszugehen. Sie wirkte sich auch auf seine Einstellung aus. Inzwischen empfindet er sich nicht mehr als das Opfer seiner Behinderung und hat angefangen, selbst für die Heilung von Freunden und Verwandten zu beten.

Wie du dir sicherlich vorstellen kannst, sind Ann und ihr Cousin unendlich dankbar!

Kyle und ihr öffentlicher Gebetsbaum

Kyle ging durch einen Park und fand einen Baum, der sich geehrt fühlte, als Gebetsbaum ausgewählt zu werden. Ein paar von Kyles Freunde taten sich mit ihm zusammen, um die Intention in die Welt zu bringen und den Baum zu bitten, Gebete zu den kreativen Kräften des Universums hinaufzutragen.

Kyle legte am Fuß des Baumes ein Depot für Stoffstreifen an, damit andere sie verwenden konnten. Er und seine Freunde machten den Baum publik und erklärten, wie man vorgehen müsse. Mit der Zeit verbreitete sich die Kunde von dem Gebetsbaum, und Kyle musste den Stoffstreifenvorrat immer häufiger auffüllen. Der Baum füllte sich mit Gebeten.

Ich finde es schön, einen Gebetsbaum in der Nähe meiner Wohnung zu haben, wo ich Gebete für mich, meine Familie, Freunde und andere liebe Menschen hinterlassen kann. Dort kann ich Bitten um Vergebung und um die Befreiung von alten Verletzungen, blockierenden Überzeugungen, Verzweiflung, Hoffnungslosigkeit und Krankheit anbringen und der Macht des Universums anvertrauen. Außerdem binde ich Gebete an, um meine Mitmenschen, das Leben insgesamt und die Erde zu segnen.

Mit meinem Spinnrad verspinne ich Fasern zu Garn und lade es dabei mit den Intentionen meiner Gebete auf. Ich hinterlasse auch Holzperlen, Kräuter, Maismehl, Wasser und andere Gaben bei dem Baum. Ich schüttele meine Rassel und lasse mich von Liedern durchströmen, während ich für mich und andere bete. Durch Singen und Rasseln teile ich außerdem meine Dankbarkeit für die erhörten Gebete mit.

In einer Gemeinschaft, in der die Menschen zusammenkommen, um einen Gebetsbaum einzurichten und für ihre Gebete und Segnungen für sich selbst, füreinander und den Planeten zu nutzen, entstehen Heilung und Liebe mit einer gewaltigen Kraft.

In den unsichtbaren Welten arbeiten

Die meisten Zeremonien, über die ich bisher geschrieben habe, waren in der physischen Welt verankert. Zwar ist diese Arbeit äußerst wirkungsvoll, aber sie ist wie gesagt nicht die einzige Möglichkeit. Da sich die Magie einer Zeremonie auf der Ebene des Geistes entfaltet, kann die Arbeit in den unsichtbaren Welten ebenso wirkungsvoll sein wie jene im physischen Raum. Einer Gruppe von Freunden oder Familienangehörigen, die in der physischen Welt nicht zusammenkommen können, steht es frei, eine Zeremonie mit positiven Ergebnissen in den ungesehenen Welten abzuhalten.

Mach dich mit den Techniken vertraut, die du für deine virtuelle Zeremonie einsetzen möchtest. Vielleicht stellst du dir vor, dass einer von euch trommelt, aber Trommeln über das Telefon oder das Internet kann sich verzerrt anhören. In dem Fall ist es vielleicht besser, das Trommeln zuvor aufzunehmen, und den Teilnehmern steht es dann frei, dazu zu singen oder zu sprechen. Oder sie malen sich im Rahmen einer geführten Meditation aus, zu trommeln oder zu rasseln, oder sie können während der Zeremonie in den ungesehenen Welten trommeln, rasseln, singen und tanzen.

Falls du eine virtuelle Zeremonie leitest, kannst du dich auf die »Geführte Meditation zum Errichten eines Altars in den ungesehenen Welten« aus dem Kapitel

»Zusätzliche Richtlinien für deine zeremonielle Arbeit« stützen, um die Teilnehmer an deinen Altar in den nicht alltäglichen Welten zu führen. Verwende das Bild vom Aufziehen des Vorhangs zwischen den Welten bei jeder Person, die aus ihrer Wohnungs- oder Haustür hinaustritt. Oder entwickle deine eigene geführte schamanische Reise oder Meditation, um deine Gruppe in den Altarraum zu geleiten.

Beschreibe detailliert den Weg zum Altar und die umgebende Landschaft. Richte deine besondere Aufmerksamkeit auf das, was deine Teilnehmer sehen, riechen, hören, fühlen und schmecken werden. Das hilft ihnen, auf dem Weg zum Altarraum ganz und gar präsent zu sein. Ihr Erleben wird so sein, als gingen sie tatsächlich durch wunderschöne Natur und stellten es sich nicht nur vor.

Nachfolgend will ich dir am Beispiel von Robert eine wirkungsvolle Zeremonie für die Befreiung von alten Verletzungen vorstellen. Ich habe sie in meinen Gruppen bisher vor allem als Vergebungszeremonie genutzt. Der Akt des Vergebens löst schädliche energetische Verbindungen, die uns in ungesunden Beziehungen gefangen halten. Diese Zeremonie wirkt in den ungesehenen Welten so ähnlich wie die Feuerzeremonie in der physischen Welt.

Roberts Lichtkessel

Robert litt unter einer unheilbaren Krankheit und wollte sich vor seinem Tod noch einmal ganz eins mit sich selbst fühlen. Er liebte die Arbeit mit dem Lichtkessel, um sich in Vergebung zu üben.

Bevor er seine Zeremonie abhielt, rief er seine mitfühlenden Helfergeister in seinen virtuellen Altarraum. In diesem heiligen Raum stellte er sich einen großen Kessel vor, der mit strahlendem, reinigendem Licht gefüllt war. Sein Schutzgeist trat ihm mit Liebe entgegen und fegte alle Energien fort, die den heiligen Bereich des Altarraums verschmutzen könnten. Robert konnte hier nun in Sicherheit arbeiten.

Er unternahm viele Reisen, um sich selbst für sein Handeln in der Vergangenheit zu vergeben. Jedes Mal stellte er sich dann vor, wie er Worte oder Zeichnungen in den Lichtkessel warf. Danach begab er sich in seinen schamanischen Reisen immer zu den Menschen, denen er etwas zu vergeben hatte. Robert begriff, dass jede schamanische Reise eine eigene Zeremonie darstellt. Wie es so häufig bei solchen Reisen passiert, erhielt er von seinen Helfergeistern wertvolle und manchmal unerwartete Informationen darüber, was er transformieren musste, um unbewusste Gefühle der Scham, des Bedauerns und der Schuld zu erkennen.

Robert arbeitete daran, möglichst allen Menschen zu vergeben, denen er etwas zu vergeben hatte, um Frieden zu finden und zu sterben, ohne Groll mit hinüber in ein neues Leben zu tragen.

Der Lichtkessel funktioniert auch als Zeremonie gemeinsam mit anderen. Dabei stellt sich die Gruppe vor, wie sie durch den Schleier zwischen der sichtbaren und den verborgenen Welten hindurch in einen wunderschönen Garten eintritt, in dem ein großer, mit Licht gefüllter Kessel steht. Nach eurem Eintreffen haltet ihr eure Zeremonie in den nicht alltäglichen Welten ab, um euch von negativen Bewusstseinszuständen zu befreien und sie zu transformieren.

Feuerzeremonien in den nicht alltäglichen Welten

Ich leite auch Gruppen bei Befreiungszeremonien in den nicht alltäglichen Welten. Nach meinen Vorbereitungen führe ich die Gruppe vorbei am virtuellen Altarraum auf eine Wiese, wo wir in der Ferne ein Lagerfeuer sehen. Schutzgeister reinigen alle Teilnehmer, bevor sie in den Kreis treten. Ich erkläre ihnen, dass Schalen mit Effigies – wie etwa mit farbigem Garn umwickelte Stöcke oder mit Kräutern gefüllte Medizinbeutel – für das Feuer bereitstehen. Jeder nimmt aus den Schalen das Objekt, das ihn am meisten anspricht.

Nach der Anrufung nehmen wir die Schönheit des Nachthimmels in uns auf. Wir lauschen dem Knistern und Knacken des Feuers, riechen den Rauch und machen uns die Schönheit unseres Kreises bewusst. Dann beginnt das Trommeln und Rasseln. Die Teilnehmer geben ihre mit dem Schmerz, den sie abbauen wollen, aufgeladenen Effigies ins Feuer, während sich das Trommeln, Rasseln, Singen und Tanzen fortsetzt. Bei virtuellen Zeremonien hilft es den Menschen, sich tiefer einzubringen, wenn sie physische Aktivitäten wie Singen und Trommeln einbeziehen.

Wir geben heilige Kräuter ins Feuer – zum Zeichen unserer Dankbarkeit dafür, dass unser Schmerz angenommen und in lichtvolle und liebende Energien umgewandelt wird, die dem Ganzen dienen. Ich beende die Zeremonie, indem ich die Teilnehmer zurück in das Zimmer führe, aus dem heraus sie ihre schamanische Reise oder Meditation angetreten haben, schließe eine kurze Erdungsübung an und bitte sie dabei, sich wieder tief mit der Erde zu verbinden.

Vivian und die heilige Höhle

Vivians Gruppe wollte lieber in einem virtuellen Gebiet arbeiten, das sich für sie »erdiger« anfühlte als der umschlossene Altarraum. Vivian entwarf deshalb eine Meditation, in deren Verlauf sie die Teilnehmer in eine heilige Höhle in den ungesehenen Welten führte. Alle gemeinsam trommelten und rasselten während ihrer Reise an diesen Ort und stellten sich dabei vor, jeden ihrer Sinne in der Umgebung zum Leben zu erwecken.

In der Mitte der ansonsten dunklen Höhle brannte ein loderndes Feuer. Vivian und ihre Gruppe sangen und tanzten um das Feuer. Alle überantworteten die Kraftobjekte, Briefe oder Zeichnungen, die sie zu diesem Zweck angefertigt hatten, der transformierenden Kraft der Flammen.

Einen virtuellen Gebetsbaum entwerfen

Ein Gebetsbaum ist wie ein lebendiger Altar, an dem man arbeiten, Gebete jeder vorstellbaren Art anbinden und still sitzen kann, um dabei die Macht und Weisheit des Baums in sich aufzunehmen. Nicht immer steht ein entsprechender Baum in der Natur zur Verfügung, vor allem dann nicht, wenn man in einem städtischen Umfeld lebt. Doch einen virtuellen Gebetsbaum kann man sich immer einrichten, ganz egal, wo man lebt. Denkbar ist natürlich, dass man allein mit einem solchen Gebetsbaum arbeitet, doch es ist etwas Besonderes, wenn man Freunde, geliebte Menschen, Kollegen oder Schüler dazu einladen kann, ihre Gebete an einen bereits existierenden Baum in den ungesehenen Welten zu befestigen.

Stell dir die Wirkung vor, wenn Menschen aus der ganzen Welt gemeinsam an einem wunderbaren Gebetsbaum arbeiten.

Ich habe schon oft geführte Meditationen und schamanische Reisen geleitet, um internationale Gruppen zu einem einzigartigen Gebetsbaum in den ungesehenen Welten zu führen, damit sie an ihm ihre Gebete für sich, für andere, für das Leben an sich und die Erde festmachen können. Nach Abschluss unserer Vorbereitungen führe ich die Gruppe vorbei am virtuellen Altarraum zu einem alten Baumgiganten mit unglaublichem Durchmesser, dessen Zweige sich weit in den Himmel hineinstrecken.

Wir rufen die mitfühlenden Helfergeister herbei, und dann singen wir und richten unsere Worte des Dankes an den Baum. Er leitet unsere Heil-, Segens- und Friedensgebete an die kreativen Kräfte des Universums weiter, die dann mit uns gemeinsam an der Verwirklichung der Gebete arbeiten werden.

Die Schutzgeister sorgen am Anfang für die zeremonielle Reinigung aller Beteiligten. Wir sammeln uns und nehmen die Schönheit und das Wunder des Baumes und der umgebenden Natur in uns auf. Ich teile der Gruppe mit, dass Schalen mit Gebetsbändern vorbereitet sind. Ein jeder von uns befestigt sein Gebet locker an einem Ast des Baumes und kehrt dann in den Kreis zurück. Die Gruppe unterstützt jeden Einzelnen mit Singen, Trommeln und Rasseln. Wir hinterlassen Blumen oder etwas anderes Natürliches, das für uns Schönheit, Liebe und Dankbarkeit symbolisiert, als Opfergabe an den Baum und die Helfergeister.

Nachdem ich die Zeremonie abgeschlossen habe, führe ich die Teilnehmer zurück durch den Schleier hindurch von den ungesehenen Welten in die physische Welt.

Audreys Gebetsbaum

Audrey hatte sich entschieden, einen Gebetsbaum für eine Gruppe von Familienmitgliedern einzurichten, die verstreut über ganz Australien leben. Eine geliebte Verwandte hatte schwerwiegende Gesundheitsprobleme, und Audrey bat ihre Familie, sich mit ihr zu dem Abenteuer einer Gebetsbaummeditation zusammenzufinden.

Audrey bediente sich eines Onlineprogramms, damit alle einander sehen konnten, während sie die Zeremonie mit Trommeln und Rasseln leitete. Sie führte alle durch einen Regenwald vorbei an Lianen, von denen die Teilnehmer beim Gehen berührt wurden. Die Lianen reinigten die Teilnehmer dabei von ihren Alltagssorgen und -lasten. Sie bildeten einen Laubengang, der sie tiefer hinein in die nicht alltäglichen Welten führte.

Audrey beschrieb alles in allen Einzelheiten und forderte alle auf, die weiche, warme Erde unter ihren Füßen zu spüren und den Nebel und die feuchte Luft des Regenwaldes, der ihnen als Hülle für ihr kollektives Energiefelds diente. Sie beschrieb, wie die Sonne zwischen den Stämmen hindurchschien, damit jeder die Wärme genießen, den Duft riechen und sogar das Salz in der Luft schmecken konnte.

Dann stießen sie auf einer Lichtung auf einen außergewöhnlichen Solitärbaum. Audrey bat alle Teilnehmer, sich schweigend um den Baum herum aufzustellen und dabei die Kraft des Baumes und ihrer aller Liebe zueinander zu würdigen. Sie konzentrierten sich darauf, ihre Verwandte zu heilen, und hielten sich dabei liebevoll an den Händen.

Audrey sang, als sie die Beteiligten mit Räucherwerk reinigte, und forderte alle auf, Ängste und Gedanken abzulegen und sich auf die Gebete zu konzentrieren, die sie an den Baum binden wollten. Sie nutzten außerdem die Gelegenheit, Bänder mit Gebeten für den Weltfrieden an den Baum zu hängen. Sie hinterließen Blütenblätter ihrer Lieblingsblumen – Rosen, Löwenzahn und Sonnenblumen – als Dankgaben, und dann führte Audrey sie zurück nach Hause.

Diese Zeremonie berührte Audreys Verwandte, die ihre Konflikte für den Moment vergaßen und sich für die Heilung eines geliebten Menschen zusammentaten. Ihre Herzen öffneten sich, und sie gingen eine Bindung in einer Tiefe ein, die noch immer anhält. Alle versuchen weiterhin, den Gebetsbaum in der Meditation aufzusuchen. Sie spüren einen tiefen Frieden, wenn sie am Gebetsbaum sitzen und über ihr Leben und das ihrer geliebten Menschen nachdenken. Sie hinterlassen auch weiterhin Bänder mit Heilgebeten, und ihre sterbenskranke Verwandte macht gute Fortschritte dank der Liebe und der Gebete, die ihr dargebracht werden. Alle empfinden tiefe Dankbarkeit für den majestätischen Baum, der ihnen hilft, ihre Gebete zu fokussieren.

Audrey ist sehr ergriffen davon, dass sich vier Generationen zu einer Zeremonie versammelt hatten. Das allein schon war ein machtvoller Akt der Liebe.

Den Helfergeistern und göttlichen Verbündeten vertrauen

Manchmal besteht die wirkungsvollste zeremonielle Arbeit darin, dein ganzes Vertrauen in einen Helfergeist, einen göttlichen Verbündeten oder in die Macht des Universums zu investieren. Du beginnst, wie üblich, mit deinen Vorbereitungsarbeiten. Nutze Trommeln, spirituelle Musik oder jede Technik, die dir hilfreich erscheint, um aus dem Alltag heraus und in einen heiligen Raum einzutreten. Sobald du in den verborgenen Welten bist, bittest du darum, mit deinem Helfergeist zusammenzutreffen.

Sobald dein mitfühlender Geist bei dir ist, benenne das, was du heilen oder loslassen willst. Bitte deinen Helfergeist oder das göttliche Sein, diesen Schmerz oder das Trauma, etwas, das du vergeben musst, oder sonst ein Problem aufzulösen. Dein Helfergeist wird dann Fäden aus dem Kern deines Seins auseinanderwickeln und in einen strahlenden Ball des Lichts verwandeln.

Diese Zeremonie ist eine machtvolle Erfahrung der Heilung. Außerdem kannst du deinem Helfergeist oder der göttlichen Kraft sehr nahekommen, wenn du ihnen einen Schmerz, eine veraltete Überzeugung, ein Trauma, etwas, das vergeben werden muss, oder einen aufzulösenden alten heiligen Vertrag überlässt. Es handelt sich um einen echten Akt der Hingabe und um eine wunderbare Art der Heilung.

Delores löst ihre Fesseln

Delores kam als Klientin zu mir. Sie hatte sich einer jahrelangen Psychotherapie unterzogen, regelmäßig Meditation praktiziert und auf ausreichend Bewegung und gesunde Ernährung geachtet. Doch trotz all ihrer Anstrengungen hatte sie das Gefühl, mit ihrem Leben aus dem Tritt zu sein. Immer wieder landete sie in missbräuchlichen Beziehungen, in Jobs, die sich als Sackgasse erwiesen, hatte mit finanziellen Problemen zu kämpfen und meinte, nicht im Fluss mit dem Leben zu sein.

Ich hielt eine Heilzeremonie mit Delores ab und erklärte ihr, wie sie in den nicht alltäglichen Welten selbst eine Heilzeremonie durchführen konnte. In ihrer Zeremonie traf Delores auf den göttlichen und mitfühlenden Geist der Mutter Maria. Durch direkten telepathischen Kontakt erzählte ihr Mutter Maria von einem heiligen Vertrag, den Delores während eines vorhergehenden Lebens abgeschlossen hatte: Sie hatte sich darin verpflichtet, auf die Erfüllung ihrer eigenen Bedürfnisse zu verzichten. In diesem früheren Leben war sie zuvor egoistisch und alles andere als eine mitfühlende Ehefrau und Mutter gewesen.

Mutter Maria erklärte Delores mitfühlend, dass dieser Vertrag erfüllt sei, dass sie jedoch in ihren alten Verhaltensmustern aus der Vergangenheit feststecke. Damit Delores wachsen könne, müsse der Zyklus gebrochen werden, in dem sie ihre Freude ständig für Elend opfere. Mutter Maria wollte wissen, ob Delores bereit sei, ihre Bindung an den alten Vertrag zu lösen. Delores war begeistert davon, dass sie mit einem göttlichen Wesen zusammenarbeiten durfte, dem sie Liebe und Vertrauen entgegenbrachte.

Mutter Maria griff in Delores Solarplexus und begann etwas zu entwirren, das aussah wie ein Knäuel aus glänzendem blauem Garn. Dann blies Mutter Maria in das Garn, und es verwandelte sich in kleine Rosenknospen, die auf Delores herabregneten und angezeigten, dass der Vertrag erfüllt und gelöst war und dass es jetzt an der Zeit war, sich der Schönheit des Lebens zuzuwenden. Zum Abschluss füllte Mutter Maria Delores mit Licht, sodass sie wieder ganz war.

Ein Tiger zerstückelt Martins Vertrag

Martin kam sich vor, als stehe er unter einem Fluch. In der Zeremonie, die er deswegen abhielt, begegnete er seinem Helfergeist, einem Tiger, der Martin von einem alten Vertrag berichtete, von dem er sich jetzt verabschieden müsse. Der Tiger bediente sich einer Zerstückelungszeremonie – eine mächtige und uralte Praxis, die es einem Helfergeist gestattet, Energieblockierungen aufzulösen. Martin empfand weder Schmerz noch Furcht, als der Tiger mit seiner Tatze in sein Herz griff, einen Vertrag herauszog und ihn zerriss.

Nachdem der Tiger den Vertrag zerstückelt und aufgefressen hatte, empfand Martin sofortige Erleichterung. Der Vertrag hatte seine gesamte Freude und seine Fähigkeit, sich ein gesundes Leben zu gestalten, gebunden.

Zum Abschluss füllte Martins Tiger ihn mit Licht und wandte noch ein Heilverfahren bei ihm an, um sicherzugehen, dass Martin sich vollständig und erfüllt von Kraft und Liebe fühlte.

Du kannst jede der hier beschriebenen Zeremonien verwenden, um dich von den Enttäuschungen des Lebens zu befreien. Oder aber du denkst dir eine eigene aus. Ich mache gern die Zeremonie mit dem Entwirren eines inneren Knotens, mit dem Zerstückeln oder dem Lichtkessel, wenn ich mich von Helfergeistern und göttlichen Kräften beim Verarbeiten von Enttäuschungen unterstützen lasse. Ich empfehle diese Vorgehensweise auch allen Menschen, die enttäuscht sind, wenn ihre Zeremoniearbeit nicht sofort das erhoffte Ergebnis zeigt.

LEBEN IST ZEREMONIE

Segnungs- und Heilungszeremonien für Menschen

Wenn wir uns auf die persönliche Heilarbeit einlassen, fühlen wir uns vollständiger, gegenwärtiger in unserem Leben und haben ein ausgeprägteres Gefühl dafür, wer wir sind. Heil- und Segnungsarbeit hilft uns, eine Welt zu erschaffen, die unsere innere Landschaft widerspiegelt. Wir wollen in einem von positiver Energie erfüllten Haus leben, starke und gesunde Beziehungen schaffen, uns auf tiefgründige Weise mit den Zyklen der Natur verbinden, den Platz, an dem wir leben, würdigen, daran arbeiten, das Leben zu schaffen, das wir leben wollen, und einen guten Traum für den Planeten unterstützen.

Segnungszeremonien können eingesetzt werden, um:

- den Traum deines Lebens herbeizurufen,
- die Seele (Lebenskraft und liebende Energien) deines Hauses, deines Landes, deines Arbeitsplatzes oder deiner Gemeinschaft heilen zu lassen,
- dir den Übergang in ein neues Zuhause, an einen neuen Arbeitsplatz, in eine neue Gegend der Welt, zu einem neuen Projekt oder in eine neue Lebensphase zu erleichtern,
- einen neuen Garten oder Gemeinschaftsgarten zu unterstützen,

- ein positives Ergebnis zu erbitten für jemanden, der vor einer Operation steht, in den Krieg zieht oder vor einer Veränderung im Leben steht,
- Schutz beim Fliegen, Autofahren, bei einer geschäftlichen Präsentation oder für jegliche Tätigkeit zu erbitten, die in einem kollektiven energetischen Raum unternommen wird, der sich giftig anfühlt,
- Geburtstage, Jahrestage und Feiertage zu würdigen,
- Neumond, Vollmond, Tagundnachtgleiche und Sonnenwende zu ehren,
- dem Land, auf dem du lebst, den Naturwesen, die dich umgeben, den Elementen und deinem Leben deine Dankbarkeit und Wertschätzung zu zeigen,
- heilendes spirituelles Licht zu geliebten Menschen, Klienten und dem Leben als Ganzem zu bringen,
- alles und jeden zu segnen, den du noch zusätzlich auf dieser Liste sehen möchtest.

Es ist äußerst wirkungsvoll, die Befreiungszeremonien aus dem vorigen Kapitel mit Heilungs- und Segnungszeremonien zu verbinden. In einem solchen Fall würdest du die Befreiung abschließen und dann den Raum durch das Verbrennen von heiligen Kräutern oder durch Singen und Tanzen reinigen. Mach deine Absicht deutlich, dass du jetzt, da diese alte Verletzung, Blockierung und diese selbstzerstörerische Überzeugung aufgelöst wurde, deine Wünsche für dich selbst, für das Netz des Lebens, für die Erde manifestieren willst.

In manchen Fällen könntest du die Reihenfolge der Zeremonien umdrehen, erst deine Segnungen vornehmen und dich dann mit einer Zeremonie von dich blockierenden Überzeugungen befreien, die dich daran hindern, erwünschte Ergebnisse anzunehmen. Beispielsweise müsstest du dich erst von einem Gefühl der Wertlosigkeit befreien, bevor du den erbeteten Segen annehmen und manifestieren kannst.

Es gibt keine feste Regel für die Abfolge, wenn du Befreiungs- und Segnungszeremonie in einem Durchgang machen willst. Folge deinem eigenen inneren Fluss.

Sich ein gutes Leben vergegenwärtigen

Versuche dir zu vergegenwärtigen, was du in deinem Leben manifestieren willst, während du deine Befreiungszeremonie abhältst. Es ist sinnvoll, diese Prozesse miteinander zu kombinieren – sich zu befreien und sich zugleich auf das zu konzentrieren, was man erwartet, wenn man das Gute des Lebens empfängt.

Im Schamanismus wird das Leben als Traum betrachtet. Was du tagträumst, während du arbeitest, spazieren gehst, isst und so weiter, spiegelt das Leben, das du jetzt führst, zeigt, was du zu den Ereignissen auf unserem Planeten beiträgst, und erschafft zugleich beides.

Wenn du im Laufe des Tages deine Gedanken abschweifen lässt und dich damit aufhältst, wie sehr du dein Leben, deine Arbeit, irgendwelche politischen Zusammenhänge oder sonst irgendetwas hasst, dann säst und nährst du letztendlich die Zustände in deinem inneren Garten, die du verabscheust. Dein Tagträumen sorgt dafür, dass sie keimen und sich zu kräftigen Pflanzen entwickeln. Du musst bewusst darüber entscheiden, wie der Garten in deiner inneren Landschaft tatsächlich beschaffen sein soll.

Eine substanzielle schamanische Unterweisung lautet: Wenn du dein Leben verändern willst, dann verändere zuerst dein Tagträumen. Es stimmt, die meisten Menschen haben Angst davor zu scheitern. Aber vergiss nicht, bei Zeremonien geht es nicht darum, einen »sofortigen Gewinn« zu erzielen. Wir halten Zeremonien mit dem Ziel ab, einen Samen in unserer inneren Welt zu pflanzen, aus dem mit der Zeit und mit liebevoller Hege und Pflege eine Pflanze von einzigartiger Schönheit wächst. Ihre Qualitäten durchdringen unser Leben und die Welt.

Wenn du zu einem neuen Abenteuer aufbrichst, eine neue Beziehung beginnst, in ein neues Zuhause oder eine andere Stadt ziehst, sinnstiftende Arbeit findest oder auch, wenn du auf die Schulbank zurückkehrst, um Neues zu lernen, dann lass am Anfang eine starke positive Vision stehen. Konzentriere dich auf das, worauf du dich in der Gegenwart und in der Zukunft freust.

Eine weitere Metapher, die Schamanen gern verwenden, ist die Vorstellung, dass unsere Tagträume in den Wandteppich unseres Lebens, an dessen Erschaffung wir täglich arbeiten, mit eingewoben werden. Gemäß dem klassischen Schamanismus ist es unser Schicksal, Träumer zu sein und uns auf einen guten Traum für das Leben als Ganzes zu konzentrieren.

Bevor wir eine Zeremonie abhalten können, die das Beste hervorbringen soll, das das Leben im Angebot hat, müssen wir uns vorbereiten und unsere ganze Vorstellungskraft mobilisieren. Auf diese Weise kommuniziert unser Geist weiter mit dem Göttlichen und den kreativen Kräften des Universums.

Viele unterschätzen die Bedeutung der Vorstellungskraft in ihrer Beziehung zum Schamanismus. Sie meinen, dass wir uns nur virtuelle Erfahrungen »ausdenken«. Doch in Wahrheit bewirken wir alles, was in unserer äußeren Welt geschieht, selbst. Ohne Vorstellungskraft könnten wir unsere Sinne nicht mobilisieren, die wir brauchen, um schamanisch zu reisen oder um geführte Meditationen abzuhalten. Alles, was wir im Inneren und in der Außenwelt erleben, fantasieren wir zuvor. Unsere Vorstellungskraft erschafft unsere Wirklichkeit.

Reflektiere darüber, was du in deinem Leben manifestieren willst – ob für deine Gesundheit oder zu deiner Freude oder für die von dir geliebten Menschen, für deine Gemeinschaft oder die Erde.

Sobald du weißt, was du wirklich willst, und deinen Lebenstraum kennst, fang an, dir vorzustellen, wie du leben würdest, wäre dein Traum bereits verwirklicht. Konzentriere dich auf jedes sinnliche Detail. Lass davon ab, dir ein zweidimensionales Bild von deinem erwünschten Leben zu machen, als würdest du einen Film betrachten. Tritt ein in dein erträumtes Leben und in die Welt, die du dir wünschst. Erlebe beides in allen drei Dimensionen und so vollständig, dass du auf diese Weise deinen Traum verwirklichst.

Wünschst du dir zum Beispiel gesunde Freundschaften, dann stell dir die lächelnden Gesichter dieser Menschen genau vor, ihr liebevolles Verhalten, ihr Aussehen und ihre Kleidung. Handelt es sich um neue Freunde oder willst du deine bereits existierenden Freundschaften vertiefen? Mach dir ein Bild von euren Gesprächen. Berühre die Hände deiner Freunde auf liebevolle und unterstützende Weise. Nimm deine Umgebung wahr. Sitzt ihr zusammen in einem Restaurant? Wie sieht es aus? Wie ist es gestaltet? Mal dir aus, wie ihr gemeinsam esst. Welche Speisen habt ihr gewählt, und wie schmecken sie? Welches Wetter herrscht draußen?

Rieche den Duft der Luft. Stell dir vor, wie du lachst oder weinst, wenn dich etwas im Innersten berührt. Mal dir aus, wie ihr das Restaurant verlasst und gemeinsam einen Spaziergang in einer lieblichen Landschaft macht. Spüre, wie sich die Erde, der milde Wind und die Gegenstände in deinem Umfeld anfühlen.

Mobilisiere alle deine Sinne, um die Situation, von der du träumst, lebendig werden zu lassen. Wenn wir unsere Vorstellungskraft nur gewähren lassen, dann träumen wir ununterbrochen.

Erweitere deine Traumarbeit, indem du dir innere Bilder davon erschaffst, wie du dich in liebevolle und gesunde Szenen mit deiner Familie einbringst, wie du voller Hoffnung bist und in einer ursprünglichen Umgebung und Welt lebst, die Liebe, Frieden, Achtung und Respekt für alles Leben einschließt.

Lass dich vollständig auf den Traum ein, den du erschaffst, so, als sei er bereits verwirklicht und als lebtest du dein Leben, wie du es dir vorgestellt hast. Gib dich diesem Leben in deiner Vorstellung vollständig hin. Blicke aus deinen Augen heraus auf dein neues Leben. Höre, was es zu hören gibt. Spüre deine Umgebung und die Freude an deinem ersehnten gesunden Leben. Bringe dich voll und ganz ein, indem du dich beim Essen und Trinken erlebst, dabei, wie du deine Umgebung mit den Händen erkundest, und indem du riechst, was es in deiner neu manifestierten Welt zu riechen gibt.

Hier noch ein weiteres Beispiel dafür, wie man mit Tagträumen arbeiten kann, bevor wir uns dem Zelebrieren einer Segnungszeremonie zuwenden. Wenn ich das Gefühl habe, dass ich aus dem Fluss des Lebens herausgefallen bin, dann stelle ich mir vor, dass ich in einem Kanu einen einzigartigen Fluss entlangpaddle, den Windungen des Flusses folgend, hinweg über Stromschnellen und hinein in die ruhigeren Fahrwasser. Erst spüre ich den Fluss des Lebens in meinem Körper, bevor ich mir eine Segnungszeremonie überlege, in der ich darum bitte, dass mein Leben in einen natürlicheren Fluss zurückkehren möge.

Sobald du dich daran gewöhnt hast, dich regelmäßig deinen Tagträumen hinzugeben, gibt es eine Vielzahl von Zeremonien, in denen du deine Wünsche zum Ausdruck bringen oder um die Segnung deiner Träume bitten kannst.

Feuerzeremonie zur Segnung deiner größten Träume

Wenn wir in meinen Trainings gemeinsam daran arbeiten, unsere Träume zu manifestieren, dann halten wir eine Feuerzeremonie ab und bitten um die Segnung unserer Wünsche und um Unterstützung. Wir fangen gern damit an, dass wir zunächst alte Verletzungen abbauen und dem Feuer übergeben. Erst danach bitten wir um Segnung.

Bleib, während du an deinen Effigies, Talismanen oder Kraftobjekten arbeitest, auf die Erfüllung deiner Wünsche fokussiert. Lass dann das Feuer, für das du Holz aufschichtest, wissen, wie es mit dir oder deiner Gruppe zusammenarbeiten kann. In den schon beschriebenen Zeremonien haben wir die Kraft des Feuers, umzuwandeln und zu transformieren, heraufbeschworen. Diesmal bitten wir den Rauch des Feuers, deine Gebete ins Universum zu tragen. Es ist wichtig, bereits die Vorbereitung des Feuers im Geist des Gewünschten zu betreiben. Bitte das Feuer darum, deine Gebete und Wünsche hinaufzutragen zu den Kräften des Universums, um sie zu manifestieren. Auf diese Weise synchronisiert sich deine schöpferische Energie mit den göttlichen kreativen Kräften.

Falls du dich entscheidest, Befreiungs- und Segnungszeremonie miteinander zu kombinieren, dann teile dem Feuer mit, dass du beide Zeremonien planst. Wisse, dass der Geist des Feuers dir zuhört und mit dir zusammenarbeiten will. Jede Feuerzeremonie wird die Beziehung zu deinem Verbündeten Feuer vertiefen.

Jetzt will ich dich an einer Adaptation der Feuerzeremonie für die Segnung unserer Träume teilhaben lassen. Wenn wir uns dem Prinzip der Einheit öffnen, dann erkennen wir, dass wir alle einen kollektiven Traum haben. Was immer ich für mich selbst erträume, ist auch Teil deines Traums für dich. In dieser Version der Feuerzeremonie legen die Feuerbewahrer eine Decke auf einer Lichtung aus, und die Gruppe versammelt sich um das Feuer. Jeder Teilnehmer wird spirituell gereinigt und im Kreis willkommen geheißen. Alle legen ihre Effigies auf die Decke. Nach der Anrufung wird getrommelt, gerasselt und gesungen, und jeder legt das Kraftobjekt eines anderen ins Feuer.

Es ist erstaunlich, wie viel Kraft und Freude freigesetzt werden, wenn die eine Person für den Traum einer anderen um Segnung und Verwirklichung bittet. Es gefällt mir, wenn sich die Energie des Kreises ganz auf die Unterstützung eines Einzelnen ausrichtet, wenn alle ihre Aufmerksamkeit und Kraft auf das Ganze richten und zusehen, wie der eigene Traum ins Feuer gebracht wird.

Wir beenden die Zeremonie, indem wir tanzen und für die Kinder aller Arten beten, die ihren Traum von einem von Liebe, Respekt und Wertschätzung erfüllten Leben an einem guten Ort mit genug Nahrung und Wasser nicht selbst ausdrücken können. Ich danke den Geistern und beschließe die Zeremonie.

Jakes Zeremonie zur Unterstützung seiner Gemeinschaft

Jakes Heimatort hatte mehrfach unter entsetzlichen Wirbelstürmen zu leiden, und viele der Einwohner waren nach dem Verlust ihrer Häuser verzweifelt. Sie litten emotional, physisch und finanziell. Es wollte ihm so scheinen, als habe das Kollektiv seiner Gemeinschaft seine Seele verloren. Weil Jake sich positiv an eine Feuerzeremonie erinnerte, die wir gemeinsam abgehalten hatten, bat er mich, die Zeremonie für sich zu Hause verwenden zu dürfen, um seine Gemeinschaft zu segnen.

Jake war beunruhigt, weil er sich nicht vorstellen konnte, dass sich seine Gemeinschaft auf schamanische Zeremonien einlassen würde. Ich erzählte ihm, wie ich im Rahmen der Pilotstudie mit Herzinfarktpatienten genau diese Zeremonie geleitet hatte. Ich hatte alle im Kreis mit süßen Glockentönen willkommen geheißen und den Teilnehmern schamanische Instrumente gereicht. Jake passte diese Praxis an seine Situation an und stellte Rasseln aus getrockneten Maiskörnern in Glasflaschen her.

Da es für die Mitglieder seiner Gemeinschaft eine zu große Herausforderung dargestellt hätte, Talismane und Effigies herzustellen, sorgte Jake für Stifte und Zettel, und alle hielten so ihre Wünsche fest. Freiwillige errichteten das Feuer. Die Kinder der Gemeinschaft schmückten den Platz. Die Gruppe unterstützte jeden Einzelnen, der seinen Zettel ins Feuer gab, um gesegnet zu werden. Zum ersten Mal seit Wochen hörte man die Kinder wieder lachen, als sie an der Reihe waren, das Feuer mit ihren Wünschen zu füttern. Vor und nach der Zeremonie sang die Gruppe inspirierende Lieder.

Bald darauf schickte Jake mir einen Dankesbrief. Nicht alle hatten sich bei der Zeremonie eingefunden, doch die meisten waren gekommen. Sie hatten einen wunderbaren Abend miteinander verbracht, zusammen geträumt und zu einem hoffnungsvollen Geisteszustand zurückgefunden. Das Leuchten war in die Augen der Menschen zurückgekehrt.

Sie beendeten die Zeremonie mit einem Gespräch darüber, wie sie einander beim Wiederaufbau ihrer Häuser und ihrer Gemeinschaft eine größere Stütze sein könnten. Jake sagte, die tiefe und verbindende Heilung in seiner Gemeinschaft sei weit über das hinausgegangen, was er sich je hätte vorstellen können.

Individuelle Segnungszeremonien

Die Gebetsbaumzeremonie kann leicht für Segnung und Heilung genutzt werden. Eine Gruppe, Familie, Gemeinschaft oder ein Arbeitskollektiv kann gemeinsam einen Gebetsbaum einweihen und dazu entweder einen tatsächlichen oder einen virtuellen Baum nutzen. Im Verlauf der Zeit können die Menschen auch weiterhin ihre Bänder und Schnüre an die Zweige des Baums binden. Die einen bitten mit ihren Gebetsschleifen um die Befreiung von Schmerzen oder Traumata, andere befestigen Wünsche, die sie gern manifestieren würden. Bänder kann man auch mit einem Gebet für Menschen festbinden, denen eine Operation bevorsteht, die vor einer Behandlung gegen eine schlimme Krankheit stehen, in einen Krieg ziehen müssen oder eine wichtige Veränderung durchleben. Auch Schutz bei Reisen, die Bitte um eine gelungene Präsentation oder alles sonst, was dich in eine »toxische« Situation bringen kann, ist als Thema denkbar.

Wasserzeremonien sind ebenso wirksam zur Segnung und Heilung. Setze dafür eine Schale mit warmem Wasser auf deinen Altar, und schreib deine Wünsche auf auflösbares Papier. Zünde eine Kerze an, spiele Musik, leiste deine Anrufung, leg das Papier ins Wasser, und setze deine Gebete fort, während es sich auflöst. Leere die Schale, die nun angefüllt ist mit liebevoller Energie, über der Erde, in ein Gewässer oder auch in den Wind aus. Diese Zeremonie kannst du allein, in einer Gruppe oder virtuell abhalten.

Ich ermutige dich auch hier wieder, deine eigenen Zeremonien zu gestalten und mit denen zu improvisieren, die ich hier in diesem Buch mit dir geteilt habe. Ich selbst habe Herangehensweisen und Strukturen für meine Zeremonien gefunden, die sich für mich persönlich gut anfühlen und durch die ich auch meine Gruppen führen kann. Wenn ich Zeremonien ein zweites Mal abhalte, dann fühlt es sich für mich so an, als beschritte ich einen mir bereits vertrauten Weg – meine Füße hinterlassen jedes Mal ein wenig tiefere Abdrücke. Bei Wiederholungen muss man allerdings darauf achten, dass sie nichts Gewohnheitsmäßiges entwickeln und sich am Ende nicht leblos anfühlen. Energie und Leidenschaft, die du in deine Zeremoniearbeit investierst, sind die entscheidenden Zutaten für große Kraft und ein gelungenes Ergebnis.

Stuarts und Annes Krisenzeremonie

Stuart und Anne, großartige schamanische Lehrer, lebten in einem Gebiet, das von einem Feuer schwer in Mitleidenschaft gezogen worden war. Jeder in der Gemeinschaft hatte auf die eine oder andere Art Verluste hinnehmen müssen: Sie hatten Freunde verloren oder ihr Zuhause, waren evakuiert worden, mussten seither ohne Wasser oder Strom leben, befanden sich in einer Notunterkunft, mussten Rauch ohne Ende ertragen und überall Polizei auf der Straße. Die ganze Stadt litt unter posttraumatischem Stress.

Deshalb luden Stuart und Anne die Mitglieder ihrer Gemeinschaft zu einer Segnungszeremonie ein, bei der sie um Heilung und Segen für die Menschen bitten wollten, die mit ihrem Leben noch einmal von vorn anfangen mussten. Erwachsene und Kinder jeden Alters waren bei der Zeremonie willkommen. Menschen unterschiedlicher Ethnien, sexueller Orientierung und Geschlechtsidentität kamen, um sich gegenseitig zu unterstützen.

Sie richteten einen Tisch mit Nahrungsmittelspenden, Leckereien und Kristallherzen ein. Jeder erhielt die Gelegenheit, von sich und seinen Gefühlen zu erzählen. Die Menschen teilten miteinander und mit dem Geist des Feuers ihre Trauer und ihre Ängste, aber auch das, wofür sie dankbar waren. Nach einem so schrecklichen Ereignis wird uns häufig überhaupt erst bewusst, wofür wir alles dankbar sein können.

Es wurde eine ganze Zeit lang getrommelt, gerasselt und gesungen. Alle wurden aufgefordert, sich vorzustellen, wie sie die Speisen auf dem Tisch mit guten Wünschen aufluden. Dann durften sie die gesegneten Speisen essen und sich ein mit segnender Energie gefülltes Kristallherz mitnehmen.

Segnungs- und Heilungszeremonien für Orte

Je mehr deine zeremoniellen Fertigkeiten wachsen, umso besser kannst du auch längere Zeremonien durchführen, die sich vielleicht über Tage und Wochen erstrecken. Irgendwann gehört die Zeremonie fest zu deinem Tag, und du lebst in Harmonie mit dem Heiligen. Dieses Kapitel wird dir helfen, das Zeremonielle zu einem festen Bestandteil deines Alltags zu machen.

Als ich für mein zweites Buch Heimkehr der Seele recherchierte, fand ich eine Stelle in der ethnologischen Literatur, in der beschrieben wurde, wie Schamanen die Seele der Feldfrüchte zurückholen. Dieser Text eröffnete mir eine vollkommen neue Denkrichtung. Bisher hatte ich mich nur mit der Seelenrückholung bei Menschen und Naturwesen befasst, jetzt erweiterte ich meine Arbeit auf die Seelenrückholung für Orte.

Die Seelenarbeit für Menschen und Naturwesen ist nicht Thema dieses Buches. Diese kraftvollen Heilungszeremonien für Lebewesen, die traumatische Erfahrungen gemacht haben, erfordern eine ernsthafte und gründliche Ausbildung in der schamanischen Heilarbeit. Doch ich habe festgestellt, dass die Seelenrückholung für Orte leichter zu erlernen ist und bemerkenswerte Resultate zeitigen kann.

Für einen Schamanen bedeutet Seele »Kern« oder »Lebenskraft«. Unser Zuhause hat ebenso wie das Land, auf dem wir leben, die Gebäude, Städte und andere Orte, in und an denen wir wohnen, eine Seele. Indem wir uns mit spiritueller Tiefenarbeit befassen, entwickeln wir ein größeres Bewusstsein für die Energie, die uns umgibt. Wenn wir ein Haus betreten, dann spüren wir, ob es erfüllt ist von giftiger beziehungsweise von toter Energie oder aber von kräftiger und lebendiger. Das Gleiche gilt auch für Orte und Plätze – für das Land, auf dem wir leben, unseren Arbeitsplatz, unsere Nachbarschaft und unsere Länder.

In schamanischen Kulturen werden Häuser und feste Strukturen unter Wertschätzung der verwendeten Materialien errichtet. Jeder Stein wird gesegnet. Bäume werden vor dem Fällen gesegnet. Lieder werden während des Bauens gesungen, um das Haus mit guter Energie zu füllen. Heute hingegen wollen wir so billig und so schnell wie möglich bauen, ohne Rücksicht auf die Materialien oder auf die Seele des Gebäudes zu nehmen.

Manchmal verfügen Häuser, Gebäude und das Land, auf dem wir leben, über gar keine Lebenskraft mehr, weil sie keine spirituelle Wertschätzung erfahren. Auch Land kann durch Krieg oder Gewalt traumatisiert sein.

Es ist möglich, Zeremonien zur Heilung und Würdigung der Seelen von traumatisierten oder vernachlässigten Häusern, Gebäuden, Büros und Landstrichen abzuhalten. Solche Zeremonien stellen die Harmonie, den Frieden und das Empfinden von Schönheit und Lebendigkeit wieder her. So könnte man auch sagen, dass der Ort, an dem du lebst und arbeitest, die Stärke und

Schönheit deiner Seele reflektiert. Das Wiederherbeisingen der Seele eines Hauses, Landes oder Ortes ist bei alldem eine klassische schamanische Arbeitsweise.

Ein Haus segnen

In den 1980er-Jahren hielt ich jährlich etwa vierzig Wochenendworkshops ab und war folglich nicht viel zu Hause in Santa Fe. Und wenn ich einmal dort war, dann luden mich Freunde ein, in ihrem Gästehaus zu wohnen. Ich lebte in einem winzigen Zimmer mit einem Tisch, einen Stuhl und einem in die Wand eingelassenen Bett.

In diesem Raum traf ich mich auch mit Klienten, und wir passten gerade so hinein. Wenn sie Freunde und Angehörige zur Unterstützung mitbrachten, mussten wir uns auf dem Boden niederlassen, was letztlich eine wunderbare Bindungserfahrung ermöglichte.

Mein erstes Buch *Auf der Suche nach der verlorenen Seele* schrieb ich dort an dem kleinen Tisch mit der Hand. Ungefähr fünf Jahre lang lebte und arbeitete ich in diesem Zimmer, und es war von starker Heilenergie durchdrungen. Am liebsten wollte ich den Rest meines Lebens in diesem kleinen Zimmer zubringen.

Als mir die Familie, bei der ich lebte, schließlich mitteilte, dass sie umziehen wollte, erlitt ich ein Trauma. Ich konnte mir nicht vorstellen, mein heiliges Sanktuarium aufzugeben.

Ich zog in das Haus meines Partners, wo er eigens für mich ein Arbeitszimmer eingerichtet hatte. Bevor ich umzog, unternahm ich eine schamanische Reise, um mittels einer Zeremonie auch energetisch aus meinem geliebten Heiligtum in mein neues Büro zu wechseln. Ich erhielt die Weisung, zu rasseln und zu singen. Ein Lied floss mühelos durch mich hindurch. Während ich sang, stellte ich mir vor, dass ich die positive Energie des Zimmers – wie einen Faden auf eine Spule – auf meine Rassel wickelte. Ich machte so lange weiter, bis ich keinerlei spirituelle Energie mehr in dem Zimmer wahrnahm. Ich brachte die Rassel in mein neues Arbeitszimmer und sang, und wieder floss das Lied mühelos aus meiner Seele, während ich aus der Rassel all die angesammelte Heilenergie in mein neues Büro schüttelte.

Für mich hat diese Zeremonie funktioniert. Mein neues Arbeitszimmer war aufgeladen mit all der jahrelang in meinem früheren Zimmer angesammelten guten Heilenergie. Ich setzte meine Zeremonie fort, indem ich mir einen neuen Altar einrichtete und Blumen und heilige Objekte verteilte, die meinen neuen Heilraum auszeichnen sollten.

Die neuen Eigentümer des Hauses meiner Freunde waren Geistheiler. Sie gestanden mir später, dass sie das Haus wegen der Energie in meinem Zimmer gekauft hatten. Als ich den Mann auf einer Veranstaltung wiedertraf, wollte er wissen, wohin die Energie aus meinem Zimmer verschwunden sei, und ich antwortete: »Die habe ich mitgenommen.« Wir sprachen eine Weile miteinander und lachten viel darüber. Die Hauskäufer waren wohlbekannte Heiler, die natürlich genau wussten, wie sie das Zimmer mit ihrer eigenen heiligen Energie füllen konnten.

Daniela segnet ihre Wohnung

Daniela freute sich auf den Umzug in eine neue Wohnung und wollte sie in einen heiligen Zufluchtsort verwandeln. Dazu lud sie ihre Freunde ein. Zuvor war sie in einem Park gewesen, um dort in der Natur heilige Gegenstände zu sammeln. Ihre Freunde brachten Geschenke in Form von Steinen, Kristallen und Blumen mit. Sie hielt ihre Zeremonie zum Neumond ab, wenn die Energie des Neuanfangs dann auf dem Höhepunkt ist.

Alle trommelten und rasselten verhalten, um Danielas neue Nachbarn nicht zu stören, während sie die mitfühlenden Helfergeister der Wohnung und des Gebäudes herbeirief. Sie begrüßte die vier Himmelsrichtungen und würdigte ihre mitfühlenden Vorfahren und die helfenden Ahnengeister des Landes.

Daniela verbrannte Salbei und führte ihre Gruppe in jedes Zimmer ihrer Wohnung, um sie von jeglicher toter Energie zu reinigen. Sie verbrannte wunderbar duftende Lavendelessenzen, um die Süße des Lebens einzuladen. Daniela und ihre Freunde verbanden sich mit einer göttlichen Kraft und bliesen dann Segnungen mit ihren Worten und ihrer Kraft in die Steine, Kristalle und Blumen.

Gemeinsam fanden sie Ecken in der Wohnung, wo sie ihre beseelten Objekte aus der Natur gut platzieren konnte. Einige der heiligen Objekte legte Daniela auf ihren Altar und begann so ihren neuen Lebensabschnitt. Die Zeremonie endete mit dem Singen von Liedern, und dann, nachdem sie wieder allein war, genoss Daniela in vollen Zügen ihren neuen Zufluchtsort.

Bryce' und Robins Segnung für ihr neues Zuhause

Bryce und Robin kauften ein neues Zuhause für ihre Familie. Sie hatten nicht viel Geld, doch es gelang ihnen, ein preiswertes Haus zu finden, das seit Jahren auf dem Markt war. Sie waren glücklich, dass sie ein Haus in einer guten Nachbarschaft mit guten Schulen für ihre drei Kinder entdeckt hatten. Aber sie waren nicht in das Haus verliebt, denn es hatte eine dunkle Energie und fühlte sich weder warm noch gemütlich an.

Bevor sie einzogen, luden sie deswegen Freunde und Angehörige ein. Alle waren überglücklich, dass Bryce und Robin ein Haus gefunden hatten, doch sie alle fühlten auch die merkwürdig leblose Energie in den Räumen.

Bryce und Robin waren Schamanismusschüler und bedienten sich nun der zeremoniellen Mittel, die sie in ihrer Ausbildung kennengelernt hatten, um dem Haus seine Seele zurückzugeben und es in ein echtes Zuhause, erfüllt von Liebe und guter Energie, zu verwandeln. Sie baten ihre Freunde und Angehörigen, an die Möglichkeit zu glauben, dass es mithilfe von spirituellen Methoden gelingen würde, die Energie des Hauses zu bereinigen. Sie erklärten die Grundlagen ihrer Zeremonie und leiteten die anderen an, sich von Alltagsgedanken zu lösen, sich der Macht der Liebe zu öffnen und die göttlichen Kräfte zu begrüßen, die mithelfen würden, das erwünschte Ergebnis zu erzielen.

Alle wollten mitmachen. Die erste Idee eines Freundes war es, zeremonielle Elemente mit der Renovierung des Hauses zu verbinden. Also verteilten Freunde und Angehörige mit jedem Pinselstrich und auf ganz persönliche Weise ihre Liebe in dem Haus.

Zuvor wurde das Haus durch Räuchern mit Salbei gereinigt und von seiner leblosen Energie befreit. Glücklicherweise war die Energie nicht bösartig. Es mangelte ihr lediglich an Licht und Wärme als Einladung für gute Gefühle.

Bryce und Robin formulierten eine passende Intention, in der sich ihre sehr vielfältig zusammengesetzte Gruppe gut wiederfand. Beim Malern wurde gesungen. Einige der Helfer atmeten ihre Liebe in die verwendete Farbe. Sie machten die notwendigen Reparaturarbeiten und durchtränkten dabei das Haus mit Liebe. Bryce und Robin sprachen mit dem Hausgeist und baten ihn zurückzukehren.

Noch bevor Bryce und Robin ihre Möbel aufstellten, brachten ihnen ihre liebsten Menschen einfache und zugleich farbenfrohe Dekoartikel. Als alles fertig war, ging von dem Haus ein Glanz aus, der sie überraschte. Sie alle fühlten sich so wohl in dem Haus, dass keiner mehr fortwollte. Liebe heilt alles Lebendige – auch unsere Häuser.

Seelenrückholung für ein Büro

Bürogebäude werden heutzutage nicht in dem Bewusstsein errichtet, dass die Baumaterialien der Segnung bedürfen und dass die Schönheit des Gebäudes oder das Land und seine Ahnengeister Respekt verlangen. Menschen, die ihre Umgebung empfindsam wahrnehmen, spüren daher häufig den Energiemangel an ihrem Arbeitsplatz. Statt sich durch ihn belebt, unterstützt, befriedet und harmonisiert zu fühlen, leiden sie unter der Seelenlosigkeit der Gebäude.

Möglicherweise unterstützen einige Arbeitgeber die Idee ihrer Angestellten, eine Segnungszeremonie abzuhalten, um dem Gebäude Lebensenergie einzuflößen. Bei anderen mag es unpassend erscheinen, eine Zeremonie mit Trommeln, Rasseln und Räucherwerk durchzuführen. Fast immer aber gibt es Mittel und Wege, im Rahmen einer maßvollen Zeremonie die Seele des Bürogebäudes wieder einzuladen.

Vergiss nicht, die Klarheit deiner Intention ist der Schlüssel bei allen Zeremonien. Nicht immer ist eine in allen Einzelheiten ausgefeilte Zeremonie erforderlich. Aber auch eine kurze und einfache Vorgehensweise kann den Geist eines Ortes wissen lassen, dass ihm Wertschätzung entgegengebracht wird, und ihm seine Seele zurückgeben.

Charles ruft die Seele seines Büros zurück

Charles brachte viele Jahre mit seiner Psychotherapeutenausbildung zu. Er hatte sich daran gewöhnt, seine emotionalen Belange gründlich durchzuarbeiten, und kümmerte sich verantwortungsbewusst um seine Gesundheit. Er übernahm schließlich einen Posten bei einer Institution für gefährdete Jugendliche.

Obgleich Charles seine Tätigkeit liebte und sich gut dafür eignete, grauste es ihm jeden Tag davor, zur Arbeit zu gehen. Er fühlte sich in seinem Büro unwohl. Er konnte nicht genau feststellen, woran es lag, aber er erkannte, dass dem Gebäude irgendwie die Seele fehlte, und er musste darum ringen, seine Energie aufrechtzuerhalten, um sich auf seine Klienten einlassen zu können. Das Gebäude raubte ihm alle Kraft.

Obgleich sich seine Arbeitgeber offen für alternative Herangehensweisen zeigten, hielt es Charles nicht für ratsam, das Thema »negative Energien« bei seinen Kollegen anzusprechen. Er konnte an ihren Augen sehen, dass es ihnen an Lebenskraft mangelte, aber er war noch nicht bereit dazu, mit ihnen über die Rückgewinnung der Seele ihres Büros zu reden.

Charles hielt daher allein eine einfache Zeremonie ab, die von seiner Intention getragen war. Er brachte jeden Tag frische Blumen mit. Wenn er die Blumen auf seinen Schreibtisch oder an andere Plätze im Büro stellte, sprach er ein stummes Gebet, in dem er die Seele des Gebäudes bat zurückzukehren. Er atmete bewusst tief ein und aus und stellte sich vor, wie er mit der Energie des Gebäudes Kontakt aufnahm. Er brachte seine Liebe und seinen Respekt für diesen Ort zum Ausdruck, wohin Jugendliche kommen konnten, um Fürsorge und Heilung durch die Therapeuten zu erfahren. Er konzentrierte sich darauf, aus dem Büro einen warmen und heiligen Raum für diese wichtige Arbeit zu machen.

Charles platzierte Gegenstände aus der Natur auf seinem Schreibtisch und lud sie mit Gebeten, Worten und segnenden Gedanken auf wie etwa: »Mögen sich unsere Klienten geliebt und unterstützt fühlen.«

Seine kleinen Segnungen durch die Blumen und die Gegenstände aus der Natur veränderten Charles' Einstellung zu seinem Büro. Bevor er am Abend nach Hause ging, sprach er ein Gebet, um die Energie, die nicht von Liebe, Licht, Harmonie, Schönheit, Freude, Achtung und Respekt erfüllt war, aus dem offenen Fenster zu entlassen. Mit dieser Methode reinigte er den Raum und bereitete ihn für die Arbeit des nächsten Tages vor.

Charles wiederholte seine kleine Zeremonie des Blumenaufstellens und Reinigens Tag für Tag. Mit der Zeit hatte er das Gefühl, dass die ursprünglich negative Energie sich in eine wirklich angenehme Schwingung umgewandelt hatte, die jeden, der das Büro betrat, zum Strahlen brachte. Sobald er glaubte, dass sich die Veränderung etabliert hatte, wandelte er die tägliche in eine gelegentliche Zeremonie um, die er zum Vollmond, zum Neumond und immer dann abhielt, wenn er meinte, dass sie erforderlich sei.

Die Luft im Büro wirkte nicht mehr länger abgestanden. Die neue heilige und vitale Energie hatte einen angenehm süßen Duft hervorgebracht. Charles fiel auf, dass seine Kollegen aufgeweckter, lebendiger und fröhlicher aussahen. Er hatte das Gefühl, mit seiner Zeremonie für die Gebäudeseele erfolgreich gewesen zu sein.

Segenswünsche für das Land

Auch ein Land oder Landstrich kann traumatisiert und seine Seele verloren sein. Das Trauma der Gewalt kann in einem Land Energien erzeugen, die ausgeräumt werden müssen. Falls du jedoch über keine gute, solide Basis im schamanischen Wissen verfügst, solltest du auf den Versuch verzichten, Land von solchen negativen Energien zu reinigen. Körperlose Seelen, die hier gestorben sind, könnten nämlich Besitz von deinem Körper ergreifen und eine Besessenheit oder Krankheit hervorrufen. Man braucht viel Erfahrung in der Kunst, sich selbst mit göttlichem Licht oder der Macht seiner Helfergeister zu füllen. Für diese Art von Arbeit ist es besser, einen erfahrenen schamanischen Heiler heranzuziehen.

Am Ende des Buches findet sich eine internationale Liste ausgebildeter Schamanen, die Reinigungszeremonien für das Land abhalten, indem sie es entweder aufsuchen oder aus der Ferne durch eine virtuelle Zeremonie heilen. Im Schamanismus gibt keine Einengung durch Raum und Zeit, folglich funktioniert Fernheilung ebenso gut wie die Heilung vor Ort.

Auch wenn dir die Ausbildung fehlt, um einen Platz von seinem Trauma zu befreien, so kannst du ihn doch auf jeden Fall segnen. Vielleicht hast du beim Betreten eines Landstrichs physisch in deinem Körper gespürt, dass er leblos oder seelenlos ist. Dir ist aufgefallen, dass die Bäume und Pflanzen krank aussehen und dass keine Vögel oder anderen Tiere dort leben. Du hast den deutlichen Eindruck, dass es hier an Energie fehlt.

Woran merkt man, dass ein Landstrich unter einem Seelenverlust leidet? Manchmal schreiben wir ihm menschliche Eigenschaften zu, wir sehen Zerstörung durch Naturkatastrophen, und unsere Trauer veranlasst uns zu der Vermutung, dass das Land seine Seele verloren hat. Das trifft jedoch nicht immer zu. Ein Land kann nämlich durch klimatische Ereignisse, die neues Wachstum mit sich bringen, auch geheilt und wiederhergestellt werden.

Ein in der Praxis erfahrener Schamane kann zu einem Helfergeist reisen, um herauszufinden, ob das Land wirklich seine Seele verloren hat oder nur einen evolutionären Prozess durchläuft. Auch wenn du mit diesen Dingen keine Erfahrung hast, bleibt dir immer noch die Möglichkeit, das Land mit einer Zeremonie zu ehren und damit viel Gutes zu bewirken. Wenn eine Seelenrückholung erforderlich ist, dann kann die Seele auch während einer Segnungszeremonie zurückkommen. Deine Zeremonie besteht möglicherweise einfach nur daraus, dass du trommelst, rasselst und singst, während du dem Land sagst, wie sehr du es liebst und respektierst. Du kannst auch versprechen, für es zu sorgen. Es könnte sogar ausreichen, rund um das Stück Land heilige Cairns aufzuschichten, um ihm seine Beseeltheit zurückzugeben.

Welche Geschichte auch immer du hast und welchem Glaubenssystem sich deine Gemeinschaft auch zugehörig fühlt, beginne deine Zeremonien immer mit der Anrufung, die ich im Kapitel »Vorbereitung auf deine Zeremonie« angeboten habe: »Dies ist ein Kreis der Kraft. Dies ist ein Kreis der Macht. Wir versammeln uns hier in Liebe und Licht, um einander zu unterstützen bei dieser wichtigen Aufgabe, uns selbst, das Netz des Lebens und die Erde zu heilen. Wir verbinden unsere Herzen in Liebe. Und nur das Lichtvolle ist in unserem Kreis willkommen.« Diese einfache Anrufung gewährleistet, dass all die spirituellen Energien des Landes, die der Heilung bedürfen, die Gesundheit der einzelnen Zeremonieteilnehmer nicht beeinträchtigen. Ohne eine genaue Benennung kann sich sonst jeder Geist einstellen, auch körperlose Seelen, die auf Heilung hoffen. Setze deine Anrufungen diszipliniert ein, und du kannst sicher sein, dass du und die anderen Teilnehmer frei von ungewollten Energien nach Hause gehen werden.

Cathys und Ricardos Landreinigung

Cathy und Ricardo spürten auf einem Gelände in der Nähe ihres Zuhauses eine gewisse Seelenlosigkeit. Dieser Umstand berührte sie tief in ihrem Herzen. Es schien ihnen so, als fehle dem Landstrich Lebendigkeit und als herrsche Verzweiflung vor. Ihnen war auch nicht entgangen, dass Vögel und andere Tiere, die man auf dem Gelände erwarten würde, fehlten. Also unternahmen sie eine Schamanenreise zu ihren Helfergeistern, um von ihnen eine Zeremonie zu erbitten, mit der sie die Seele des Landes zurückholen könnten.

Basierend auf den dabei erhaltenen Anweisungen, luden sie Freunde ein, um mit ihnen eine Feuerzeremonie abzuhalten.

Wegen der vorherrschenden Dürre war das Errichten eines offenen Feuers nicht möglich, doch sie verwendeten einen Grill, um Kontrolle über die Flammen zu haben, und sorgten am Ende dafür, dass das Feuer auch wirklich vollständig ausgelöscht war. Ihre Freunde brachten ihre Kinder mit, was der Zeremonie ein zusätzliches Element von Fröhlichkeit gab.

Jeder der Teilnehmer traf mit einem schamanischen Musikinstrument ein. Cathy und Ricardo wechselten sich ab, um die Helfergeister, die Himmelsrichtungen, die wohlwollenden Ahnen des Landes und das unsichtbare Volk – Devas, Feen, Elfen, Waldhüter und Engel – zu begrüßen.

Nach der Anrufung trommelten und tanzten alle, bis sie meinten, von Liebe, Licht und der göttlichen Macht des Universums erfüllt zu sein. Sobald die Teilnehmer die Bewusstseinsveränderung spürten, nahmen sie einen Stock, um ihn mit einer Segnung für das Land aufzuladen. Jeder Stock wurde mit der Intention ins Feuer gegeben, das Feuer möge die Gebete und Segnungen zum Geist des Landes bringen und seine Seele zurückholen. Sie sangen für das Land, sprachen mit ihm und brachten ihm ihre Liebe zum Ausdruck.

Danach legten sie sich auf den Boden, betrachteten die Schönheit des Mondes und der Sterne am Nachthimmel und stellten sich das Land als lebendig und strahlend vor. Sie verspürten bald eine enorme Veränderung der Energie, die sie umfing. Die Kinder tanzten und unterhielten sich über all die Feen und strahlend blauen Lichtkugeln, die im Verlauf der Zeremonie sichtbar geworden waren.

Cathy und Ricardo nahmen mit der Zeit auch äußerlich eine Veränderung des Landes wahr. Sie sahen manchmal Wild und Füchse. Die Bäume sahen gesünder aus, auch die Vielfalt der übrigen Pflanzen nahm zu, und das Land war wieder gesegnet mit der Schönheit vielfältiger Vogelstimmen.

Janis singt die Seele ihres Landes wieder herbei

Janis lebte an einem Ort, zu dem ihre Intuition ihr sagte, dass das Land seine Seele verloren hatte. Sie legte daraufhin ein Medizinrad aus Steinen, um der Seele eine symbolische Öffnung für ihre Rückkehr anzubieten.

Dann sammelte Janis ihre Freunde um sich, und sie umkreisten das Medizinrad, sangen zu den mitfühlenden Ahnen des Landes und riefen die Seele des Landes zurück. Sie rasselten und sangen für die Vögel, Insekten, Tiere und Pflanzen und baten sie zurückzukehren. Sie achteten darauf, beseelt zu singen, damit zumindest die Tiere spontan erscheinen konnten. Sie pfiffen auch, um die Seele des Landes und die anderen Naturwesen zurückzurufen.

Janis und ihre Freunde hinterließen Opfergaben aus Maismehl und heiligen Kräutern. Am Ende saßen sie um das Medizinrad herum und nahmen vom Wind übermittelte Botschaften in Empfang. Auch die Wärme der Sonne empfanden sie als große Unterstützung. Die Elemente kooperierten mit ihnen, um ihrer Arbeit Erfolg zu bescheren. Sie spürten, dass ihre Verbindung mit dem Fluss ihres inneren Wesens eine Brücke zur Seele des Landes geschlagen hatte. Mit dem Fluss ihres Liedes erhob sich schließlich auch das Lied des Landes und begann neu zu fließen.

Die Seele einer Stadt oder Gemeinschaft zurückrufen

Wenn ich meinen fünftägigen Kurs zur Seelenrückholung gebe, dann verbringen wir einen ganzen Nachmittag mit schamanischen Reisen, um die Seelen eines Hauses, Büros, Geschäfts, Landes, einer Stadt oder Gemeinschaft zurückzubitten. Ich habe seit 1990, als ich diese Art Arbeit einführte, wunderbare Beispiele sammeln dürfen.

Erinnere dich, die Zeit existiert nur in unserer Dimension der Wirklichkeit. Das Schöne am schamanischen Reisen ist, dass wir außerhalb der Zeit reisen können, um unsere mitfühlenden Ahnen in den verborgenen Welten zu treffen. Bei meiner Arbeit und beim Unterrichten habe ich außerdem festgestellt, dass wir auch in die Zukunft reisen können, um dort den Nachkommen der Erde zu begegnen. Wir werden ihre Vorfahren sein. Von den Helfergeistern der Vergangenheit und der Zukunft in den zeitlosen nicht alltäglichen Welten erhalten wir wertvolle Hinweise.

Ich habe meinen Schülern beigebracht, wie man zu mitfühlenden Ahnengeistern oder Nachfahren reist, um von ihnen passende Zeremonien für die Rückführung der Seele eines Ortes zu erbitten. Ich habe bemerkt, dass die Ahnen nicht immer begreifen, warum ein Haus überhaupt ohne Seele sein kann. Zu ihrer Zeit wurde bereits beim Bauen sehr viel Aufmerksamkeit auf die Seele eines Hauses gerichtet, indem man beispielsweise die Materialien bewusst auswählte und beim Bau achtsam mit der Energie umging.

Die Ahnen haben jede Menge wertvolle Informationen zur Rückholung der Seele eines Landes. Die Nachkommen in der Zukunft haben bereits erkannt, was unserer modernen Kultur fehlt: Wir legen keinen Wert mehr auf den Respekt für die Seele von Strukturen, Land, Gemeinschaften und Städten. Ich durfte erfahren, dass die Nachkommen sehr freigiebig mit Informationen zur Heilung des Landes und unserer Städte sind.

Wenn du schamanische Reisen unternimmst, dann kannst du deine Intention darauf richten, in der Zeit zurückzureisen, und die helfenden Geistahnen um Auskunft über die Rückführung der Seele eines Landstrichs, einer Stadt oder Gemeinschaft bitten. Du kannst aber auch in die Zukunft reisen und mit den mitfühlenden Nachkommen sprechen. Es muss sich nicht um einen bestimmten Ahnen oder Nachkommen handeln. Es ist allgemein möglich, zu Vorfahren oder Nachkommen zu reisen und dabei auch eine Gruppe oder einen anderen Menschen mitzunehmen, wenn sie gleichfalls Rat für die Gestaltung einer Zeremonie brauchen.

Die folgende Intention verwende ich bei solchen Gelegenheiten: »Mitfühlender Ahne (oder Nachkomme), bitte komm. Zeig mir eine Zeremonie, die sich eignet, um die Seele von … zurückzuholen.« Ergänze in der Lücke den Namen der Struktur, des Landes, der Gemeinschaft oder der Stadt, denen du helfen möchtest. Selbstverständlich steht es dir auch frei, zu deinem Helfergeist zu reisen und ihn um eine entsprechende Zeremonie zu bitten.

Die Zeremonien, die auf dem Weg über schamanische Reisen zu uns kommen, sind meistens recht spektakulär. Die Helfergeister, Ahnen und Nachkommen haben uns so viel mitzuteilen, was uns ein Leben und Arbeiten in einer gesünderen Umgebung ermöglichen kann.

Falls du keine schamanischen Reisen unternimmst, mach einen meditativen Spaziergang in der Natur und hör dir spirituelle Musik an, während du es deiner Intuition und Vorstellungskraft gestattest, dich bei der Gestaltung einer Zeremonie zu führen.

Elise versammelt ihre Gemeinschaft für eine Seelenrückholung für ihre Stadt

Elise entwarf eine Zeremonie, um die Seele ihrer Stadt zurückzuholen. Sie war dabei inspiriert von einer Zeremonie, über die ich in *Heimkehr ins Leben* berichtet habe. Obwohl sie nur ungern vor anderen Menschen das Wort ergreift, brachte sie den Mut auf, ihrer Gemeinschaft diese kraftvolle Heilarbeit vorzuschlagen.

Elise legte Zettel an verschiedenen öffentlichen Stellen aus und lud zur Teilnahme an der Zeremonie ein. Alle, die kamen, sollten Blumen, Speisen oder Opfergaben mitbringen, die ihnen angemessen schienen. Elise war beeindruckt davon, wie viele Menschen aufgrund ihrer Einladung erschienen. Sie erklärte, welche Macht eine Zeremonie haben kann und auf welche Weise sie alle ihrer Stadt und der Gemeinschaft helfen könnten. Natürlich gestaltete sie die Anrufung und die Gebete auf eine Weise, die für alle religiösen Überzeugungen verträglich war.

Alle Gaben wurden mitten in dem Kreis aus Menschen, der sich gebildet hatte, ausgelegt. Alle waren dazu eingeladen, sie mit gesungenen Segnungen und gesprochenen Gebeten aufzuladen. Die einzelnen Menschen und Familien verteilten die gesegneten Gaben dann in verschiedenen Teilen der Stadt mit der Intention, die Seele der Stadt zurückzurufen. Sie bewahrten die Energie der Liebe und tiefen Wertschätzung für ihre Stadt. Jede Gabe war verbunden mit einer Botschaft an deren Seele, um sie zur Rückkehr zu bewegen. Elise hatte ausreichend Zeit für diesen Teil der Zeremonie eingeplant. Alle Teilnehmer wussten, wann sie ihr Tun beendet und die Zeremonie abgeschlossen haben sollten.

Als Ergebnis dieser Zeremonie erkannten die Bewohner, dass ihre Stadt eine Seele hat, die geliebt, geachtet und respektiert werden will. Außerdem hatte Elisa die Kraft wahrgenommen, die darin lag, eine Zeremonie gemeinsam in einer Gemeinschaft statt allein abzuhalten. Zusammen mit den anderen begriff sie, dass die Aufgaben, vor denen wir heute auf unserem Planeten stehen, die Kooperation und Zusammenarbeit von Gruppen verlangt. Die Verantwortung für positive Veränderungen liegt nicht mehr in den Händen einiger weniger Verantwortlicher. Die gegenwärtigen Probleme verlangen unsere kollektive Energie und Kraft, um die Umstände für alle im Netz des Lebens und auf der Erde zu verbessern.

Eine Reise mit dem Geistboot

Falls du mit einer Gruppe zusammenarbeitest, dann ist die Geistbootreise eine wunderbare virtuelle Zeremonie. Wie ich bereits im Vorwort sagte, wenden sich einige der Zeremonien hier eher an erfahrene Schamanen. Doch auch ohne große Erfahrung mit dem Schamanismus kann man sie – mit allen Elementen einer Zeremonie, wie du sie hier kennengelernt hast – auch erfolgreich als geführte Meditation anleiten.

Begib dich zu deinem virtuellen Altar, wo du spirituell gereinigt wirst, bevor du den heiligen Raum betrittst. Bilde mit den anderen einen Kreis um den Altar, und bewundere seine Schönheit – die dargebrachten Gaben, die brennenden Kerzen, die aufsteigenden Düfte. Bitte deine mitfühlenden Helfergeister dazu.

Stell dir nun ein großes Geistboot vor, das von den Helfergeistern mitten auf den Altar gesetzt wird. Dieses wunderschöne Boot hat Platz für alle, und wenn ihr darin sitzt, blickt ihr alle in die gleiche Richtung. Nimm wahr, wie das gemeinsame Einsteigen ins Boot und die gemeinsame Blickrichtung euren Entschluss zur Zusammenarbeit stärkt und eure kollektive Energie auf euer gemeinsames Ziel hin ausrichtet.

Sobald ihr alle euren Platz im Boot eingenommen habt, reist ihr zusammen in das Land, die Stadt oder Gemeinschaft, deren Seele zurückgeführt werden sollte. Bei eurer Ankunft steigt ihr aus dem Boot aus und stellt euch auf das Land. Zeigt den helfenden Ahnengeistern des Landes, der Stadt oder Gemeinschaft eure Liebe und Wertschätzung. Hinterlegt Geschenke und singt Lieder, mit denen ihr die Seele zurückruft. Die Helfergeister geben euch vielleicht genaue Anweisungen dazu, was in eurer Zeremonie vorkommen soll.

Sobald ihr fertig seid, kehrt ihr zu eurem Boot zurück. Setzt eure Reise fort zum Mond, zu den Sternen und zur Sonne, um von ihnen inspirierende Botschaften zu empfangen. Kehrt dann voller Hoffnung und Inspiration in den Altarraum zurück. Lasst einander wissen, wie sich die Teilnahme an der Zeremonie für euch angefühlt hat. Dankt den Helfergeistern, und kehrt zurück nach Hause, wobei ihr darauf achtet, dass alle vollständig in unserer sichtbaren Welt angekommen und gut geerdet sind.

Die Arbeit mit dem Geistboot ist für eine Gruppe eine wirkungsvolle Art des Reisens durch die unsichtbaren Welten. Die Zeremonie lässt viel Raum zum Improvisieren auf einer solchen Gruppenreise mit dem Ziel, Menschen, Orte oder das Leben als Ganzes zu heilen.

Die Geistbootreise in der physischen Welt

Die Geistbootreise ist als Zeremonie in der physischen Welt nicht weniger wirkungsvoll. In diesem Fall versammeln sich alle im zeremoniellen Raum und formen sitzend, auf dem Boden oder auf Stühlen, die Umrisse eines Boots. Jeder berührt die Schulter der Person vor ihm. Der Zeremonieleiter entscheidet, in welche Richtung das Boot »fährt«, üblicherweise ausgerichtet auf den Ort, zu dem hin ihr unterwegs seid. Freiwillige trommeln dazu den Rhythmus und helfen den Teilnehmern, in einem nicht alltäglichen Bewusstseinszustand zu verharren, während sie sich auf den Weg machen, ihre Heilarbeit zu leisten.

Die Arbeit mit einem Geistboot stellt eine wunderbare Reisemöglichkeit für eine Gruppe dar, wenn sie zu einem Kranken, zu den Planeten, den Sternen oder der Sonne möchte. Sobald die eigentliche Heilarbeit abgeschlossen ist, wechseln die Trommler den Rhythmus und lassen die Gruppe so wissen, dass es Zeit ist, das Boot zu wenden und zurückzukehren. Hinterher können die Teilnehmer ihre Erfahrungen austauschen.

Segnungen für das Wasser

Zeremonien sind auch sehr gut geeignet, um Erde, Luft und Wasser zu segnen und zu heilen. Den Elementen verdanken wir unser Leben. Unbewusste Menschen, Konzerne und Regierungen wollen nichts davon wissen, dass das Leben insgesamt krank wird, wenn sie das Wasser, das wir trinken, verschmutzen, wenn sie die Erde, die uns mit Nahrung versorgt, vergiften und die Luft, die wir zum Atmen brauchen, verpesten. Viele Gewässer – Flüsse, Seen, Bäche, Ozeane – bedürfen der Heilung, weil sie mit Giften und Abfall verdreckt sind, mit denen unbewusste Menschen sie belasten.

Seelenarbeit für den Rio Grande

Ich war eingeladen, mich an einer Konferenz in Santa Fe zu beteiligen. Finanziert wurde die Konferenz von einem weithin bekannten indigenen Führer des Santa Clara Pueblo. Dieser Pueblo befindet sich außerhalb von Santa Fe am Rio Grande. Die indigenen Stämme im Südwesten glauben, dass der Rio Grande die Hauptherzarterie der Erde ist. Seine Gesundheit ist lebenswichtig für die Gesundheit des Planeten. Doch wie die meisten heiligen Flüsse wird auch der Rio Grande ununterbrochen mit chemischen Abfällen belastet.

Die Konferenz war klein und wurde im Wesentlichen von hispanischen Forstwirtschaftlern besucht. Außerdem waren noch Angehörige verschiedener indigener Stämme wie Hopi und Navajo und einige wenige Angloamerikaner anwesend.

Ich sprach darüber, wie wir durch eine Zeremonie die Seele des Rio Grande zurückholen können. Die Forstwirtschaftler schnarchten während meines Vortrags vernehmbar, doch sobald die Zeremonie begann, waren sie mit ganzer Leidenschaft und Energie dabei.

Ich setzte eine große Wasserschale auf einen kleinen Altar, den ich für diesen Zweck auf der Bühne des Saals aufgebaut hatte, und bat alle, sich um diese Schale zu versammeln. Ich machte klar, dass wir das Spiegelbild des großen Schöpfers und mit spirituellem Licht gefüllt sind. Ich forderte die Teilnehmer auf, sich nach innen zu wenden und sich auf das Sternen- oder Sonnenlicht zu fokussieren, das sich aus ihnen heraus verströmt, während sie sich zugleich auf die Schüssel mit dem Wasser und ihre Liebe zum Rio Grande konzentrierten. Das Wasser in der Schüssel sollten sie sich als makellos, rein und gesund vorstellen.

Ich intonierte einige Vokale, denn das hilft den Menschen, auf das Leuchten ihres inneren Lichts konzentriert zu bleiben. Während ich intonierte, sangen die indigenen Teilnehmer in ihren eigenen Sprachen, und die Forstwirtschaftler beteten auf Spanisch. Alle waren offensichtlich berührt und ergriffen, während sie sich auf ihre Achtung und Liebe zum Rio Grande ausrichteten. Sobald alle still waren, beendete ich die Zeremonie.

Die Anwesenden wurden gebeten, kleine Flaschen, die ich mitgebracht hatte, mit dem Wasser aus der Schale zu füllen. Die Konferenzteilnehmer, die aus Arizona, Colorado und New Mexico stammten, gingen später mit ihren Flaschen an einzelne Stellen des Rio Grade und spendeten ihm das von der Liebe, dem Licht und den Gebeten unseres kleinen Kreises durchdrungene Wasser.

Seither habe ich unterschiedliche Varianten der Rio-Grande-Zeremonie abgehalten, die du auch nutzen kannst. Stell dazu eine Schale oder ein Glas mit Wasser auf deinen Altar. Unternimm eine schamanische Reise, oder meditiere über dein inneres Sternen- oder Sonnenlicht, und sieh, wie es aus dir herausleuchtet. Richte dabei deine Aufmerksamkeit auf das Wasser auf deinem Altar, auf seine göttliche Vollkommenheit und sein Licht. Jenseits dessen, was auf der physischen Ebene passiert, ist auf der spirituellen Ebene alles Leben auf dieser Erde Licht und vollkommen, so wie es ist. Intoniere, singe oder sitze schweigend, und sende dein Licht aus, während du dich darauf konzentrierst, wie sehr du Wasser liebst.

Anschließend bringst du das gesegnete Wasser zu einem Gewässer in der Nähe deines Wohnortes. Sollte es in deiner Nähe kein Gewässer geben, dann kannst du dir vorstellen, dass du es in ein Gewässer in den unsichtbaren Welten gießt. Alles Wasser ist miteinander verbunden und spürt unsere Liebe und unsere Gebete. Trinke selbst einen Schluck dieses gesegneten Wassers. Nimm wahr, wie süß und weich es schmeckt. Wenn wir unser Licht aussenden, dann leuchten alle Gewässer der Welt auf und spiegeln unser Licht und unsere Göttlichkeit.

Deine Träume verwirklichen

Wenn wir uns entscheiden, unser Leben voranzubringen, unseren Arbeitsplatz zu wechseln, in ein neues Haus oder an einen neuen Ort zu ziehen oder mit einem Projekt zu beginnen, dann können wir uns mit den Kräften des Universums zusammentun und um ein positives Ergebnis bitten.

Die Gebetsbaumzeremonie ist eine kraftvolle Methode, um auf dem Weg zu einem neuen Abenteuer im Leben um Segen zu bitten. Oder du kannst dich der Elemente Erde, Luft, Wasser und Feuer bedienen. Schreib einen Brief an Gott, die Göttin oder die Macht des Universums, und verbrenne ihn oder löse ihn in Wasser auf, während deine Gebete zu den göttlichen Mächten getragen werden. Gruppen können sich in den verborgenen Welten am virtuellen Altar, einem Feuer oder am Gebetsbaum treffen und eine Segnungszeremonie abhalten.

Sherees Zeremonie für einen guten Umzug

Sheree gab ihren Arbeitsplatz und ihren Freundeskreis auf und zog fort, um näher bei ihren alten Eltern zu sein und sich besser um ihre Pflege kümmern zu können. Sie fand dort einen neuen Arbeitsplatz und mietete eine Wohnung.

Von der geistigen Welt wurde sie angewiesen, für eine Zeremonie Szenen mit den Menschen, die sie zurückließ, von ihrer Autofahrt, ihrer ersten Begegnung mit den neuen Kollegen und Freunden und mit den lächelnden Gesichtern ihrer Eltern zu zeichnen.

Auf zeremonielle Weise stattete Sheree dem Geist des Landes, auf dem sie gelebt hatte, und den Ahnen, die sie so viele Jahre lang mit Liebe unterstützt hatten, ihren Dank ab. Sie bat ihre Helfergeister um eine sichere Reise quer durch das Land. Dann unternahm sie eine schamanische Reise zum Geist des Landes, auf dem sie zukünftig leben würde, und bat die helfenden Ahnen, sie in ihrem neuen Zuhause willkommen zu heißen und ihr einen würdigen Übergang zu bereiten.

An einem ruhigen und heiligen Platz schuf sie eine lebendige Zeichnung von ihren Freunden und Kollegen, denen sie bei ihrer Abfahrt Küsse zuwarf. Sie zeichnete die Landschaften, durch die sie fahren würde, mit Himmeln in klarem Blau, beeindruckenden Bäumen, ansprechender Vegetation und mit Gewässern, an denen entlang sie ihr Weg zu ihrem neuen Wohnort führen würde. Als Nächstes zeichnete sie sich selbst an ihrem neuen Arbeitsplatz, lächelnd und im Gespräch mit ihren neuen Kollegen. Auf dem Papier schmückte sie ihre neue Wohnung mit strahlenden Farben und ansprechender Dekoration und fügte auch die lächelnden Gesichter ihrer Eltern ein.

Ihre Zeichnungen waren ein wenig grob, aber die Details und ihre Zeichenbegabung spielten hier keine Rolle. Entscheidend waren ihr Fokus und ihre Energie, die sie in die Zeichnungen einfließen ließ. Sheree erlebte die Einzelheiten ihres Wegzugs, ihrer Autofahrt und ihrer Ankunft mit allen Sinnen so, als geschähe alles in diesem Augenblick. Durch ihre Zeichnungen lebte sie die Manifestierung ihres Traums.

Sobald sie mit den Zeichnungen fertig war, übergab sie sie einzeln dem Feuer, was für sie bedeutete, dass der Traum nun manifestiert und die Arbeit abgeschlossen war.

In den nächsten Tagen fertigte Sheree eine Collage mit Bildern aus ihrem neuen Leben an. Sie begann mit der Anrufung ihrer Helfergeister und ließ all die Ängste los, die sich zuvor immer dann gezeigt hatten, wenn sie sich ihr neues Leben vorstellte.

Sheree hatte einen guten Traum manifestiert, und die Zeit, die sie mit ihren Eltern am Ende ihres Lebens verbringen durfte, gehört heute zu ihren wertvollsten Erinnerungen.

Einen neuen Garten anlegen

Wir alle wissen, wie prächtig Pflanzen wachsen, wenn sie liebevolle Hege und Pflege erhalten. Alles Leben bedarf der Liebe und Fürsorge. Beim Anlegen eines neuen Gartens beginnst du mit deinen üblichen zeremoniellen Vorbereitungen. Du befreist dich von deinen Alltagsgedanken und -sorgen und findest in einen spirituellen Geisteszustand, um deinen heiligen Raum zu schaffen. Rufe den Geist des Gartens herbei. Platziere besondere Steine, Figuren oder Kristalle auf der Erde, die erfüllt von der Energie der Liebe sind.

Spüre die Beschaffenheit des Bodens, und rieche den Duft, der aufsteigt, während du die Erde zum Bepflanzen vorbereitest. Singe für die Pflanzen, die du einsetzt, und für die Samen, die du säst. Die gesamte Natur singt und sie liebt es, wenn für sie gesungen wird. Wenn du deine unsichtbaren Sinne vollständig öffnest, dann kannst du sehen, wie die Pflanzen nach deinem Gesang strahlen, und hören, wie sie ihrerseits dir vorsingen.

Wenn du deinen Garten begießt, dann stell dir vor, wie das Wasser erfüllt ist von Licht und Liebe, die das Wachstum besonders gut fördern.

Die meisten spirituellen Kulturen halten »Unkraut« für keinen angemessenen Begriff, denn auch diesen Pflanzen wohnt eine Heilkraft in den höchsten Schwingungen inne. Sollte es aber dennoch Pflanzen geben, die du entfernen möchtest, dann tue es mit Liebe und Sorgfalt. Danke ihnen dafür, dass sie in deinem Garten wachsen, auch wenn du körperliche Anstrengung aufbringen musst, um sie zum Kompostieren auszureißen.

Stell dir die Speisen vor, die du aus der Ernte, die dein Garten dir schenkt, kreierst und zubereitest. Du möchtest Nahrung aufnehmen, die von Liebe erfüllt wachsen durfte. Das Pflanzen in gesunde Erde, das Hegen und Pflegen deines Gartens in der Zeit und das Ernten der Früchte ist ein vollständiger Zyklus, den du bewusst gestalten kannst. Zeremonielle Elemente gestatten es dir dabei, deinen Garten als heiligen Raum zu ehren.

In den meisten schamanischen Kulturen gibt es die Gewissheit von der Existenz des »unsichtbaren Volkes«. Man spricht hierbei auch von Devas, Feen, Elfen, Waldschutzgeistern und Geistern ganz allgemein. Diese Wesenheiten können recht groß, aber auch so klein sein, dass man sie kaum erkennen kann. Diese Naturwesen leben gleichermaßen in Städten wie auf dem Land. Sie sind Wärter der Erde und beschützen ihre Gelände recht wehrhaft. Sie trauen uns Menschen wenig zu, da sie mit ansehen müssen, wie wir die Umwelt und die Natur zerstören. Dennoch reagieren sie, wenn man sie mit Anrufungen, Liedern und Opfergaben ruft. Sobald sie angerufen wurden, helfen sie dir bei deiner Zeremoniearbeit oder der Pflege deines Gartens.

Es gibt zahlreiche Geschichten über einzigartige Gärten, denen die Hilfe des unsichtbaren Volkes zuteilwurde. Ich habe außerdem Geschichten von Schülern gesammelt, die schamanische Reisen zum unsichtbaren Volk unternommen haben. Sobald sie nach einem Workshop zu Hause sind, kümmern sich viele gemeinsam mit dem unsichtbaren Volk um ihren Garten. Ich erhalte außergewöhnliche Berichte über die Größe und Kraft von Obst, Gemüse und Blumen, die sie in Zusammenarbeit mit dem unsichtbaren Volk anbauen. Doch man muss sich zunächst ihr Vertrauen erarbeiten, indem man zeigt, dass man als Wärter der Erde sein Bestes gibt.

Vielleicht möchtest du dich an deinem Wohnort mit anderen zusammentun, um einen Gemeinschaftsgarten anzulegen. Alle, die mitmachen, profitieren davon, Liebe, Respekt und Achtung für den Geist des Gartens aufzubringen. Stell dir nur vor, von welcher hohen Qualität die Nahrungsmittel für deine Familie sein werden. Was wir essen, beeinflusst sowohl unsere physische wie auch unsere emotionale Gesundheit, da wir ja die Energie mit aufnehmen, die in die Hege und Pflege eingeflossen ist.

Man kann lernen, alles Land als Garten zu betrachten. Nach Naturkatastrophen rufst du die Seele des Landes zurück oder würdigst einfach die Gegend, indem du mit Licht und Liebe aufgeladene Samen verteilst. Auf diese Weise kultivierst du unsere Heimat, die Erde.

Damini, eine einzigartige schamanische Lehrerin, hat eine bemerkenswerte Zeremonie erdacht, für die sie ihre Gebete für die Erde in Tonkapseln lädt und sie dann an unterschiedlichen Plätzen in der Erde vergräbt. Sie bezeichnet ihre Tonbehälter als Gebetskapseln – sie lösen sich mit der Zeit in der Erde auf (um mehr über dieses Projekt zu erfahren, kannst du die am Ende des Buches genannte Webseite aufsuchen). Bei einigen meiner Schüler hat die Zeremonie gut eingeschlagen, und sie pflanzen nun überall auf der Welt Gebetskapseln. Alle verwendeten Materialien sind für die Umwelt unbedenklich.

Schutz und Unterstützung erbitten

Es kommt vor, dass wir uns besonders verletzlich fühlen und spirituelle Unterstützung brauchen. In Einzel- oder Gruppenzeremonien können wir die mitfühlenden Helfergeister und das Göttliche tatsächlich auch um Schutz bitten.

Sehr gut geht das zum Beispiel mit an einem Gebetsbaum befestigten Bändern oder Schnüren. Oder du kannst eine Schale verwenden, die die Bitten um Schutz, Segnung, Unterstützung oder Heilung aufnimmt – ob sie nun von dir selbst, deinen liebsten Menschen, von Kollegen oder Mitgliedern deiner Gemeinschaft stammen. Seifenblasen als Träger von Schutzbitten in den Wind zu blasen ist gleichfalls eine wunderbare Methode, weil der Wind ein so mächtiger Verbündeter ist.

Franks Vorbereitung auf seine Herz-OP

Frank war dabei, sich auf eine Herzoperation vorzubereiten. Seine Gesundheit war in Gefahr, und seine Familie und die

Freunde machten sich Sorgen um ihn. Seine Verwandten lebten über mehrere Städte verstreut, und es war ihnen nicht möglich, sich physisch zu einer Zeremonie zu versammeln.

Doch Franks Tochter Amy leitete für ihn eine virtuelle Zeremonie. Sie schickte allen Familienmitgliedern und Freunden eine Einladung für eine Videokonferenz. Sie bat die Versammelten, sich vorzustellen, wie sie sich in den Altarraum begeben würden, wo sie spirituell gereinigt und sich dann in einem Kreis aufstellen würden.

Amy bat die Anwesenden, einen Segen oder ein Gebet für Frank zu sprechen und sich den Chirurgen mit seinem Team in ihrem göttlichen Licht und ihrer ganzen Kraft vorzustellen. Sie alle malten sich aus, wie Frank seine Operation mit Leichtigkeit und Gnade hinter sich brachte.

In ihrer geführten Meditation wies Amy die Teilnehmer an, ihre Gebete für Frank in die Schale auf dem Altar zu legen. Außerdem rief sie Franks Helfergeister hinzu, damit sie während der Operation für ihn sorgen würden.

Frank ging es nicht gut genug, um teilzunehmen, doch er war sehr ergriffen, als er hörte, dass sich alle, die ihm etwas bedeuteten, um seinetwillen zu einer Zeremonie zusammengefunden hatten. Während der Zeitpunkt der Operation näher kam, fühlte er sich zutiefst unterstützt, frei von Ängsten und voller Hoffnung. Weil er sich mit derart positiven Gefühlen auf den Eingriff einlassen konnte, munterte er sein medizinisches Team sogar noch auf. Entsprechend gut verlief die Operation, und er durfte sich im Anschluss über eine unerwartet rasche Genesung freuen.

Eine Schutzzeremonie für Derrick auf seinem Weg in den Krieg

Dakotas Bruder war im Begriff, Soldat zu werden. Niemand wusste, wo genau er eingesetzt würde. Derricks Familie und seine Freunde machten sich Sorgen, wie er in der Armee zurechtkommen würde.

Dakota plante deswegen eine Zeremonie mit Kerzen in strahlenden Farben. In ihrem Elternhaus schuf sie einen geheiligten Raum, und alle, die an der Zeremonie teilnahmen, bereiteten sich auf die für sie angemessene Weise darauf vor. Schnell hatten sich einige der Befürchtungen aufgelöst, und die Energie im Raum war getragen von einem allgemeinen Gefühl des Vertrauens. Sie hatten nun das Gefühl, dass Derrick in den Händen liebender Geister und des Göttlichen aufgehoben wäre.

Jeder Teilnehmer entzündete eine Kerze und sprach entweder ein Gebet oder traf eine Aussage wie: »Derrick ist gehalten von den liebenden Armen des Universums«, oder: »Vielen Dank dafür, dass Derrick heil zu uns zurückkehrt.«

Derrick nahm die Segenswünsche, Gebete und Aussagen in sich auf. Er fühlte sich von den für ihn wichtigsten Menschen und von seiner Gemeinschaft getragen. Damit veränderte sich vieles für ihn, denn er wusste, wie sehr er geliebt wurde und dass Menschen für ihn beten würden, bis er seinen Wehrdienst beendet hätte.

Das Licht der Kerzen zeigte ihm, dass sein Weg durch die Liebe seiner Gemeinschaft erhellt sein würde. Alle verpflichten sich dazu, so lange Kerzen anzuzünden, bis Derrick keine Unterstützung mehr benötigte und von seinen Freunden und Angehörigen wieder zu Hause willkommen geheißen würde.

Diese wunderbare Zeremonie eignet sich für alle, die vor einer Operation stehen, in den Krieg ziehen müssen oder eine große Veränderung im Leben erwarten.

Angela schützt sich vor giftigen Energien

Angela wurde von den toxischen Energien, die von einigen ihrer Kollegen ausgingen, stark in Mitleidenschaft gezogen. Sie hatte gelernt, jeden Tag vor der Arbeit ihre Helfergeister anzurufen und sich in ihr schützendes blaues Licht einzuhüllen. Trotzdem fürchtete sie sich davor, sich während zahlreicher Meetings immer wieder neu im kollektiven Feld giftiger Energien aufzuhalten.

Wenn sie in ihrem Terminplaner sah, dass ihr eine weitere Konferenz bevorstand, dann hielt sie an ihrem Altar zu Hause eine Zeremonie ab. Sie zündete eine Kerze an, pfiff und rasselte, um die Helfergeister zu begrüßen und zu ehren. Sie bat vor jeder Konferenz, mit der sie sich unwohl fühlte, um besonderen Schutz.

Normalerweise fühlte sie sich nach solchen Konferenzen ausgelaugt und krank. Doch wenn sie zuvor ihre Zeremonie abhielt, in der sie um Schutz bat, dann fühlte sie sich wie in einer schützenden Blase, und die negativen Energien blieben ohne Einfluss auf sie. Sie fing sogar an, telepathische Botschaften von ihren Helfergeistern zu empfangen, die ihr bestimmte Wörter oder Vorstellungen empfahlen, um die negative Energie während der Konferenz zu transformieren. Sie lernte auch, im Büro bei Bedarf eine vereinfachte Version der Zeremonie spontan abzuhalten.

Die gleiche Art Zeremonie ist hilfreich, wenn du im Auto oder im Flugzeug unterwegs bist, oder bei Aktivitäten, bei denen du dich in einem kollektiven, irgendwie toxischen Energiefeld aufhältst und ein plötzliches Schutzbedürfnis wahrnimmst. Falls du keine Zeit hast, dich angemessen vorzubereiten, kannst du spontan eine Zeremonie abhalten, in der du um Hilfe bittest und deine Gebete sprichst.

Sich auf die Zyklen der Natur ausrichten

Wir sind Natur. Oft fühlen wir uns wie abgeschnitten, doch wir gehören zum Netz des Lebens, das uns alle miteinander verbindet. Und alles Leben wird beeinflusst von den wechselnden Zyklen und Phasen der Natur. Die Natur ist unsere beste Lehrerin, wenn es um Geburt und Wiedergeburt, Zerstückelung, Auflösung, Gedenken und Erleuchtung geht. Denn alles Leben stirbt und wird so zur Wiedergeburt geführt. Ein Hain kann sterben, doch an seiner Stelle wachsen neue Bäume, Büsche und Gräser.

Der Anblick des Todes stimmt uns traurig, und wir trauern natürlich, wenn wir geliebte Menschen, Freunde und Naturwesen verlieren. Doch Geburt und Tod sind Bestandteil des Lebens. Die Gestaltung heiliger Zeremonien für jahreszeitliche und lunare Phasenabschlüsse hilft uns, mit Veränderungen im Inneren und Äußeren fertigzuwerden.

Es ist wichtig, Sonnenaufgang und -untergang, Voll- und Neumond und die Jahreszeitenwechsel als miteinander verbunden statt voneinander getrennt zu feiern. Wenn wir die Veränderung des Lichts vom Sonnenaufgang gegenüber dem Sonnenuntergang, vom Vollmond gegenüber dem Neumond und der einen Jahreszeit gegenüber der nächsten beobachten, dann fühlen wir uns als Teil eines organischen Flusses und verwoben mit allen Lebenserfahrungen.

Übung für das Eingehen in den Fluss der Natur

Stell dich in die Natur. Schließ die Augen, und konzentriere dich darauf, wie in deinem Körper – genauso wie in der Natur – alles in Bewegung und im Fluss ist. Als Kind habe ich Zeichentrickfilme angesehen, in denen die Sonne, die Bäume und Pflanzen anmutig sangen und tanzten. So ist es wirklich in der Natur. Jede Jahreszeit, jeder Mondphasenwechsel und jeder Übergang ist Teil eines gewaltigen Strömens. Spüre dieses Strömen der Natur, während du dich von links nach rechts und vor und zurück wiegst.

Nach einer Weile hast du nur noch das Bedürfnis, dich dem Fluss des Lebens zu überantworten, statt ihn unter Kontrolle halten zu wollen. Den Fluss der Natur kann man nicht kontrollieren. Sobald du fähig bist, dich hinzugeben und dich dem Fluss zu überlassen, statt dich ihm entgegenzustemmen, kehrt Gesundheit auf allen Ebenen zu dir zurück.

In schamanischen Kulturen werden täglich Lieder gesungen, um die aufgehende oder die untergehende Sonne zu begrüßen und um ihr zu danken. Indem du das veränderliche Licht ehrst, ehrst du deine eigenen inneren Veränderungen.

Egal wo du lebst, den Übergängen der vier wechselnden Jahreszeiten kannst du dich nicht entziehen. Du kannst die Veränderungen in der Landschaft beobachten, den Zug der Vögel und das Auftauchen und Verschwinden bestimmter Tiere. Du erlebst den Tod älterer Lebensformen in Herbst und Winter und das Heranwachsen neuer Pflanzen, Bäume, Blumen und Lebewesen im Frühling und Sommer.

Stimme dich auf die Zeit im Jahr ein, wenn sich die Natur weiter ausdehnt und sich in Fülle ausdrückt, und auf die Phase, wenn das Wachstum rings um dich her einschläft, das Alte loslässt und sich zur Erneuerung nach innen wendet. Finde heraus, wie sich das Licht in den einzelnen Jahreszeiten unterscheidet. Spüre, wie unterschiedlich sich die Beschaffenheit und Qualität der Luft anfühlt, wenn die Jahreszeiten ineinander übergehen. Das hilft dir, auch deine persönlichen Zyklen wahrzunehmen und dich auf die jahreszeitlichen Wandlungen im Inneren wie im Äußeren einzustimmen.

Der Mondzyklus erstreckt sich von Neuheit bis Fülle. Mach dir bewusst, wie tief dieser Zyklus in physischer wie in emotionaler Hinsicht auf dich einwirkt. Unsere Körper bestehen im Wesentlichen aus Wasser. So wie Mondphasen die Gezeiten bewirken, so verursachen sie auch in dir Veränderungen.

Der Neumond ist eine Zeit des Neuanfangs und der Wiedergeburt und damit ideal, um neue Projekte und Beziehungen zu beginnen oder um umzuziehen. Stell dir vor, wie du in den Nachthimmel schaust und dort den Neumond siehst. Du spürst die Kraft der Wiedergeburt.

Während der Mond zunimmt, sollst du das vorantreiben, womit du bei Neumond begonnen hast.

Für viele ist der Vollmond die richtige Zeit, um Zeremonien abzuhalten und Heilarbeit zu machen. Dann ist die Kraft des Mondes am stärksten. Bei Vollmond verändert sich die Stimmung der Menschen; Krankenhäuser und Polizeistationen haben mehr zu tun. Die Menschen wissen oft nicht, was sie mit ihrer Energie anfangen sollen. Um sie zu kanalisieren, ist es am besten, eine Vollmondzeremonie abzuhalten, den Mond auf diese Weise zu ehren und Heilung und damit Segnung zu bewirken. Die Fülle der Kraft macht den Vollmond zu einer idealen Zeit, um eine Gruppe in einer virtuellen Zeremonie zu versammeln und mit ihr im Dienst der Erde zu arbeiten.

Bei abnehmendem Mond können wir Luft holen und uns ausruhen, bevor der neue Zyklus beginnt.

Wenn du dich auf die Phasen des Mondes einstimmst, dann bemerkst du vielleicht, dass deine Kreativität und dein Tun in bestimmten Zeiten unterstützt werden. Wir alle sind einzigartig, und dein Zyklus kann anders sein als der aller anderen. Sei offen für Neues, und finde heraus, wie die Mondphasen deine Bedürfnisse unterstützen.

Die meisten von uns sind zu sehr mit ihrem Alltag beschäftigt, um zu bemerken, wie sich ihre physische Energie und ihre Stimmung mit den Jahreszeiten und dem Mondzyklus verändern. Wenn wir uns der Hektik entziehen und Zeremonien abhalten, um den Fluss des Lebens im Inneren wie im Äußeren zu ehren, dann lernen wir, uns den Zyklen der Natur anzuvertrauen. Wir fühlen uns besser verankert und eingestimmt auf unsere Verbindung mit der Erde, wenn wir wieder mehr im Einklang mit dem Mondzyklus und dem Wechseln der Jahreszeiten leben.

Es gibt viele Möglichkeiten, die Veränderungen in der Natur und in deinem eigenen Zyklus mit Zeremonien zu würdigen. Es kann sich um einen einfachen zeremoniellen Spaziergang handeln. Wähle einen Baum, ein Gewässer oder einen heiligen Platz, wo du ein paar Gaben hinterlassen möchtest, um Erde, Wasser, Sonne und Mond für alles zu danken, was sie tun, damit du physisch, emotional und spirituell gedeihen kannst.

Die Zyklen der Natur mit einer Geistbootzeremonie ehren

Du kannst die Geistbootzeremonie allein oder mit einer Gruppe abhalten, um in die unsichtbaren Welten zu reisen und von einem Himmelskörper wie dem Mond oder der Sonne zu lernen. Blättere zurück zu »Eine Reise mit dem Geistboot« im vorigen Kapitel, um dich entsprechend vorzubereiten.

Zusammen könnt ihr eine schamanische Reise zum Mond oder zur Sonne unternehmen – wie eine Reisegruppe, die diesen wunderbaren Quellen einen Besuch abstatten und mit ihnen sprechen will. Tauscht euch über eure persönlichen und eure gemeinsamen Vorstellungen darüber aus, wie die Einstimmung auf die veränderlichen Phasen der natürlichen Zyklen vonstattengehen könnte. Singt während der Reise Lieder der Wertschätzung, um den Mond und die Sonne zu ehren. Singen gehört von Natur aus zu jeder schamanischen Praxis und Zeremonie. Lass deine eigenen Lieder durch dich hindurchfließen, oder nutze beim Ehren der Natur die Lieder, die du von anderen gelernt hast.

Eine solche Zeremonie eignet sich auch für ein virtuelles Format, falls du weit entfernte Freunde und Gleichgesinnte einladen möchtest, gemeinsam mit dir die Phasenwechsel zu feiern. So lässt sich spirituelles Wissen miteinander teilen, während zugleich ein Rahmen verfügbar ist, um spirituelle Arbeit zu tun, obwohl man an unterschiedlichen Orten wohnt.

Zeit in der Natur verbringen

Wenn du dich bei Aufenthalten in der Natur um eine zeremonielle Geisteshaltung bemühst, sind auch noch die einfachsten Handlungen von Heiligkeit durchdrungen. Nimm dir die Zeit, den Wechsel der Jahreszeiten und die Phasen des Mondes immer mal wieder unter freiem Himmel wahrzunehmen. Nimm am Tag ein Sonnenbad und in der Nacht ein Mondbad. Spüre das Strahlen dieser Leben spendenden und heilenden Mächte. Solche Zeremonien, die du allein oder in einer Gruppe abhalten kannst, sind einfach und doch zugleich enorm wirkungsvoll.

Cindy würdigt den Jahreszeitenwechsel

Cindy hatte das Gefühl, dass ihr Körper aus dem Gleichgewicht geraten war, und es gelang ihr nicht, für ihr Leben einen natürlichen Rhythmus zu finden. Sie war sich sicher, dass ihr Ungleichgewicht für viele ihrer Gesundheitsprobleme verantwortlich war, und nahm sich vor, ihre innere Harmonie durch die Würdigung der Jahreszeitenwechsel wiederherzustellen.

Die Tagundnachtgleichen und die Sonnenwenden verbrachte Cindy nun in der Natur. Wenn sie es einrichten konnte, investierte sie einen kompletten Tag. Wenn ihr Arbeitspensum ihr nur eine oder zwei Stunden gestattete, dann nahm sie sich dennoch die Zeit, den Alltag beiseitezuschieben und sich ganz auf die heilige Zeit in ihrem Lieblingspark einzulassen.

Cindy schrieb Gedichte über die herausragende Heilungsfähigkeit der Natur. Bevor sie das Haus verließ, hüllte sie sich immer in ihr spezielles zeremonielles Umschlagtuch und nahm die kleine heilige Rassel mit, die sie selbst angefertigt hatte.

Dann setzte Cindy sich zu ihrem Lieblingsbaum, las ihm mit leiser Stimme ihre Gedichte vor und konzentrierte sich anschließend darauf, die Veränderungen, die die Tagundnachtgleichen oder Sonnenwenden in ihr Leben brachten, mit ganzem Herzen anzunehmen. Sie hinterließ Opfergaben für den Baum und dankte den mitfühlenden Ahnengeistern des Landes, den Elementen Erde, Luft, Wasser und Feuer, der Sonne, dem Mond, ihren Helfergeistern und der Erde selbst dafür, dass sie sie durch die Zeit der Veränderung führten und sie sich auf die Herausforderungen in ihrem Inneren einstimmen konnte.

Cindy bewegte sich bewusst und betrachtete genau die sich verändernden Blätter der Bäume und anderer Pflanzen. Sie achtete auf die jahreszeitlich bedingten Wandlungen und nahm sie mit Nase, Händen und Augen wahr. Sie lauschte dem Gesang der Vögel, der sich von Jahreszeit zu Jahreszeit unterschied. Sie liebte es, den kleinen Tieren im Park bei ihren Aktivitäten zuzusehen, insbesondere im Herbst, wenn sie sich auf den Winter vorbereiteten. Sie genoss es, im Frühling durch den Park zu gehen, wobei es ihr manchmal gelang, junge Eichhörnchen und Streifenhörnchen zu beobachten. Wenn sie allein war, dann tanzte sie, um den Fluss der Natur und den Herzschlag der Erde zu spüren. Sie fühlte sich von den spirituellen Botschaften inspiriert, die der Wind ihr zutrug.

Cindy sang für den Mond bei seinen Phasenwechseln und lauschte darauf, ob er sie wiederum mit seinem Lied erfreute. Sie empfing Mitteilungen darüber, auf welche Weise sie ihr Aktivitätsniveau anpassen könnte, damit sie sich im Einklang mit dem Rhythmus des Mondes befand. Sie erhielt außerdem eine Vielzahl von Omen.

Durch ihre fortgesetzte Zeremoniearbeit fand Cindy zurück zu ihrer Gesundheit. Sie hatte nun das Gefühl, sich im harmonischen Fluss zu befinden, statt wie zuvor ständig aus dem Tritt zu sein.

Zeremonien ins alltägliche Leben einbauen

Viele Schamanen und schamanische Praktiker feiern ihre Befreiungs- und Segnungszeremonien bei Neumond, Vollmond, zu den Tagundnachtgleichen oder den Sonnenwenden. Zu diesen Zeiten sind spirituelle Kräfte im Überfluss vorhanden und unterstützen Zeremonien, in denen wir Herausforderungen abbauen, um Segen für ein neues Projekt bitten oder uns einem Übergang in unserem Leben stellen. Während wir um Unterstützung bitten, feiern wir mit unseren Anrufungen, Liedern, Tänzen und Gebeten zugleich auch die Mondphasen, Tagundnachtgleichen und Sonnenwenden.

Halte deine Zeremonien zu den Jahreswechseln an deinen Lieblingsplätzen ab. Singe, schreib Briefe an die Erde, und nimm ihre Mitteilungen voller tiefer Weisheit dankbar entgegen. Solltest du etwa in der Nähe eines Ozeans leben, dann versuche deine Zeremonie am Strand abzuhalten. Der Ozean ist eine mächtige Quelle der Liebe und Weisheit. Man kann so viel lernen, wenn man das Meer beobachtet, dem Klang der Brandung lauscht, das Salz in der Luft riecht und die Feuchtigkeit fühlt. Bei einer Zeremonie, in der die Teilnehmer für das Meer singen, mit ihm sprechen und auf seine Botschaften lauschen, mit nackten Füßen im Sand zu stehen ist eine inspirierende und herzerwärmende Erfahrung.

Wir erleben Erde, Luft, Wasser und Feuer außerhalb unserer Körper, doch unsere Organe sind gleichfalls Erde, Luft, Wasser und Feuer. Und so ehren wir auch die Wandlungen in uns selbst, wenn wir die Veränderungen in der Natur durch unsere Zeremoniearbeit würdigen. Wir kehren zurück zu einer Würdigung der Natur, wie

Schamanen sie Jahrtausende lang lebten, um die Harmonie zwischen Natur und Gemeinschaft aufrechtzuerhalten.

Tägliche Zeremonien

So wie du das Land und alles Leben während der jahreszeitlichen Veränderungen und der Mondphasen ehrst, so solltest du auch den Tag als einen natürlichen Zyklus wahrnehmen. Du kannst an jedem Tag kleine Zeremonien abhalten, in denen du dem Land, auf dem du lebst, den Elementen Erde, Luft, Wasser und Feuer und dem Leben deine Dankbarkeit und deinen Respekt gibst.

Leben ist Zeremonie. Ich achte sehr auf meine täglichen Aktivitäten und darauf, wie ich mein Bewusstsein im Verlauf des Tages einsetze, um alles, was ich tue, zu heiligen. Beim Aufwachen danke ich – auch dann, wenn ich mich nicht wohlfühle oder mich nicht auf das freue, was in meinem Terminkalender steht. Ich danke für mein Leben und für Erde, Luft, Wasser und Sonne, die mein Leben ermöglichen. Ich danke für das, was ich in meinem Leben habe, statt mich auf das zu konzentrieren, was mir fehlt. Ich spreche ein zeremonielles Gebet: Ich sitze an meinem Altar, zünde eine Kerze an, fasse einen Plan für den Tag und bitte darum, dass ich mögliche Herausforderungen gut bewältige.

Entwickle einfache Zeremonien, indem du kleine Gaben an einem Altar im Freien hinterlässt. Begehe das Land, und singe, trommle oder rassle, während du deine Dankbarkeit ausdrückst. Oder such dir einen Platz, an dem du dich für diesen Zweck niederlassen kannst.

Ich habe mir einen Gebetsbaum eingerichtet, um Gebete für jene, die in Not sind, und für die Erde zu hinterlassen. Außerdem lege ich gern Opfergaben an meinen »Ritualbaum«, um den Ahnen des Landes meine Dankbarkeit zu zeigen, dem Geist von Santa Fe, Erde, Luft, Wasser und Feuer (der Sonne), dem unsichtbaren Volk, dem Geist des Waldes, meinen Helfergeistern und meinen eigenen Ahnen. Ich halte dieses Ritual im Freien nicht täglich ab, aber ich danke jeden Morgen beim Aufwachen für mein Leben und für alles im Netz des Lebens.

Ich koche außerdem auf zeremonielle Weise. Wenn ich Gemüse schneide und Vorbereitungen zum Kochen treffe, konzentriere ich mich darauf, für wen ich koche, und auf die Macht der Liebe, mit der ich die Speisen durchdringen will. Kochen ist eine Zeremonie. Ich denke dabei nicht darüber nach, wer oder was mich wütend macht oder was in meinem Leben oder in der Welt nicht funktioniert. Kochen ist eine heilige Zeremonie, denn indem wir essen, nehmen wir die Liebe des Lebens auf. Anschließend beim Abwaschen danke ich dem Wasser und all den Nährmitteln, die das Wasser mir bringt, und dem Leben insgesamt.

Beim Kochen zu singen macht die Zubereitung der Mahlzeit noch mehr zu einer heiligen Zeremonie. Die fertigen Speisen vor und beim Verzehr zu segnen bedeutet, das Gute der Erde und der Elemente aufzunehmen.

Mach dir Gedanken darüber, wie du Elemente der Zeremonie in deinen Alltag einbringen kannst. Du wirst feststellen, dass dein Leben sehr viel reicher ist, wenn du das Heilige in alle Bereiche deines Tages einbaust.

Segnungszeremonien können erweitert und angepasst werden, um der Würdigung von Geburtstagen, Jahrestagen und Feiertagen zu dienen. So kann man auf schöne Weise Übergänge und heilige Zeiten ehren und sie in heilige Ereignisse verwandeln.

Segnungszeremonie für das Netz des Lebens und die Erde

Die meisten Leserinnen und Leser dieses Buches werden sich Sorgen machen wegen der Herausforderungen in Sachen Umwelt, Politik und Terrorismus, vor denen wir in diesen turbulenten Zeiten stehen. Wie auch ich wollen sie Wege finden, um dem Leben an sich und der Erde von Nutzen zu sein. Wir wollen die einzigartigen Lebensformen im Netz des Lebens schützen – die Tiere und Vögel, die Meeressäuger, Wirbellosen, Reptilien, Insekten, Bäume, Sträucher, Moose, das Plankton, die Felsen, die Kristalle, die Mikroorganismen und die Elemente.

Seit dem Jahr 2000 unterrichte ich etwas, das ich Transfiguration, »Umwandlung«, nenne. Dieser Zeremonie liegt die Vorstellung zugrunde, dass unser authentisches Ich spirituelles Licht ist. Wir sind Wesen aus göttlichem Licht, bekleidet mit unserem Körper und einem Verstand. Wenn wir in unsere innere Landschaft reisen und dort unser inneres Sternenlicht, Sonnenlicht oder unsere innere Flamme erleben, dann können wir es diesem Licht gestatten, in unsere Zellen zu fließen und dort emotionale und physische Heilung zu bewirken.

Indem wir dieses göttliche Licht aus uns herausströmen lassen und in der Folge einem Stern gleichen, der am Nachthimmel leuchtet, oder der alles bescheinenden

Sonne, bringen wir auch die Menschen, die wir lieben und mit denen wir durch den Tag gehen, das Netz des Lebens und die Erde an sich zum Leuchten.

Diese Zeremonie habe ich in einem Traum empfangen, in dem der ägyptische Gott Anubis mir mitteilte, dass in meiner spirituellen Arbeit die Transfiguration als das Element zur Umkehrung der Umweltverschmutzung noch fehle. Nachdem ich die Mitteilung ausreichend verarbeitet hatte, fing ich also an, in meinen Gruppen überall auf der Welt Transfiguration zu lehren. In einigen meiner Bücher habe ich auch darüber geschrieben, unter anderem in *Lichtvoll leben* und in *Heilung für Mutter Erde*.

Bei meinen Workshops haben wir auf wissenschaftliche Weise den Erfolg dieser Umwandlungen gemessen. Wir platzierten toxische Substanzen auf dem Alter und Kranke mitten in unserem Kreis. Mit einer Kirlian-Kamera ermittelten wir dann die Veränderungen im Energiefeld. Außerdem verfolgten wir die pH-Wert-Veränderungen von Ammoniumhydroxid beziehungsweise von wässriger Ammoniaklösung. Es zeigte sich unmissverständlich, dass unsere Umwandlungsarbeit positive Ergebnisse zeitigte, sowohl in der Arbeit mit Umweltgiften als auch mit Kranken.

Der Umwandlungsprozess ist ein eindeutig weiblicher, der positive Veränderung durch »Sein« statt durch »Tun« bewirkt. Um Frieden in der Welt zu erreichen, muss man erst mit sich selbst im Frieden sein – dieser Zusammenhang ist allgemein anerkannt. Unsere äußere Welt spiegelt unseren inneren Bewusstseinszustand.

Mit dem Umwandlungsprozess versucht man nicht, die Umwelt, die Gemeinschaft, einen geliebten Menschen, Klienten, ein Naturwesen oder die Erde zu heilen. Vielmehr erlebt man das eigene spirituelle und göttliche

Licht und lässt es strahlen wie ein Stern oder wie die Sonne. Die Sterne und die Sonne müssen nicht arbeiten, um Licht zu erzeugen, und sie müssen auch nicht entscheiden, wohin das Licht fallen soll. Sie strahlen einfach und erhellen das Leben insgesamt.

Unsere Wahrnehmung erschafft unsere Wirklichkeit. Es steht uns frei, unsere Mitmenschen und den Planeten als krank oder vergiftet wahrzunehmen, oder aber wir erfahren das Leben an sich in seiner Kraft und seinem spirituellen Licht. Sich auf das spirituelle Licht und die Kraft im anderen zu konzentrieren stärkt dessen eigenen Heilungsprozess. Heilung entsteht, indem wir unser Licht aussenden und das Leben insgesamt und die Erde als Licht erleben. Das ist ein ganz außerordentlicher Prozess.

In vielen Teilen der Welt nutzen Schamanen Licht als Heilmittel. Ich selbst habe erlebt, dass diese Arbeitsweise unser Bewusstsein erweitert und in uns selbst wie auch in der Außenwelt eine höhere Schwingung in Gang setzt.

Du kannst für dich eine eigene Umwandlungspraxis entwickeln. Dabei handelt es sich nicht um eine schamanische Reise, also brauchst du keinerlei Vorwissen in Sachen Schamanismus. Beginne mit deiner üblichen zeremoniellen Vorbereitung, und erschaffe einen geheiligten Raum. Du kannst dazu auch spirituelle oder erhebende Musik zu Hilfe nehmen.

Wenn du bereit bist, dann stellst du dir vor, wie du in deine innere Landschaft eintrittst und dich selbst als Stern, die Sonne, eine Flamme erlebst. Mal dir aus, wie sich dein Körper und dein Verstand auflösen, damit du mit allem Leben und mit den göttlichen Kräften des Universums eins wirst.

Lass das Licht durch dich hindurchfließen und von allen Zellen aufgenommen werden, so wie eine Blume das Licht der Sonne aufnimmt, um gesund, lebendig und kräftig zu sein. Wenn du diese Übung regelmäßig für nur fünfzehn bis zwanzig Minuten machst, dann wirst du den positiven Einfluss auf deine Gesundheit bemerken.

Du kannst noch einen Schritt weitergehen und dir vorstellen, dass das Licht im Inneren und aus der Erde heraus leuchtet. Damit verlagert sich die Wahrnehmung weg von der Giftigkeit und hin zu Gesundheit, Liebe und Licht. Lass dein Licht strahlen, und lenke es dorthin, wo du dir Sorgen machst.

Sende dein Licht nicht, lass es einfach leuchten. Du versuchst nicht, einen Mitmenschen oder einen Ort aktiv zu heilen, also brauchst du auch nicht erst um Erlaubnis zu bitten, den anderen in seinem Licht zu sehen. Du nimmst einfach alle in ihrem göttlichen Licht wahr, statt sie nur in ihrem Leiden und in ihrer Giftigkeit zu sehen. Diese Verlagerung der Wahrnehmung bedeutet einen großen Unterschied.

Manche Menschen, wie auch ich selbst, erleben die Transfiguration noch auf eine andere Weise. Es kann sein, dass wir uns als die Dunkelheit des Nichts statt als das Licht eines Sterns oder der Sonne erleben. Diese Erfahrung kann auf ihre eigene Weise ebenso mächtig sein. Im Schamanismus wie auch in anderen spirituellen Traditionen wird das Nichts als der Ort vor der Schöpfung betrachtet. Es wird als leer und zugleich voll angesehen. Es ist reich und fruchtbar. Alles, was durch unsere Gedanken, Worte und Tagträume in den unsichtbaren Welten geschaffen wird, hat im Nichts seinen Ursprung. Das Nichts ist ein starker und mächtiger Ausgangspunkt für die Umwandlungspraxis.

Die Zeremonie ist so wirkungsvoll und leicht durchzuführen, dass viele meiner Schülerinnen und die Leser meiner Bücher oder meiner monatlichen Kolumnen sie in ihre Gemeinschaften und Gruppen eingeführt haben. Manche machen sie auch zu einem festen Bestandteil ihres Familienlebens. Kinder lieben es, auf diese Art umzuwandeln. Weise sie an, wie ein Stern zu tanzen, und sie beginnen sofort damit, ihr Licht zu verströmen. Sie kapieren es sofort!

Es gibt zahlreiche Gruppen, die sich in ihren örtlichen Gemeinden treffen, um einmal im Monat Umwandlungszeremonien abzuhalten. Manche Gruppen bestehen aus fünfzig bis sechzig Personen, die jeden Monat zur Stelle sind. Andere Gruppen verabreden sich an einem virtuellen Ort und praktizieren die Transfiguration für Plätze der Erde, die sie dringend brauchen. In der alltäglichen Wirklichkeit wie auch in den verborgenen Welten kann man die Namen von Orten und Personen in Schalen auf dem Altar legen. Während der Umwandlung strahlt jeder Teilnehmer sein Licht auf die Personen oder Orte in den Schalen. Als Hauptaugenmerk kannst du im virtuellen Altarraum einen Kristallglobus aufstellen.

Es folgt eine Zeremonie, die ich bei Workshops und Konferenzen geleitet habe. Ich habe sie bei vielen Gelegenheiten ausprobiert, manchmal bei Veranstaltungen mit bis zu achthundert Teilnehmern unterschiedlichster Herkunft und Glaubensvorstellung. Ich verwende diese Umwandlungszeremonie auch in kleineren Gruppen. Es steht dir frei, sie im Freien oder im geschlossenen Raum abzuhalten.

Du kannst die Zeremonie im Freundeskreis, mit geliebten Menschen oder in deiner örtlichen Gemeinschaft zum Einsatz bringen. Du hast die Möglichkeit, sie so zu nutzen, wie sie ist, oder sie den Bedürfnissen deiner Gruppe anzupassen, ohne sie dabei in ihrer Relevanz zu schmälern.

Ich habe der Zeremonie eine Intonierung hinzugefügt, weil es den meisten Menschen leichter fällt, auf das Leuchten ihres Lichts konzentriert zu bleiben, wenn sie sich dabei an einer Melodie festhalten können. Ansonsten lassen sie sich zu leicht vom rationalen Verstand dabei stören, wenn sie sich während ihres schamanisch-ekstatischen Zustands als göttliches Licht und eins mit der Macht des Universums empfinden. Eine Intonierung ist ein gutes Mittel, um die Herzen offen und den Verstand in seiner Konzentration zu halten.

Umwandlungszeremonie

Wir sind Geist. Wenn wir es unserem spirituellen Geist gestatten, aus uns herauszuleuchten, dann werden wir zu einer heilenden Präsenz. Mach ein paar tiefe Atemzüge. Wir tun dies für alle Lebewesen und für die Erde.

Ich pfeife und rassle, bevor ich mit dem Trommeln beginne.

Hol ein paarmal tief Luft, und gestatte es deinen Gedanken abzuwandern. Leg beim Atmen deine Hände auf dein Herz. Spüre deinen Herzschlag, und verbinde dich mit ihm. Mit deinem Herzschlag verbinde dich jetzt mit dem Herzschlag aller anderen Anwesenden im Raum, die sich hier mit dir zum Wohle allen Lebens und der Erde versammelt haben.

Jetzt verbinden wir unseren Herzschlag mit dem Herzschlag vom Geist des Landes, auf dem wir uns versammeln, und mit jenem der helfenden Ahnen, die dieses Land so sehr lieben und deshalb mit uns zusammenarbeiten. Verbinde dich mit dem Herzschlag von Mutter Erde.

Du bist Körper, Verstand und Geist. Wenn du deinen Körper und die Alltagsgedanken deines Verstandes loslässt, dann bist du außerhalb deiner Haut im spirituellen Licht. Vor deiner Geburt warst du nur ein winziges Wesen aus spirituellem Licht, das hinabblickte auf diese großartige Erde, und du warst aufgeregt wegen dieses unglaublichen Abenteuers, in einen Körper hineingeboren zu werden, der so wie der Schöpfer und die kreativen Kräfte des Universums Geist als Form manifestieren kann.

Ich lade dich ein, nach innen in deine innere Welt zu reisen. Mal dir aus, wie du im Inneren umherwanderst und ein inneres Licht erlebst. Unser Licht ist wie die Schönheit des Nachthimmels. Unser Licht ist wie das Sternenlicht. Sterne müssen sich nicht anstrengen, um zu leuchten. Sie leuchten ohne Mühe. Sie sagen nicht: »Ich glaube, ich will nur diese eine Stelle auf der Erde erhellen.« Sie schicken ihr Licht nicht aus – sie leuchten.

Unser Licht ist wie die Sonne. Unser Geist ist wie die Sonne, die über uns leuchtet, alles Leben mit ihrer Energie nährt und gedeihen lässt, bedingungslos, ohne je eine Gegenleistung zu verlangen. Erlebe dein eigenes inneres Sonnenlicht. Unser Licht ist wie eine Flamme.

Reise in dein Inneres und erlebe, wie du mit einem Stern oder mit der Sonne verschmilzt. Oder erlebe dich als Flamme, und sauge das Licht in deine Zellen, wie die Blume das Sonnenlicht oder ein Baum und ein Busch den Regen aufsaugen. Gestatte es dem Licht, in dir zu fließen.

Lass das Licht ohne Mühe aus dir leuchten, während du unsere Lichter miteinander verbindest. Erlebe, wie das Licht im Inneren der Erde und aus ihr heraus leuchtet und alles Leben berührt.

Ich lade dich ein, zu stehen und deine Handflächen zur Erde zu wenden. Ich verwende ein Foto von der Erde, damit sich meine Gruppe darauf konzentrieren kann.

Im Stehen gestattest du es dem Licht, mühelos aus dir herauszustrahlen, während wir gemeinsam den Klang der Schöpfung intonieren.

Als Beispiel nenne ich gern »Om« oder empfehle das Singen eines Vokals, der in andere Vokale übergeht: »O ah eee ooh.«

Wenn es an der Zeit ist, Schluss zu machen, dann lasse ich das Trommeln langsam verstummen. Ich verwende Glöckchen oder eine tibetische Klangschale, um das Ende des Singens anzukündigen.

Hol jetzt ein paarmal tief Luft. Zwar ist es wichtig, geerdet zu sein, doch löse dich nicht von deinem Licht, denn du ***bist*** Licht. Während du noch spürst, wie dich dein Licht durchströmt und aus dir herausleuchtet, erlebe deinen Körper und die Kostbarkeit, in einem Körper zu sein. Es ist ein Geschenk, einen Körper zu haben und auf dieser Erde zu leben.

Mal dir lange Wurzeln aus, die dich tief in der Erde verankern. Spüre deinen Herzschlag, der noch immer mit dem Herzschlag allen Lebens verbunden ist. Diese Arbeit machen wir für uns selbst, und wir machen sie für das Netz des Lebens und für die Erde. Jeder von uns kann eine Präsenz der Heilung sein und positive Veränderungen für alles Leben und für den Planeten bewirken.

Damit beende ich die Zeremonie und danke allen für ihr Kommen.

Der praktische Schamanismus betrachtet das Leben als Zeremonie. Wenn wir das Heilige in alle unsere Aktivitäten einführen, in unser Denken über uns selbst, unsere Mitmenschen und die Welt, wenn wir einen heiligen Raum schaffen, dann verbessern wir die Qualität unseres eigenen Lebens und segnen zugleich alles Leben. Zeremonien abzuhalten schafft wunderbare Heilung und Veränderung und eröffnet uns das Gute im Leben. Du wirst dich in deiner Arbeit gestärkt fühlen und fähiger, dir selbst, anderen und der Erde zu helfen. Zeremonien abzuhalten ist gute Medizin!

Da sich Menschen schnell entwickeln, bin ich gespannt, wie es zukünftige Generationen halten werden und wer die Zeremoniearbeit fortsetzt, um unseren Gemeinschaften und allem Leben zu helfen.

Gemeinsam unsere globale Gemeinschaft segnen

Tausende Menschen werden gemeinsam mit dir dieses Buch über die Zeremonien und das Heilige lesen. Indem du die hier beschriebenen Zeremonien abhältst oder deine eigenen erdenkst, verbindest du dich mit dem wunderbaren kollektiven Energiefeld gleich gesinnter Menschen, die im Dienst des Lebens und der Erde zusammenarbeiten.

Ich lade dich ein, wann immer es dir passt, die nachfolgende Zeremonie abzuhalten, um unser Kollektiv in Liebe und Licht zu unterstützen. Es spielt keine Rolle, wann du diese Zeremonie durchführst, denn im Schamanismus arbeiten wir außerhalb der Zeit. Die Macht unseres kollektiven Energiefelds wird mit jedem, der hinzukommt, wachsen.

Höre deine liebste schamanische oder Trommelmusik, um dich durch sie unterstützen zu lassen. Trommle, rassle, singe und tanze. Sobald du die Anweisungen für die Zeremonie ein paarmal durchgelesen hast, arbeite auf deine eigene Weise damit.

Unsere kollektive Segnungszeremonie

Leg deine Hände auf dein Herz. Denk an etwas in deinem Leben, das dich mit Ehrfurcht erfüllt. Jeder Mensch hat etwas, das er als besonders kostbar empfindet. Vielleicht ist es deine Lieblingsblume oder ein anderes Naturwesen. Welcher Duft oder welcher Geschmack ist dir am liebsten? Welche Klänge hörst du besonders gern? Hole, was für dich das Kostbarste ist, in dein Herz.

Konzentriere dich auf deine Atmung, und lass alle deine alltäglichen Gedanken und Sorgen hinter dir zurück. Es ist ein Privileg, sich im Dienst am Leben und der Erde mit einem engagierten Kollektiv zusammenzutun. Stell dir vor, in einen Kreis zu treten, der dich liebevoll aufnimmt. Atme tief, und verbinde dich mit deinem Herzschlag.

Stell den Kontakt mit dem Herzschlag der Erde her. Wir sind immer mit dem Herzschlag der Erde verbunden. Schließe dich an den Geist des Landes an, auf dem du lebst, und dein Leben wird umso würdevoller fließen. Indem du dich mit den Ahnengeistern des Landes, auf dem du lebst, zusammentust, wird deine Zeremoniearbeit flüssiger und erfolgreicher sein.

Spüre die Kraft, die Liebe und das spirituelle Licht unseres virtuellen Kreises. Zwar können wir einander nicht sehen, aber mit unseren nicht alltäglichen Sinnen können wir gegenseitig unsere Anwesenheit fühlen. Wir heißen einander mit unseren Herzen willkommen. Ganz egal, was du jetzt gerade empfindest, gleichgültig, was jetzt gerade in deinem Leben los ist, du bist in unserem Kreis willkommen.

Begrüße unsere mitfühlenden Helfergeister, die göttlichen Kräfte und den Geist von Erde, Luft, Wasser und Feuer in der Gestalt der Sonne. Heiße sie willkommen. Wir grüßen den Geist, der in allem lebt, wie auch den Mond und die Sterne. Wir kennen die kreative Macht der Worte, die wir verwenden.

Im Schamanismus gibt es keinen Zweifel daran, dass Worte Dinge sind. Unsere Gedanken werden zu den Träumen, die sich in unserer physischen Welt manifestieren.

Schließ die Augen und konzentriere dich auf dein Herz. Stell dir vor, dass du an dem Ort, an dem du deine schamanische Reise oder Meditation begonnen hast, aufstehst und aus der Tür trittst. Mal dir aus, wie du dabei den Schleier hochhebst, der die alltägliche Welt von den unsichtbaren Welten trennt. Dann trittst du hinaus auf einen wunderschönen Weg, der in die Natur führt.

Beschreite den Weg, der gesäumt ist von Bäumen oder der durch deine Lieblingslandschaft führt. Spüre die Erde unter deinen Füßen. Berühre die Erde, den Fels oder den Sand, und fühle ihre Beschaffenheit. Schau auf die Schönheit um dich her. Betrachte die Pflanzen, Felsen, Tiere, Insekten, Blumen und die anderen Naturwesen. Spüre, wie der Wind dich reinigt und liebevoll einhüllt.

Was für ein Geschenk, auf diesem einzigartigen Planeten zu leben! Was für ein Geschenk, Teil einer Gemeinschaft zu sein und gemeinsam an den persönlichen wie an den globalen Herausforderungen zu arbeiten. Wie düster wir auf unserem Lebensweg auch gestimmt sein mögen, letztendlich führt er uns immer ins Licht. In der Natur gibt es immer Dunkelheit und Licht. Es gibt immer Tod und dann Wiedergeburt. Es gibt immer Auflösung und dann Erleuchtung.

Setze deinen Weg fort. Atme tief, und rieche die Düfte. Lausche auf die Klänge der Natur, und schmecke die Luft. Achte darauf, wie du dich dabei fühlst.

Gelange nun auf eine Wiese, auf der du von Schutzgeistern empfangen wirst. Während sie dich noch begrüßen, wird dich einer von ihnen reinigen. Dazu verwendet er möglicherweise Räucherwerk oder eine Feder, um alles von dir abzustreifen, das entfernt werden muss. Bevor du den heiligen Raum betrittst, musst du alles loslassen, was dich belastet, damit deine Zeremonie erfolgreich sein kann.

Während du gereinigt wirst, nimm wahr, dass in der Mitte des Kreises ein großes Feuer brennt. Tritt in den Kreis, der sich um das Feuer formt. Stell dir vor, wie du trommelst, singst, tanzt oder still bleibst.

Rieche das Feuer. Höre das Knistern und Knacken des brennenden Holzes. Gemeinsam im Kreis stehend nehmen wir uns die Zeit, einander in die Augen zu schauen und das Licht und die Liebe in jedem im Kreis zu sehen. Wir haben uns außerhalb der Zeit versammelt, um einander zu segnen, um in Liebe zueinander, zu allem Leben und zur Erde vereint und kraftvoll zusammenzustehen.

Nimm nun die Schalen zur Kenntnis, in denen sich garnumwickelte Stöcke befinden. Geh hin zu einer der Schalen, und wähle einen Stock mit Garn in deiner Lieblingsfarbe. Schenke der Farbe Beachtung, und mach dir klar, was sie für dich bedeutet und welche Gefühle sie in dir auf der Zellebene auslöst. Reise in dein Inneres, und stell dir ein Wort vor, dessen Schwingung für dich Schönheit, Kraft und Liebe transportiert. Seine Vibration wird aufsteigen ins Universum und sich von dort aus auf der Erde manifestieren.

Blase die Kraft dieses Wortes in deinen Stock. Sobald dies geschehen ist, geh hin zum Feuer, und gib deinen Gebetsstock, aufgeladen mit deiner Intention, dich, deine Gemeinschaft, das Leben als Ganzes und die Erde zu segnen, in die Flammen.

Das Feuer wird deine Segnung den kreativen Kräften des Universums übermitteln. Das Universum wird sich als dein Partner mit dir zu dieser Segnungszeremonie zusammentun. Nachdem du deinen Stock ins Feuer gelegt hast, bemerkst du die heiligen Kräuter, die ebenfalls für das Feuer gedacht sind. Wirf einige von ihnen in Dankbarkeit in die Flammen, und kehre dann wieder in den Kreis zurück. Sieh in die Augen der übrigen Teilnehmer, und nimm das Licht wahr, das aus ihnen hervorleuchtet. Spüre die Schwingung der Einheit.

Lass das Licht und die Liebe, die du empfindest, fließen. Sprich, während du dich im Kreis umblickst, laut das Wort aus, das du als Segen für den Kreis gewählt hast. Ich werde es dir gleichtun und die Worte »auserlesen«, »magisch« und »Leuchten« verwenden. Wir wollen uns an den Händen halten und spüren, wie die Macht von Liebe und Licht unseren gesamten Kreis erfüllt.

Als Menschen sind wir die Brücke zwischen der Erde und dem Himmel. Wir leiten die Macht des Universums durch unsere Herzen. Spüre den Fluss der Liebe. Lass uns, die wir kraftvoll im Dienst an unserem Planeten zusammenstehen, diese Brücke der Liebe sein. Richte deinen Blick noch einmal auf die Schönheit des Feuers und der Natur.

Es ist nun an der Zeit, uns voneinander zu verabschieden. Wir wollen dem Kreis unseren Dank abstatten und unsere Hände voneinander lösen.

Kehre auf dem wunderschönen Weg durch die Natur zurück in das Zimmer, aus dem heraus du deine Reise oder Meditation begonnen hast. Danke den Helfergeistern und den göttlichen Kräften, die du herbeigerufen hast und die dich bei deiner Arbeit mit ihrer bedingungslosen Liebe unterstützt haben. Tritt durch den Schleier zwischen den verborgenen Welten und der sichtbaren Welt zurück in deinen Alltag.

Achte darauf, wie du dich fühlst. Erde dich, indem du deine Wurzeln spürst, die dich tief mit der Erde verbinden.

Atme tief ein und aus, und öffne die Augen. Für heute ist unsere Arbeit abgeschlossen.

Wenn du diese Zeremonie beendet hast, möchtest du vielleicht das Wort, das du als Segnung ausgewählt hast, auf deinen Altar legen, damit es unseren Kreis und das Leben an sich weiterhin segnet und uns alle in Liebe vereint. Erinnere dich: Wir alle sitzen miteinander in einem globalen Geistboot und unterstützen einander, während wir gemeinsam durch das gute Wetter und die Stürme des Lebens fahren.

Dank

Dieses Buch wäre ohne meine Kollegen, Freunde, Schüler und die Leser meiner monatlichen Kolumne und meiner Bücher, ohne alle die Menschen, die sich mit mir beim Abhalten von Zeremonien für die persönliche wie die globale Heilung zusammengetan haben, nicht möglich gewesen. Ich habe durch die Zeremonien, die ich allein oder in der Gruppe gefeiert habe, so viel gelernt. Es hat mich zutiefst inspiriert, dass sich meine Schüler so zahlreich dazu entschlossen haben, ihren Freunden, geliebten Menschen, Kollegen und ihren Gemeinschaften Zeremonien nahezubringen. Ich fühle mich geehrt, wenn sie mir mitteilen, wie sie meine Zeremonien an ihre Bedürfnisse anpassen. Es ist sehr bewegend für mich, von den innovativen und kraftvollen Zeremonien zu erfahren, die sie in ihren Kreisen und Gemeinschaften abhalten. Ich danke meiner globalen Gemeinschaft dafür, dass sie sich mit mir zu dieser transformierenden und ekstatischen Arbeit zusammentut.

Ich danke außerdem meiner Agentin Barbara Moulton, die mir in beruflicher wie in persönlicher Hinsicht eine so große Stütze ist.

Mein tief empfundener Dank geht außerdem an Tami Simon und Jaime Schwalb bei Sounds True, die es mir ermöglicht haben, dieses Buch über die Zeremonien zu schreiben. Zeremonien abzuhalten ist meine Leidenschaft, und es war mir ein Vergnügen, dieses Buch zu verfassen.

Ich hatte dabei auch die Freude, mit Grayson Towler und Haven Iverson als meinen Lektoren zusammenzuarbeiten. Ich halte Grayson für einen ausgezeichneten schamanischen Praktiker, und mir haben die Themen sehr gefallen, die er selbst als schamanischer Lehrer beigesteuert hat. Als wir uns gemeinsam mit der Frage beschäftigten, wie wir dieses Buch für Menschen, die sich auf unterschiedlichen spirituellen Wegen befinden, zugänglich machen können, gab er mir viel Stoff zum Nachdenken. Ich danke außerdem auch allen anderen Mitarbeitern von Sounds True, die bei der Redaktion und in der Abschlussphase bei der Entstehung des Buches mitgeholfen haben.

Ich fühle mich geehrt, Mitchell Clute von Sounds True, der ein beeindruckender Schriftsteller und schamanischer Lehrer ist, zum Verbündeten zu haben. Sein umfassender Blick auf das Leben und den Schamanismus holt mich wieder zurück, wenn ich die Orientierung verliere.

Außerdem danke ich Sylvia Edwards für ihre Freundschaft und immense Unterstützung in allen Bereichen meines Lebens. Ihre Anwesenheit in meinem Leben ist ein unschätzbares Geschenk, für das ich kaum Worte finde.

Und meinem Ehemann Woods Shoemaker: Dir danke ich dafür, wer du bist, für dein strahlendes Licht und deine bedingungslose Liebe. Ich liebe die Zeremonie des Lebens, die wir gemeinsam hervorgebracht haben.

Angebote der Autorin

Auf ihrer Webseite sandraingerman.com bietet Sandra Ingerman ihre Bücher, Audioprogramme, Musik, Onlinekurse und andere Hilfsmittel für die schamanische Arbeit an. All dies steht leider nur denjenigen offen, die über ausreichende Englischkenntnisse verfügen. Die meisten ihrer Bücher sind jedoch auch in deutscher Sprache im Buchhandel erhältlich.

Auf shamanicteachers.com listet Sandra Ingerman die Lehrer und Praktiker auf, die sie seit 2003 ausgebildet hat. Hier finden sich auch Adressen in Deutschland beziehungsweise Österreich. Außerdem enthält die Seite Informationen über Kurse und Workshops auch in Deutschland und Österreich.

Daminis Gebetskapseln sind über daminicelebre.com erhältlich. Dort erfährt man auch mehr über ihre Arbeit und ihre Projekte.